KB181503

추억에 관한 모든 것

향수의 심리적 효능과 경제적 가치에 대하여

추억에 관한 모든 것

다니엘 레티히 지음 · 김종인 옮김

Die Guten Alten Zeiten

황소자리

자기만의 기억이 있는 사람은

온 세상을 가진 사람보다 더 부유하다

– 키르케고르

사람들은 자신이 하지 못한 일을 후회한다. 그래서 나는 2012년 11월 16일 월요일 점심때쯤 바람 빠진 낡은 자전거를 타고 비를 맞으며 할머니 댁에 갔었던 일을 기쁘게 생각한다. 그것이 할머니와의 마지막 만남이 될 거라고는 상상조차 하지 못했다.

그때 나는 내가 먹을 음식을 가져가기로 할머니와 약속했다. 할머니가 얼마 진부터 식사배달 서비스meals on wheels를 이용하고 있었기 때문이다. 할머니는 내가 막 집을 나서려고 할 때 전화를 주셨다.

"지금 오너라. 식사가 준비되었단다."

닭가슴살과 구운 감자, 브로콜리를 먹으며 할머니와 나는 지금 여러분이 손에 들고 있는 책에 관해 이야기를 나누었다. 몇 주 전 나는 할머니에게 이 책의 첫 장을 드렸다. 할머니는 그 원고를 받고는 얼마나 너를 자랑스럽게 생각하는지 아느냐며 책이 나오기를 학수고대하고 있다고 말했다.

후식으로 우리는 '밀크라이스(우유에 밥과 설탕을 넣고 끓인 음식)'를 먹었다. 에스프레소 한 잔을 더 마신 다음 나는 할머니와 헤어졌다.

그 다음 목요일 저녁 10시쯤 할머니는 자신의 여동생과 전화 통화를 했다. 나중에 알게 된 사실이지만, 할머니는 그 여동생에게 이렇게 오랫동안 행복했던 적이 없었으며, 건강 상태도 더 좋아진 것 같다고 말했다. 그러고 나서 할머니는 잠자리에 들었고, 다시 깨어나지 못했다.

할머니는 87세였으나 당신의 죽음이 그렇게 갑작스럽게 찾아올 거라고는 전혀 예상하지 못했다. 몇몇 사소한 문제를 제외하면 할머니의 건강 상태는 비교적 좋았기 때문이다. 나는 어린시절을 종종 할머니 댁에서 보냈기 때문에 그 죽음 앞에서 더 슬펐고 충격도 컸다.

할머니는 내게 음식을 해주었고, 자동차로 타악기 수업에 데려다주거나 나와 윷놀이를 했다. 이런 아련한 기억이 우리에게 얼마나 유용한지 나는 미처 알지 못했다. 그것은 할머니의 죽음을 극복하는 데 큰 도움이 되었다. 사람은 세상을 떠나지만, 그 기억은 남아 있다. '그 당시'의 기억은.

'그 당시'란 말에는 긍정적이든 부정적이든 많은 의미가 담겨 있다. 게다가 우리의 감정을 일깨우기도 한다. 이 책을 쓰기 위해 자료를 수집하면서 나는 그것을 깨달았다. 30대 초반의 친구들이든, 40대 중반의 동료들이든, 60대의 부모님이든, 87세의 내 할머니든 이들은 모두 기억에 관해 중요한 단서를 제공했다. 내 가장 친한 친구는 금방 파니니 회사의 스티커를 생각했고, 어머니는 어린시절 우상인 우도 위르겐스를 떠올렸으며, 돌아가시기 몇 주 전의 할머니는 오래 전 돌아가신 할아버지와 함께 했던 휴가에 대해 말했다. 그 덕분에 나는 "향수가 우리 인생 전체를 결정한다"는 것을 새삼 깨달았다.

지난 몇 년간 수많은 학자들도 이런 결론에 도달했다. 의학자와 정신과 의사, 철학자, 심리학자, 사회학자, 경제학자들까지…. 그 덕분에 향수는 소시민적인 마음과 허약함이 아니며 두려움의 증후는 더더욱 아니라는 게 분명해졌다. 오히려 그 반대다.

향수에 관한 연구논문을 읽는 사람들은 종종 그리스 작가 호메로스를 접하게 된다. 《오디세이아》에서 호메로스는 오디세우스의 방황을 묘사했다. 오디세우스가 트로이 전쟁에서 10년을 보낸 후 다시 집으로 돌아오는 데는 또 10년이 걸렸다. 그는 바다에서 3년을 떠돌아다녔고, 7년 동안 아름다운 여신 칼립소에게 잡혀 있었다. 칼립소는 오디세우스에게 죽지도, 늙지도 않게 해주겠다며 남아 있으라고 제안했지만 그는 거절했다. 오직 귀환만을 생각했기 때문이다. 이 귀환이 그리스어로 nostos다. 오디세우스는 거절의 대가로 고통을 참아내야 했는데, 그 고통이 그리스어로 algos이다. 따라서 향수(노스탤지어 Nostalgia)는 '귀향의 고통'을 뜻한다고 보면 된다. 그런 점에서 호메로스는 향수에 얼마나 큰 힘이 내재돼 있는지를 최초로 보여준 사람이다. 오디세우스는 모든 장애를 극복하고 집으로 돌아가는 방법을 기억에서 찾아낸 후 힘을 얻었다. 이처럼 신화에 등장하는 인물에게 좋았던 것이 인간에게 나쁘지는 않을 터이다.

분명히 말해두지만, 이 책은 과거에만 머물러 있거나 현재의 도전 앞에서 몸을 숨기라고 말하지 않는다. 대신 향수가 우리에게 얼마나 큰 영향을 주는지, 왜 우리에게 많은 기억이 남아 있는지, 왜 우리는 냄새와 음악을 어떤 사람과 장소, 경험과 연관시키는지 밝히려고 한다. 향수는 말 그대로 냄새를 풍기고, 맛을 내며, 소리를 들려주는 감정이다. 이 시대는 예전보다 더 많은 사람들이 그 감정을 느낀다.

향수는 항상 변화의 토양에서 꽃을 피운다. 다시 말해서 사람들은 정치적·경제적·문화적 발전으로 말미암아 고향을 떠나야 하거나 고향이 급속하게 변하고 있다는 느낌 속에서 향수에 젖는다. 이는 오늘날의 세계를 표상한다는 점에 이론을 제기할 사람은 거의 없을 것이다. 세계 질서의 위기든 에너지 전환이든 기후 변화든, 어떤 이유로든 세상은 혼란스러워졌고, 현재는 더 분주해졌으며, 미래는 더 불확실해졌다. 때문에 사람들은 과거로 도망친다. 거기다 인구통계학적 변화로 인해 '아름다운 기억'이 갖고 있는 힘은 더 커졌다. 출산율은 낮아지는 반면 평균 수명과 노인 비율은 늘어나고 있다. 달리 말하면 살아갈 시간은 적어지고, 살아온 시간은 늘어나는 사람들이 점점 많아지는 것이다.

여러분도 수많은 사람들이 '좋았던 옛 시절'을 즐겨 회고한 사실을 알고 있을 것이다. 걱정거리가 없던 청소년 시절과 아름다운 휴가 또는 흥겹던 파티 같은 것 말이다. 오래된 친구들은 만날 때마다 예전의 경험에 대해 이야기한다. 사람들은 더 친절했고 청소년들은 더 예의 발랐으며 삶은 더 단순했던 그 당시에 대해. 물론 그것이 항상 옳다는 의미는 아니다.

그러나 우리는 이 책을 읽으면서, 과거를 돌이켜볼 때 장밋빛 안경을 끼는 것에는 큰 의미가 있을 뿐 아니라 수긍할 만하다는 사실을 확인하게 될 것이다. 왜 향수가 연대감과 친밀감을 불러오는지도 알게 될 것이다. 공동의 기억은 부서지기 쉬운 공동체를 결속시키는 접착제이며, 취미를 만들어주는 접착제이기도 하다.

유럽경영대학european business school은 2011년 9월 3,000명의 축구 팬들에게 좋아하는 축구 클럽과 자신을 동일시하는 이유를 물었다. 현재 혹은 과거의 축구 클럽 성적을 중요하게 생각하는 팬은 21퍼센트에 그쳤다. 반면 34퍼센트는 이렇게 대답했다. "나의 많은 기억이 축구 클럽과 연관되어 있다." 이는 우리가 어린시절에 사용했던 제품을 아직도 소비하는 이유를 설명해주는 간접적인 증거이다.

심지어 미래지향적인 인터넷조차 과거의 은밀한 매력에서 이익을 얻는다. 2012년 4월에 페이스북은 사진 프로그램인 인스타그램을 인수하기 위해 약 7억 6,000만 유로(약 9,940억 원)를 지불했다. 이 프로그램의 커다란 매력은 특수 필터에 있는데, 이 필터는 사진을 색이 바랜 아날로그 사진처럼 보이게 한다.

짧은 문자서비스인 트위터에서는 '어린시절의 문장들'을 수집했다. 칼, 가위, 포크, 등불 등의 단어가 많이 등장한 가운데 "네가 내 집에서 먹고 사는 동안에는…," 같은 구절도 있었다. 사람들은 초인종을 누르고 도망가는 장난, 다이얼이 있는 전화기 등을 떠올렸고, 울고 웃으면서 함께 했던 과거의 기억으로 이야기를 나누었다. 기억의 가치는 '다시 돌아갈 수 없다는 사실'에서 우러나온다. 그리고 우리가 기억을 다른 사람들과 공유할 때 그 가치는 더 커진다.

인생은 연료 게이지나 정확한 네비게이션 시스템 없이 떠나는 자동차 여행과 같다. 우리는 우리 엔진이 얼마나 오랫동안 작동할지 모른다. 교통체증과 우회도로, 빨간신호등 그리고 역주행 운전자가 어디에 도사리고 있는지도 모른다. 때문에 백미러를 보는 것이 때로는 도움이 된다. 그렇게 하기 위해 특별히 노력할 필요가 없다는 점에서 더더욱 좋다.

때로 기억은 우리가 의식적으로 뭔가를 하지 않아도 갑자기 떠오른다. 이런 방식으로 시간 여행을 하면 대부분 좋은 기분이 된다. 비틀즈도 이미 이렇게 노래하지 않았는가!

"Yesterday, all my troubles seemed so far away."

이 책은 당신을 여행으로 안내할 것이다. 당신은 엉뚱한 의사와 감수성이 풍부한 군인, 잔인한 하녀를 만나게 될 것이다. 의학자들이 예전에는 향수를 치명적인 질병이라고 여겼고, 정신과 의사들이 향수병에 걸린 사람들을 심신이 쇠약하기 때문이라고 말했던 이유를 알게 될 것이다. 또한 당신은 심리학자들이 왜 향수를 '영혼을 위한 약품'이라고 생각하는지, 신경학자들이 어떻게 기억에서 향수의 근원을 찾아냈는지, 경제학자들과 시장 연구가들이 왜 향수가 구매 결정에 영향을 미친다고 확신하는지, 그리고 기업들이 향수를 이용해 어떻게 이익을 얻는지 알게 될 것이다.

이 여행이 끝나면 여러분은 당신 자신뿐만 아니라 주위 동료들을 더 잘 이해하게 될 것이다. 이 여행의 첫 정거장은 17세기 스위스다.

차례

2장 흑백사진을 보는 마음

3장 기억의 과학, 향수의 마법

4장 추억을 판매합니다

카뮤 피사로, 모비송 퐁투아즈 들판(Le Jardin de maubuisson pontoise), 1877년

1장

노스탤지어의 탄생

매번 젊은 여성들이 법을 어겼다. 몇몇은 갑자기 냉정한 살인자로 돌변했다. 그들은 어린아이들을 강에 던지거나 때려죽이거나 독살했다. 또 14살의 율리아네 빌헬미네 크렙스나 막달레나 뤼쉬는 주인 집에 불을 질렀다. 모든 범행 뒤에는 삐딱하고 왜곡된 논리가 도사리고 있었다. 아이가 죽거나 집이 불타면 나는 집에 돌아갈 수 있다는 생각.

그리움이 깊으면
병이 된다

스위스에 고향병 환자가 많았던 이유

1688년 바젤은 아담한 도시였다. 이 도시는 지난 세기에 발생했던 페스트를 잘 극복했다. 치명적인 질병이 마지막으로 발생한 건 20년 전이었다. 당시 바젤에는 약 1만 3,000명이 살았으며 인구는 계속 늘어났다. 1648년 30년전쟁이 끝난 후 많은 피난민들은 이곳에서 새 보금자리를 틀었다. 경제는 번성했으며 도시는 서서히 팽창해나갔다. 도시 중앙에는 1500년부터 바젤 대성당이 붉은색 사암과 알록달록한 기와로 화려한 자태를 자랑하고 있었다.

대성당에서 도시를 가로질러 흐르는 라인강까지는 몇 미터 되지 않았다. 이 강 덕분에 바젤은 북유럽과 남유럽을 오가는 무역에서 요충지가 되었다. 여름이면 시민들은 강에서 몸을 식히고 광장이나 강가에서 벗들을 만났다. 여행자들은 이런 모습에 매혹되었다. 작가인 칼 고트로프 퀴트너는 지인에게 이렇게 썼다.

"사랑하는 친구여! 라인강 다리 위에서 달빛을 받으며 보내는 순간은 정말 멋지네."

그러나 사람들은 일을 하고 수영을 하고 이야기를 나누기 위해서만 이곳을 찾은 것은 아니었다. 이 지방의 대학교, 즉 스위스에서 가장 오래된 대학교는 1660년에 이미 200주년을 맞이했다. 이 대학에서는 18명의 교수들이 미래의 학자들을 가르치고 있었다.

이곳은 대학생활을 알차게 할 수 있는 환경이었다. 그렇지만 학생들은 즐겁지 않았다. 그것도 매우. 학생들에게는 춤을 추거나 밤에 산책하는 것이 금지되었다. 그렇다고 취미활동이 기껏 카드 게임과 일요일 교회에 가는 것이었기 때문만은 아니었다. 진짜 원인은 자신들이 살고 있는 곳이 베른이 아니라 바젤이라는 사실이었다.

두 도시는 약 100킬로미터 떨어져 있다. 자동차로 달리면 약 60분 정도, 기차를 이용하면 더 빨리 갈 수 있다. 한 시간에 두 번 직통버스가 다니며, 차비는 15유로 정도다. 지금은 바젤과 베른 사이를 통학할 수도 있고 주말에 집으로 돌아가는 것이 문제가 되지 않는다. 그러나 17세기에는 통학할 형편이 못 되었다. 걸어서 가려면 20시간, 마차로 가려 해도 반나절은 걸렸을 것이다.

따라서 지금부터 이야기할 이 학생은 집으로 자주 갈 수 없었다. 이런 상황은 그에게 흔적을 남겼다. 처음에는 정신적 흔적을, 그 다음에는 육체적 흔적을. 학생은 어린시절을 베른에서 보냈다. 그래서 공부를 위해 다른 도시로 이주하는 걸 좋아하지 않았다. 오래 전부터 그는 슬프고 기분이 좋지 않았다. 새로운 땅에 가서는 몸까지 좋지 않았다. 그의 몸에서 열이 나기 시작했다. 처음에는 가볍게 나는 정도였지만, 점점 심해졌다. 체력도 갈수록 약해졌다. 친척들은 그가 곧 죽을지도 모른다는 걱정에 기도를 했을 정도였다.

그러나 이 학생은 의사를 잘 만난 덕분에 살아남았다. 다행스럽게도 의사는 이 젊은이가 앓고 있는 악성 질병을 치료할 단 한 가지 방법을 알고 있었다. 학생을 집으로 돌려 보내는 것이었다.

처방은 즉시 효과를 나타냈다. 한때 위독하기까지 했던 학생은 집으로 돌아가게 된다는 사실을 알고 나자 곧 다시 숨을 깊이 쉴 수 있었다. 질문에 더 빨리 대답했고, 머릿속은 맑아졌다. 고향 근처에 이르사 갑사기 ㅗ 보든 증상이 사라졌다. 마침내 자신이 좋아하는 베른에 다다른 그는 다시 건강해졌고 생기가 넘쳤다.

내 고향으로 날 보내주

당시 19세였던 요하네스 호퍼는 이 젊은 대학생의 특이한 사례를 1688년 자신의 박사학위 논문에 서술했다. 이 논문은 20페이지 분량이었는데 (오늘날과 비교해) 이례적으로 짧았지만 독창적인 논증을 통해 깊은 인상을 남겼다.

호퍼는 논문에서 '매우 믿을 만한 사람'에게서 들은 세 가지의 이름 없는 질병 사례를 기술했다. 그러나 호퍼는 신비스러운 증인인 환자들의 이름은 밝히지 않았다. 아마도 박사학위 지도교수인 요한 야콥 하르더의 불신을 우려했던 것 같다. 자료가 부족했음에도 불구하고 그는 이 사례에 대한 연구를 단념하지 않았다.

이 특이한 질병은 그에게 너무나도 중요했다. 시골에 살던 젊은 여자 농부 한 명도 마찬가지로 이 병에 걸렸다. 이 여성은 심하게 넘어지는 바람에 생명이 위태로울 정도의 중상을 입고 병원으로 옮겨졌다. "여성은 병원에서 하루 종일 의식이 없었고, 몸을 전혀 움직이지 못한 채 배를 깔고 누워있었다"고 호퍼는 적었다.

여성은 약을 먹고, 수술을 받은 후에야 서서히 정신을 차렸지만 자신이 기분이 언짢은 늙은 여성들에게 치료를 받았다는 것을 깨달았다. 갑자기 위험한 병이 그녀를 엄습했다. 그녀는 음식뿐만 아니라 반드시 필요한 약조차 토했다. 그때부터 그녀는 어떤 질문에도 단 한 문장으로만 대답했다. "집에 가고 싶어요".

더 이상 그 상황을 참지 못하게 된 그녀의 부모는 딸의 몸 상태가 매우 허약했음에도 집으로 돌아가는 것을 허락했다. 며칠이 지나자 이 여성은 씻은 듯이 나았다. 계속 치료를 받지 않았는데도.

호퍼의 세 번째 증인도 특이한 방식으로 치료가 이뤄졌다. 이 젊은 스위스 청년은 파리에서 하인으로 일했다. 그는 시간이 지날수록 점점 더 슬프고 우울해졌다. 그는 당초 계약보다 좀 더 일찍 집으로 돌아갈 수 있게 해달라고 주인에게 부탁했고 이해심 많았던 주인은 부탁을 흔쾌히 들어주었다. 그러자 하인의 상태는 180도 달라졌다. 집으로 돌아갈 수 있다는 가능성 하나만으로도 병이 치유된 것이다.

요하네스 호퍼는 이 세 가지 사례에 매혹되었다. 그보다 더 그를 매혹시킨 것은 이런 질병을 명명하는 의학명이 없다는 점이었다. 이런 상황을 바꿔보고 싶었다. 그는 '고향병'이라는 명칭은 거부했다. 적합하지도 않을 뿐 아니라 자신의 동료들에게도 특별한 인상을 주지 못할 것 같았기 때문이다. 사람들이 듣기에 교양 있어 보이고, 창조적인 두뇌를 지닌 사람이 작명했다는 느낌을 줄 수 있는 단어를 찾아야 했다. 어원이 오래되고 특이한 언어라면 금상첨화라고 생각했던 것이다. 심사숙고 끝에 요하네스 호퍼는 안성맞춤인 단어를 찾아냈다. 바젤의 대학생과 시골의 여자 농부 그리고 파리의 하인이 앓은 병을 그는 '향수병nostalgia'이라고 이름지었다.

현재의 스위스는 시계와 은행, 초콜릿 그리고 멋진 테니스 선수로저 페더러로 잘 알려져 있다. 그러나 당시 스위스 사람들은 생판 다른 일, 즉 '사람을 죽이는 일'로 유명했다. 많은 스위스 사람들이 용병Reisläufer으로 생계를 이어갔기 때문이다. 이 말은 곡식(Reis는 독일어로 쌀이라는 뜻)과는 아무 관계가 없다. 중세고지 독일어(1050~1350년대에 사용된 독일어) Reis와 관련이 있는 말인데, '출발하다' 또는 '이동하다'라는 뜻을 갖고 있다. 용병이란 보수를 받고 다른 나라를 위해 전쟁터로 나간 사람들을 뜻했다.

고대의 군대 역시 여러 나라 출신 용병들로 구성되어 있었다. 그런데 15세기부터 전 유럽의 통치자들은 스위스 출신 용병들을 선호했다. 그들은 몇 주일 혹은 몇 달, 때로는 수 년 동안 군에 몸담았다. 주로 스페인과 잉글랜드, 폴란드, 오스트리아의 황제와 왕들을 위해 복무했는데, 1506년부터는 스위스 근위대가 교황의 친위대 역할을 했다. 스위스 사람들은 용감하고, 믿을 수 있으며, 상대할 적이 없다고 알려졌기 때문이었다.

사업 수완이 좋은 이들은 스위스 사람의 이런 이미지를 경제적으로 활용했다. 대가를 받고 통치자들에게 용병을 조달해주는 무기 중개상들이 등장한 것이다. 스위스의 주정부조차 이런 중개에 뛰어들었고 당연히 이익을 배당받았다. 이 사업은 상당히 큰 벌이였다. 당시 유럽에서는 군사적인 갈등이 적지 않았기 때문이다. 학자들에 따르면 15~19세기에 외국 전쟁에 참전한 스위스인은 200만 명이나 되었다. 호퍼가 박사학위 논문을 썼을 때는 약 7만 명의 스위스 사람들이 외국에서 복무했다. 그들은 그곳에서 육체적 건강뿐 아니라 정신적 건강도 잃을 각오를 해야 했다.

호퍼는 낯선 지역으로 보내진 사람들이 주로 청소년들이었다고 기록했다. 다른 지역 사람들과 다른 풍습에 적응할 수 없었던 청소년들은 아름다운 고향을 생각하며, 귀향을 꿈꾸었다. 호퍼는 "그들에게 이런 꿈을 꿀 수 없게 하면 서서히 그 병에 걸렸다"고 말했다. 스위스

알프스를 넘는 스위스 용병

13세기 이후 계몽주의 시대에 이르기까지 스위스 용병은 중세시대 주요 전쟁의 전위에 선 주인공이자 국가 최고의 브랜드였다. 가난한 산악국가 스위스는 충성심 높고 용맹한 젊은이들을 수출해 돈을 벌었지만, 낯선 타지에서 목숨 걸고 싸워야 했던 소년들은 고향을 그리워하고 귀향을 꿈꾸다 마음의 병을 얻기 일쑤였다.

사람들이 특히 그 병에 잘 걸린다고 생각했던 것이다.

사실 이 작은 나라에서는 사람들이 어린시절부터 한 마을에서 서로 가깝게 살았기 때문에 공동체 의식이 강하게 형성되었다. 그러다가 갑자기 다른 나라의 군인들과 전투를 하게 된 것이다. 눈으로 덮인 산 정상과 푸른 초원, 맑은 산정 호수, 신선한 우유 그리고 엄마의 보호로부터 멀리 떨어진 이국땅에서 말이다. 그러다 보니 향수병에 걸릴 가능성이 높다고 본 것이다.

다행스럽게도 호퍼는 병의 진행 과정을 비교적 분명히 알고 있었고, 의학과 상관없는 비전문가들조차 그 과정을 잘 인지할 수 있었다. 병에 걸리면 먼저 슬픔이 지속되고 낯선 풍습을 거부하며 농담을 좋아하지 않게 된다. 다른 사람과 대화할 기분도 들지 않는다. 그 대신 그들은 끊임없이 고향을 생각하고, 자신의 고향을 과도하게 칭송한다. 환자들이 자신들의 병을 이야기하기 위해 모일 때는 특히 심하다. 또 다른 증상으로는 불면과 잦은 한숨, 식욕 부진, 갈증을 느끼지 못하는 현상이 나타난다. 머릿속이 고향 생각으로 가득 차 있기 때문에 정신적으로 둔감해지기도 한다.

스위스 용병의 아킬레스건

군인들이 고향병에 걸릴 수 있다는 가설은 더 이상 새로운 게 아니었다. 일찌감치 1569년 제3차 위그노 전쟁 동안 스위스 장군 루드비히 피퍼는 '고향병'으로 사망한 군인에 관해 글을 쓴 적이 있다. 30년 전쟁이 끝나갈 즈음 의사들은 군인들에게서 'mal de Corazon', 즉 가슴 통증을 발견했던 것이다.

그럼에도 불구하고 호퍼의 박사학위 논문은 특별하다. 그는 이 병에 이름만 붙인 게 아니다. 그는 향수병에 대한 육체적 원인도 찾았던 것 같다. 그가 보기에 이 병의 근원은 뇌에 있었다. 호퍼에 따르면 '동물 정기spiritus animals(생기 혹은 활력)'는 몸 속의 신경 경로를 통해 움직이는데, 이 동물 정기가 신체를 유지시켜준다고 생각했다. 동물 정기가 호흡과 소화를 원활하게 해준다고 믿었던 것이다. 그런데 향수병에 걸리면 동물 정기가 더 이상 제대로 기능하지 않게 된다. 왜냐하면 동물 정기가 고향 이미지와 고향 생각만 운반하기 때문이다. 이런 기억이 정상적인 혈액순환을 중단시키게 되면 동물 정기가 뇌에서 균형을 잃는다. 이로 인해 혈액 공급은 멈추고 피도 찐득찐득해지면서 혈관이 막혀 사망에 이른다는 것이다. 향수병이 말 그대로 활력을 빼앗아간다고 호퍼는 생각했다.

호퍼는 신중한 낙관론자였다. 그는 향수병을 고칠 수 있다고 생각했다. 제때 치료만 한다면 말이다. 환자의 상태에 따라 치료는 달랐다. 환자가 정신적으로나 육체적으로 어느 정도 안정되면 호퍼는 하제下劑를 이용해 간단하게 노폐물을 제거하도록 처방했다.

그는 깐깐하게 약품을 만드는 스타일은 아니었다. 수은으로 된 알약과 파우더 또는 좋은 포도주와 음식을 권장했다. 사실은 약이 근본

적으로 중요하지 않다고 생각했던 것이다. 그러나 메스꺼움이 계속되면 효과가 탁월한 구토제를 쓰는 게 좋다고 봤다. 분명한 것은, 17세기에 향수병에 걸리는 것은 바람직스럽지 않은 일이었다.

호퍼는 환자에게 위 엘릭시르제(좋은 냄새와 단맛 나는 음료로 만든 약제) 한 숟가락을 투여했다. 그는 물약에 대해서는 매우 깐깐했다. 이 물약은 으깨어서 건조시킨 연지충이나 사향, 용연향, 아카시아 성분 등으로 만들도록 했다. 환자가 계속 정신적 혼란에 빠져 있을 때는 진정제, 특히 아편이 도움이 된다. 아편을 정맥에 투여하거나 머리 또는 관자놀이에 문지른다.

무엇보다 중요한 건 환자가 고향으로 돌아가는 여정을 견뎌낼 수 있도록 육체적으로 회복시키는 일이었다. 위급한 경우 환자를 마차나 들것을 이용해 집으로 옮겨야 했다. 그러지 않으면 사악한 동물 정기가 육체를 장악해 미치거나 사망에 이르게 한다고 호퍼는 말했다.

호퍼는 당시의 의학적 지식을 잘 따랐다. 그가 살던 시기 의학자들 사이에서는 소위 체액 병리학이 득세하고 있었다. 체액 병리학의 주창자들은, 단순하게 말해서 모든 질병의 원인은 체액의 불균형 때문이라고 생각했다. 호퍼는 향수병이 어떻게 이 체액의 균형을 무너뜨리는지 기록했다. "호퍼는 이런 방법을 통해 이미 잘 알려져 있는 이 병을 의학계가 합법적인 질병으로 받아들이도록 했다"는 게 1949년 스위스 문예학자 프리츠 에른스트의 주장이다. 그 후 수많은 동료들이 그의 주장을 놓고 토론했고, 그의 박사학위 논문은 다른 의학 저서에도 다시 인용되었다.

호퍼는 자신이 발견한 내용을 이용해 의학계에서 출세할 수도 있었을 것이다. 그러나 그런 것에는 관심이 없었던 것 같다. 고향에 대한 관심이 컸기 때문일까? 일년 후 그는 또 박사 논문을 제출했다. 이번에는 16페이지 분량이었다(당시에는 두 편의 박사학위 논문으로 의학 공부를 마치는 게 일반적이었다).

그는 바젤을 떠나 고향으로 돌아갔다. 뮐하우젠에서 그는 시 의사가 되었고, 1716년부터 1752년 사망할 때까지 시장을 역임했다. 그리고 본인은 원하지 않았지만 그는 스위스에서 중요한 논쟁을 불러일으켰다. 호퍼의 연구성과가 알려지자 스위스 용병들이 갑자기 여자같은 사내로 간주되기 시작한 것이다. 무적의 대명사였던 스위스 용병은 엄마 품으로 돌아가고 싶어하는, 고작 향수병 때문에 용기를 잃는 패자 대접을 받게 되었다. 이에 대한 반작용으로 일부 연구자들은 자국민을 그런 상황에 내버려두지 않으려고 발버둥쳤다. 자신의 학문적 명성에 누가 되는 것까지 무릅쓰며 옹호하려고 했던 것이다.

애국심과 과학의
잘못된 만남

어느 천재 과학자의 이상한 발견

그는 자신이 고향에 빚을 지고 있다고 생각하는 듯했다. 출세를 위해 여러 해 동안 고향을 등한시했기 때문이었다. 조국 스위스를 위해 그는 당시 자신의 전공과 관련 있는 토론에 참여해 대단한 이론으로 두각을 나타내려고 했다. 무엇이 그를 그렇게 만들었는지는 정확히 말할 수 없지만 이득을 보지는 못했다. 오히려 그 반대다. 요한 야콥 쇼이흐처를 두고 하는 말이다.

그는 어린시절부터 영리했다. 그는 1672년 8월 취리히에서 시 의사의 아들로 태어났다. 부모님은 아이를 유능한 인물로 만들고 싶어 했다. 그 바람에 그는 세 살에 학교에 들어갔고, 일곱 살에 라틴어를 완벽하게 구사했다.

대학에 들어갈 나이가 되자 쇼이흐처는 고향을 떠나 바이에른으로 갔다. 프랑켄 지방의 대도시에서 25킬로미터 떨어진 뉘른베르크 근교 알트도르프 대학교는 당시 유명한 학교 중 하나였다. 특히 의학과 법학, 자연과학 학부가 유명했다. 쇼이흐처와 같은 천재에게는 안성맞춤인 곳이었다. 1692년부터 그는 알트도르프에서 천문학과 식물학, 수학, 의학을 공부했다. 그러나 부모는 이 대학이 썩 마음에 들지 않았던 모양이다. 그는 유트레히트 대학교로 전학을 해야 했고 22세의 나이에 박사학위를 취득한 뒤 고향의 부름을 받았다.

쇼이흐처는 1695년 취리히로 돌아가 의사로 재직하며 개인적으로 대학생들을 가르쳤다. 그러다 1710년 취리히 대학교의 전신인 카롤리눔 대학에서 오랫동안 원해왔던 수학 교수 자리를 얻었다.

그러나 그의 진짜 열정은 다른 곳에 있었다. 빡빡한 일정과 많은 과제에도 불구하고 그는 스위스의 여러 산으로 도보여행을 가기 위해 시간을 짜냈다. 개인적인 즐거움이 아니라 학문적인 호기심 때문이었다.

당시 그런 여행은 오늘날보다 훨씬 힘들고 위험했다. 그럼에도 쇼이흐처는 자기 눈으로 자연을 보고 냄새 맡으며 느껴보려 했다. 그는 거의 매년 여러 주제에 대해 새로운 논문을 발표했다. 때로는 돌, 때로는 호수와 강, 또 어떤 때는 날씨를 다루었다. 스위스를 지리학적으로, 자연과학적으로 연구하는 것을 일생의 과제로 삼았다. 그는 스위스 빙하를 조사한 최초의 연구자로, 빙하의 모습과 규모가 변한다는 것을 확인했다. 스위스의 목사이자 취미사학자인 마르쿠스 루츠는 그를 두고 "당대의 위대한 물리학자며 자연사학자였다. 스위스 자연사에 관한 최초의 저자라는 명예를 얻는 것은 당연하다"고 기록했다.

의사였던 그는 식물학자이자 지질학자이자 자연연구가였다. 당연히 여러 학회에서 회원으로 활동했는데, 그 중에는 프로이센 왕립과학아카데미와 런던 왕립학회도 있었다.

한마디로 지능과 호기심, 재능을 타고난 사람이었다. 게다가 애국심까지 깊었다. 그러나 환상이 너무 많았던 탓일까? 그는 1712년 《스위스 자연사》란 책에서 우리가 앞에서 살펴본 요하네스 호퍼의 박사학위 논문을 다루었다. 그는 본론으로 들어가기 전 '고향병에 관해'라는 제목으로 애국적인 팸플릿에 모티프를 부여했다.

실추된 평판을 회복하기 위해

그는 스위스 용병들이 정신적인 병에 취약하다는 평판을 듣고 있음을 알았다. 국가의 명예를 회복하고 싶었다. 그는 향수병의 증상(두려움, 슬픔, 불면, 허약, 고향에 대한 동경)에 관해서는 요하네스 호퍼와 같은 의견이었다. 그러나 산으로 자주 소풍을 다니며 영감을 받아서 그런지 그는 향수병의 원인에 대해서는 호퍼의 의견에 반대했다. 쇼이흐처가 언제부터 학자의 정도에서 벗어났는지는 알려져 있지 않다. 다만 정신적으로 잘못된 길에 빠져든 것만은 분명했다.

당시만 해도 스위스에 있는 산의 정확한 높이는 수수께끼였다. 지금은 발리스 알프스에 있는 두포우르슈피체 정상 높이가 4,634미터로 스위스에서 가장 높은 산봉우리라는 것을 다들 알고 있지만 그때는 몰랐다. 그나마도 수십 년 전 기압계가 발명되면서 기압이 감소하면 기압계가 떨어진다는 정도만 알던 시절이었다.

쇼이흐처는 이 장비를 갖고 산으로 도보여행을 갔다. 산에서 그는 기압계가 떨어지는 것을 보며 높이를 미루어 짐작했다. 그의 추측은 비교적 정확했다. 그러나 비전문적인 방식으로 높이를 측정하면서 '아하 경험'(관계 없는 여러 요소들이 모여 의미 있는 전체를 구성하는 상황을 자각하는 순간 "아하! 그렇구나" 하고 깨닫는 경험)을 하게 되었다. 그는 스위스 사람들이 갖고 있는 향수병의 원인을 찾았다고 생각했다. 그가 생각한 원인은 공기였다.

쇼이흐처는 높은 곳에 위치한 들판에는 계곡보다 공기가 더 희박하다는 것을 알아냈다. 지금은 누구나 알고 있는 사실이지만, 당시에는 새로운 발견이었다. 쇼이흐처는 "우리 스위스 사람들은 유럽의 가장 높은 산봉우리에 살고 있기 때문에 깨끗하고 희박한 공기를 호흡하는데, 우리는 이런 공기를 음식과 음료수를 통해서도 흡수한다"고 썼다.

그의 설명은 이렇다. 스위스 사람이 해발고도가 낮은 외국으로 나가면 달라진 기압 때문에 애를 먹는다. 혈관은 무겁고 짙은 안개와 공기 때문에 압박을 받는다. 그렇게 되면 몸 속에 남아 있던 스위스 공기는 더 희박해진다. 그 결과 혈액순환은 나빠지고, 심장과 뇌가 제대로 작동하지 못한다. 스위스 사람이 향수병에 걸리는 건 이 때문이다.

독창적인 설명이다. 치료는 더 독창적이었다. 알코올을 함유한 보조수단(맥주, 포도주)과 천연약물(초석) 외에도 특이하게 건축적인 방법을 이용했다. 그는 외국에 주둔하는 군대를 위해 탑을 높이 쌓아올리자고 말했다. 그 탑 위에서 향수병 환자들이 가벼운 공기를 마시게 하자고 제안한 것이다.

그는 간접적으로나마 여행을 장려하는 활동도 꾸준히 했다. 쇼이흐처는 공기가 아주 좋은 스위스를 "환자들을 위로하고 치유하는 집"이라고 찬미했다. 지금 써먹어도 효과가 있을 마케팅 구호다. 실제로 오늘날에도 여행협회 인터넷 사이트에서는 "자연 그대로의 스위스"라고 광고한다.

마음을 움직이는 병이 세상에 알려지기까지…,

쇼이흐처가 쓴 거의 모든 문장에서는 애국심을 읽을 수 있다. 그의 행동에도 고향 사랑이 담겨 있다. 1712년 12월 그는 매혹적인 직업을 제안받았다. 러시아 황제 피터 대제가 주치의 자리를 제안한 것이다. 하지만 쇼이흐처는 거절했다.

어쨌든 향수병을 깊이 연구한 사람은 호퍼가 아니라 쇼이흐처다. 하지만 당대에 그의 이론을 진지하게 생각하는 사람은 거의 없었다. 그럼에도 향수병이 심각한 질병이라는 생각은 학자들 사이에서 굳게 뿌리내리고 있었다. 오늘날의 의학 지식으로 보면 그런 인식은 웃음거리가 될 수 있다. 그럼에도 불구하고 호퍼와 쇼이흐처에게는 찬사를 보내 마땅하다. 향수병에 대한 그들의 설명이 다소 이상하기는 하지만 그 감정이 많은 사람들의 마음을 움직인다는 사실을 두 학자는 직감했던 것이다. 향수병이 실제로 공식적인 사망 원인으로 간주되고, 의사들이 부검을 통해 그 원인을 입증할 수 있다고 생각하게 되기까지는 채 몇 년이 걸리지 않았다.

몸에서 빈 포도주 통
소리가 난다?

의사들의 타진이 생긴 유래

어린시절의 기억은 누구에게나 강력하다. 그 기억은 여러 분야에서 우리에게 영향을 준다. 우리가 좋아하는 음악, 싫어하는 음식은 물론 직업을 선택할 때조차 그렇다. 이와 관련한 가장 좋은 사례가 요제프 레오폴트 폰 아우엔브루거다.

그는 1722년 11월 19일, 그라츠에서 7명의 아이들 중 넷째로 태어났다(귀족 칭호는 나중에 받았다). 그의 아버지는 도심에서 평판이 좋은 음식점을 운영했다. 아우엔브루거는 어릴 때부터 그 음식점에서 일을 거들었다.

음식점 지하실에는 포도주 통이 저장되어 있었다. 아버지는 포도주 통에 포도주가 얼마나 남아 있는지 확인하기 위해 일일이 모든 통을 열어보지는 않았다. 너무 번거로운 일이었을 것이다. 대신 아버지는 포도주 통을 두드려보았다. 소리가 맑을수록 통이 많이 비어 있었기 때문이다. 그 모습을 본 어린 레오폴트는 깊은 인상을 받았다.

여러분에게 호흡이 곤란하고, 기침을 심하게 하는 증세가 있다고 가정해보자. 먼저 당신은 사탕이나 뜨거운 레몬차 또는 가래를 삭히는 알약을 먹을 것이다. 그래도 상태가 호전되지 않으면 아마도 의사를 찾아갈 것이다. 의사는 증상을 들은 다음 청진기를 들고 기관지를 살펴볼 것이다. 그런 다음 숨을 깊이 들이쉬었다 내쉬라고 할 것이다. 의사는 또 손가락으로 가볍게 당신의 가슴을 두드릴지도 모른다. 이런 진단은 250년 이상 유지되어온 방식이다. 그 방식의 연원이 바로 요제프 레오폴트 폰 아우엔브루거에게로 거슬러 올라간다.

고등학교 졸업 후 그는 그라츠에서 문학과 철학을 공부한 뒤 빈으로 가서 의학을 전공했다. 학업을 마친 그는 고향으로 돌아와 스페인 병원에 자리를 잡았다. 이 병원은 당시 뛰어난 명성을 갖고 있었다. 이 도시에 사는 스페인, 이탈리아, 네덜란드 주민들을 치료하기 위해 1718년에 설립된 병원은 1741년 군 병원으로 바뀌었다. 그 바람에 의사들은 주로 군인들을 치료했다. 심한 부상을 입은 수많은 군인들이 사망했으며, 더러는 살아남았다. 그들 모두의 공통점은 고향을 떠났다는 것 하나였다.

이 병원에 채용된 아우엔브루거가 1754년 자신을 유명하게 만든 주제에 몰두하게 된 것은 결코 우연이 아니었다. 그때 그는 하나의 가설을 입증하기 위해 시신의 가슴에 물을 채웠다. 연구결과는 1761년 발표했다. 논문 제목은 〈*Inventum novum ex percussione thoracis humani ut signo abstrusos interni pectoris morbos detegendi*〉였다. 번역을 하자면 '흉곽 타진 방법으로 흉강의 질병을 찾아내는 새로운 발견'이라는 뜻이다. 의학자들은 이런 방법을 오늘날 '타진'이라고 하는데, '두드리다' 또는 '타격하다'라는 뜻의 라틴어에서 온 말이다. 의사는 그냥 흉곽을 부드럽게 타진하고, 그 다음 자신의 가슴을 두드리고, 허벅지를 친다. 그때 들리는 소리의 차이를 통해 질병을 유추하는 방법이다. 경험에 따르면 가슴에서 나는 소리가 약하면 약할수록 환자의 상태는 더 위험하다.

향수가 몸에 남기는 흔적

아우엔브루거는 이런 방법으로 아주 특별한 질병을 진단할 수 있다고 믿었다. 아직 충분히 성장하지 않은 젊은 남자, 군대에 징집돼 집으로 돌아갈 수 없다고 믿는 남자, 슬프고 말이 없으며 활기가 없는 남자, 계속 혼자 있고 싶어하고 한숨만 쉬며 신음 소리를 내는 남자, 누구에게서도 어떤 것으로도 기쁨을 느끼지 못하는 남자, 육체가 서서히 여위어가는 남자들이 갖고 있던 질병이 그것이었다.

무슨 병인지 짐작할 수 있는가? 그렇다. "이 병을 사람들은 향수병이라고 부른다"고 아우엔브루거는 썼다. 그는 이 병으로 사망한 사람

요제프 레오폴트 폰 아우엔브루거 부부의 초상화

고향을 떠나 그리움이 온몸에 사무친 젊은 남자, 다친 몸을 뉘이며 이제 영영 고향으로 돌아갈 수 없다고 서럽게 우는 남자, 정신과 육체가 서서히 야위어가는 남자. 그라츠의 위대한 의사 아우엔부루거는 향수병에 걸린 군인들을 진단하기 위해 아버지로부터 배운 타진법을 처음 도입했다. 얼핏 생뚱맞기 그지없어 보이던 이 타진은 그의 책이 유럽 각국으로 번역되면서 오늘날 동네 병원에서노 사용하는 보편적 진단법으로 자리를 잡았다.

들을 연구했는데, 해부할 때마다 항상 같은 모습이었다. 폐는 늑막에 유착되어 있고, 조직은 딱딱하거나 곪아 있었다. 아우엔브루거가 보기에 향수병 환자는 폐렴과 늑막염으로 사망했다.

좀 이상하게 들릴지 모르지만 그는 자신의 저서에 자부심을 가졌다. 아내와 함께 등장하는 유화에서 그는 표제지가 펼쳐진 이 책을 들고 있다. 그러나 스승과 동료들은 그의 방법을 처음에는 거부했다. 그의 저서가 몇 년 후 영어와 프랑스어로 번역되자 전 유럽의 의사들이 비로소 가슴 타진법에 관심을 갖기 시작했다. 1809년 그가 사망한 후 이 방법은 자리를 잡았다. 그의 고향 그라츠에서는 지금도 여전히 이 의학자를 기리고 있다. 그의 생가에는 안내판이 붙어 있고, 그가 재직하던 병원 앞은 아우엔브루거 광장이라 불리며, 그가 다닌 의과대학의 인장에는 초상화가 그려져 있다.

호퍼의 치료법, 쇼이흐처의 기압 이론과 마찬가지로, 향수의 기질성 흔적을 연구한 아우엔브루거의 주장은 지금 읽어도 재미있다. 그러나 당시에는 이런 주장이 사회적·의학적 핵심을 건드렸다. 그가 연구 초점을 군인에게 맞춘 것은 유럽의 절반이 전쟁을 하고, 향수의 의미가 변해가던 그 시대에는 시의적절한 것이었다. 서서히, 그러나 분명히 향수병은 진짜 위협이 되어갔다. 전 시대를 통틀어 가장 유명한 최고지휘관 가운데 한 사람도 그것을 느끼기 시작했다.

뇌 물질이 팽창하면
생기는 일

나폴레옹 주치의의 신경학적 진단

아이디어는 좋은 것 같았다. 창문에서 뛰어내리면 한동안 고통스럽겠시만 그 다음에는 십으로 갈 수 있겠지. 그러나 현실은 생각보다 훨씬 복잡하다. 꿈은 산산이 깨지기도 한다.

루이 스토블러는 모든 것을 제대로 계획했다. 군대 막사 4층에서 추락했을 때 이 군인의 나이는 겨우 21세였다. 그렇다고 스토블러가 자살을 기도한 것은 아니다. 그는 완쾌 후 집으로 돌아가기 위해 한쪽 다리만 부러뜨리려고 했다. 하지만 의사를 계산에 넣지 않는 바람에 일이 어긋나기 시작했다. 그를 맡은 의사는 전공 분야에서 최고의 의사였다. 불행 중 다행으로 스토블러는 도미니크 장 라레에게 치료를 받게 된 것이다.

그 어떤 정치가도 나폴레옹 보나파르트만큼 유럽에 영향을 미친 사람은 없었다. 라이벌과 비판자, 반대자들은 그를 자만심 강하고 이기적이며 과대망상에 사로잡혀 있다고 생각했다. 어떤 국가도 그 앞에서는 안전하지 않았다. 1797년 장군에 임명된 이후 스스로 황제에 등극하게 될 나폴레옹은 수십 번의 전쟁과 전투에서, 그리고 1815년 워털루에서 마지막 전투를 할 때까지 프랑스 군대를 이끌었다.

물론 그도 가깝고 중요한 측근들에게는 다정했다. 특히 한 사람에 대해서는 매우 관대했다. 이 남자가 아일라우 전투에서 검을 잃었을 때 나폴레옹은 자신의 검을 그에게 건네기까지 했다. 유언장에서 나폴레옹은 그에게 10만 프랑을 주려고 했다. 많은 친척들에게 주려 했던 액수보다 많은 돈이었다. 그는 나폴레옹이 알던 사람 중에서 가장 공이 큰 인물이었기 때문이다. 그의 이름은 도미니크 장 라레다.

보나파르트와 라레는 출신 계층이 달랐다. 나폴레옹은 코르시카 귀족 가문 후손이었고, 아버지는 변호사와 정치가로 활동했다. 라레는 피레네 지역에 위치한 작은 마을 출신이었고, 아버지는 가난한 제화공이었다.

그러나 두 사람은 일찍부터 가족을 책임져야 했다. 15살 때 아버지가 위암으로 사망한 뒤 나폴레옹은 가장 역할을 했다. 라레는 13살 때 고아가 되었다. 툴루즈에 있는 병원 수석의사였던 삼촌 알렉시스가 그를 돌보았고 의학에 대한 관심도 일깨워주었다. 공부를 마친 라레는 1787년 군의관 자격으로 해군에 입대했다. 뉴펀들랜드로 가는 항해에 참가했지만 그와는 맞지 않았다. 산악지방 출신인 이 젊은이는 배멀미를 심하게 했다.

그는 육지로 돌아와 파리에 있는 병원에서 근무했다. 그러던 어느 날 그는 나폴레옹을 만나게 되었고, 이후 수십 년간 어디든지 나폴레옹을 따라다녔다. 오스트리아와 이탈리아, 시리아와 이집트, 프로이센과 러시아로. 24차례의 원정과 60번의 전투에서 때로는 지쳐 쓰러질 때까지 그는 나폴레옹에게 헌신했다.

그의 인내력은 전설적이다. 기록을 보면 그는 휴식 없이 24시간 동안 200번의 수술을 했다. 시시한 상처나 경미한 통증이 아니라 심각한 부상과 어려운 수술을 말하는 거다. 신체 일부를 절단하는 수술. 그것도 소독이 이뤄진 조용한 수술실에서가 아니라 싸움이 벌어지는 전장의 가장자리에서였다.

당시 군인들이 어떤 고통을 견뎌내야 했는지 현대인은 상상조차 할 수 없을 것이다. 그들은 극단적인 더위와 살을 에는 추위 속에서 싸웠다. 전투는 수 개월, 때로는 몇 년간 지속되었다. 게다가 부상자들에 대한 치료는 매우 열악했다. 당시 야전병원은 전선에서 수 킬로미터 후방에 있었다. 그 바람에 부상자들은 방치되기 일쑤였다. 운이 좋으면 전우들이 부상병을 안전한 곳으로 옮겼으나 의사들은 며칠이 지나서야 찾아왔다.

라레는 부상병이 치료를 받기까지 너무 많은 시간이 흐르고 그로 인해 많은 군인이 사망한다는 것을 잘 알았다. 그래서 말이 끄는 민

첩하고 작은 수레, 즉 '날아다니는 야전병원' 시스템을 생각해냈다. 각 부대는 이런 작은 수레 12개로 구성되었고, 15명의 외과의사와 100명의 군인들이 배속되었다. 그들은 부상자들을 모아 치료했다. 이로 인해 의사들은 전장에서도 지혈을 하고, 붕대를 감고, 때로는 사지를 절단할 수 있게 되었다. 라레는 응급처치의 발명자였다.

응급처치는 의학적인 장점뿐만 아니라 심리적인 장점도 있었다. 적군은 건너편에만 있는 게 아니라 아군 안에도 있었기 때문이다. 아무도 그 적을 눈으로 볼 수는 없었지만 모두 다 느끼고 있었다. 나폴레옹이 1799년 이집트로 출정할 때 오랜 친구인 베르티에 장군을 집으로 돌려보낸 것도 그 때문이었다. 나폴레옹은 베르티에 장군이 자기 눈앞에서 그 병에 걸려 죽어가는 것을 도저히 볼 수 없었다. 나폴레옹의 어린 동생인 루이도 그 병에 걸렸다. 프랑스 군의관 피에르 프랑소와 페르시는 1819년 "프랑스 혁명과 그 후에 일어난 전쟁 때만큼 향수병이 많이 발생한 시기도 없었다"고 기록했다.

프랑스 군인들을 주저앉힌 주범

이는 결코 사소한 일이 아니었다. 향수병으로 인해 병사들의 전투력은 큰 피해를 입었다. 향수병 환자들은 거의 잠을 자지 못했고, 식사도 잘 하지 못했으며, 패배감에 젖어 지냈다. 수 주일, 수 개월 또는 수 년간 지속되는 대단히 힘든 전투를 치러낼 상황이 아니었다.

따라서 향수병 치유는 의학적 · 정치적으로 매우 의미 있는 일이었다.

의사들은 때로 극단적인 조치를 취했다. 향수병을 공포와 고통으로 극복할 수 있다고 생각했던 것일까? 일부 군의관은 군인들의 배 위에 달궈진 쇠를 올려놓으면 감정세계가 회복될 수 있다고 믿었다. 어떤 러시아 장군의 제안은 더 극적이다. 그는 향수병 환자를 산 채로 묻겠다고 위협했다. 다음날 그는 자신의 통고를 실천에 옮겨, 부하 둘을 생매장했다. 일설에 따르면 그 후 향수병에 걸렸다고 보고하는 사람은 아무도 없었다고 한다.

그런 점에서 보면 창에서 뛰어내린 루이 스토블러는 불행 중 다행이었다. 그의 동료들에게 가해진 준엄한 조치와 비교하면 도미니크 장 라레는 환자들을 매우 부드럽게 다루었기 때문이다.

라레가 평생 동안 얼마나 많은 시신을 보았는지는 알 수 없다. 아마도 수천 구는 될 것이다. 사람들은 그런 충격적인 경험을 제각각의 방식으로 대처한다. 어떤 사람은 술을 마시고, 어떤 사람은 기억을 억누르다가 미치기도 한다. 라레는 그런 상황을 기록으로 남겼다. 귀향에 실패한 루이 스토블러의 일화도 그 중 하나다.

러시아로 진군하기 위해 나폴레옹은 유럽에서 유례가 없는 최대 규모의 군대를 모집했다. 그 출정은 결국 나폴레옹 몰락의 시작이었다. 적게 잡아도 병사 수가 48만 명, 어떤 이는 60만 명 정도라고 추정한다.

러시아 원정에 실패한 뒤 모스크바에서 퇴각하는 나폴레옹 군대.

나폴레옹 군대가 패하게 된 이유를 놓고 수많은 의견이 나왔다. 그럼에도 외적 상황이 모종의 역할을 한 것만은 분명하다. 러시아는 인구밀도가 낮아 군대 스스로 물자를 조달해야 했다. 폭염과 영하 30도까지 떨어지는 심한 기온 차, 세찬 비와 눈보라, 햇빛까지 그야말로 날씨는 변화무쌍했다. 군인들은 영양 부족과 질병으로 약해졌다.

의약품도 거의 없었고, 식수나 빵도 충분하지 않았다. 게다가 패색이 짙어지자 탈영병이 속출했다. 향수병도 한 가지 이유였다. 향수병에 걸린 군인들을 위해 특별한 임종의 방이 생겼을 정도다. 그곳에서 환자들은 짚에 누웠고 다시는 일어나지 못했다.

라레는 그런 상황을 더 이상 보고만 있지 않았다. 그는 이 위험한 악성 질병을 극복하는 것이야말로 자신의 의무라고 생각했다. 특히 모스크바 전투에서 퇴각한 이후 그는 향수병으로 사망한 사람들을 검시했다. 그들은 위와 장의 염증으로 죽은 것이 아니라 "뇌 시스템의 병적인 변화가 야기한 나쁜 결과 때문에 사망했다"는 게 라레의 기록이었다.

그는 자신이 향수병의 원인을 찾았다고 생각했다. '뇌 물질의 팽창'이 원인이며 첫 번째 증상은 '이성 기능의 약화'였다고 그는 주장했다. 그는 순전히 신경학적으로 설명한다. 처음에 향수병은 뇌를 엄습한다. 그러면 뇌 세포가 손상되고 감각기관과 운동기관의 신경이 약해진다는 것이다.

라레의 견해에 따르면 향수병은 세 단계로 진행된다. 먼저 결막이 붉게 변하고 맥박이 빨라지며 말투가 빨라진다. 여기에 경련과 한숨, 변비가 생긴다. 두 번째 단계에서는 마비가 오는데, 이때부터 기관이 공격을 받게 된다. 위와 장에 염증이 생기며 열이 올라간다. 마지막 단계에서는 전체적으로 기력이 떨어진다. 환자는 먹거나 마시려 하지 않고 우울해하며 계속 죽음을 생각한다. 열 때문에 병원에 누워 있다가 칼로 자기 가슴을 찔러 자살하려 했던 스위스 병사에게서 라레는 그런 증후를 관찰했다. 그 병사는 고통을 느끼지 않고 8차례나 그런 시도를 했다. 그는 상처를 외과적으로 치료하는 데도 별 불평 없이 견디어냈다. 그럼에도 불구하고 그는 사망했다.

라레에 따르면 춥고 습한 지방(네덜란드 사람)에 사는 주민과 산골 주민(스위스 사람)들이 특히 향수병에 잘 걸린다. 향수병은 노예 상태나 감금 상태에서 촉발되는데 게으름과 지나친 섹스, 과도한 자위도 원인이 되었다.

'목동의 선율'을 금지하노라

라레는 무엇보다 기분 전환이 치료에 좋다고 생각했다. 군인들이 어리석은 생각을 하지 못하도록 기분을 고조시키려고 했다. 군인들이 내켜하지 않는 운동을 시키거나 군악대 음악을 듣게 한 것이다. 논쟁의 여지가 있는 아이디어가 아닐 수 없다.

1708년 바젤에서 활동하던 의사 테오도르 츠빙거는 스위스 민요의 일종인 '목동의 선율' 소리를 조심하라고 경고했다. 고향에서 멀리 떨어진 사람들이 이 소리를 들으면 금세 향수병에 걸린다는 것이다. 그래서 이 음악은 금지곡이 되기도 했다. 이 사실이 독일 작가 요한 볼프강 폰 괴테에게까지 알려질 정도여서 그는 다음과 같은 기록을 남겼다.

내가 틀리지 않다면, 루드비히 14세 치하에서 가장 무거운 처벌은 갈대 피리 부는 것을 금지시킨 일이다. 스위스 사람들로 구성된 연대에서는 그 피리 소리 때문에 고향을 생각하게 되고, 많은 사람들이 고향병으로 죽었기 때문이다.

추진력이 사라지고 삶에 지쳐 자살을 생각하는 증상은 오늘날의 관점에서 보면 우울증 또는 외상 후 스트레스 장애를 떠오르게 한다. 그러나 당시에는 이런 증상을 향수병이라는 개념으로 보았다. 이 병의 파도가 정점에 도달하기까지는 불과 몇 년밖에 걸리지 않았는데 그것 역시 군대와 관련이 있었다. 이번에는 군대의 운명뿐만 아니라 국가 전체의 미래를 위협하기 시작했다는 게 문제였다.

적군의 총칼보다
무서웠던 것

미국 남북전쟁에서 드러난 향수병의 파괴력

　　미국의 남북전쟁에서 위스콘신 지원병 제5연대 병사들은 3개월여 동안 집을 떠나 있었다. 그들은 1861년 7월 고향을 출발했다. 주도인 메디슨에서 펜실베이니아의 해리스버그까지 약 1,300킬로미터를 행군했다. 그들은 거기서 약 100킬로미터 더 떨어진 볼티모어로 가라는 명령을 받았다. 몇 주 후 그들은 60킬로미터 더 떨어진 워싱턴에 진주했다. 힘든 여정이었다. 그럼에도 발에 생긴 물집과 위장 문제를 제외하면 비교적 양호한 상태였다. 그때까지 진짜 전쟁에 휩쓸리지 않은 것도 중요한 이유였다. 모든 병사들은 건강하고 활기찼다. 적어도 10월 3일까지는.

　　이날 군의관 알프레드 루이스 캐슬맨은 최초의 사망자를 접하게 된다. 이 의사는 "숨을 거둘 때까지 그는 아내와 아이들을 그리워했다"고 자신의 일기에 기록했다. 캐슬맨은 사망 직전의 환자에게서 신경 기능 붕괴와 티푸스의 전형적인 증상인 열과 피부 발진, 설태로 덮인 혀를 관찰했다고 한다. 당시 군인들에게서 자주 나타났던 이 악성 질병이 직접적인 사망 원인은 아니었다. 캐슬맨은 "강하고 건강한 남자들이 정신적인 문제로 죽는 것이 이상하다"고 기록했다. 그러나 이 같은 정신적인 문제는 군대에 만연해 있었다. "그 불쌍한 녀석은 향수병 때문에 죽었다."

실제로 많은 참전 군인들은 향수병의 결과를 아주 자세하게 술회했다. 한 의사는 풍부한 상상력을 발휘해 향수병은 신체로부터 공기를 빨아들여 인간의 가슴을 공격하는 무자비한 괴물이라고 묘사했고, 다른 의사는 "적의 총알만큼 우리 군인들을 많이 죽였다"며 동의했다.

향수병은 남북전쟁 시기에 무서운 위상을 드러냈다. 국가를 위협하는 병으로, 공식적인 군사 통계에 기록되기도 했다.

남북전쟁에 관한 문서는 5만 페이지가 넘는다. 군의관들은 어떤 병사가 언제 어떻게 사망했는지 꼼꼼하게 기록했다. 수십 권의 기록에는 부대와 사망 날짜, 사망 원인이 깔끔하게 표로 정리되어 있다. 이 기록을 보면 당시 향수병이 얼마나 무서웠는지 알 수 있다. 의사들은 총상과 티푸스 또는 장 감염 말고도 향수병을 주요 사망 원인으로 기록했다. 백인 병사들의 경우 1861~1866년까지 정신이상자를 위한 국립병원Government Hospital for the Insane에서 치료받은 5,213건이 문서에 기재되어 있다. 그 중 58명이 사망했다. 흑인 병사의 경우 334명의 환자 중 사망자가 16명에 달했다.

남북전쟁 전체 기간 동안 약 43만 명의 백인 병사가 투입되었고, 그 가운데 9만 명이 티푸스에 걸렸다. 따져보면 향수병 사망자의 비율은 1,000분의 1밖에 안 된다. 전염병이라고 생각하기에는 너무 적은 수치다. 그럼에도 인간에게 공포심을 불어넣고, 의사들의 머리를 아프게 하기에는 충분한 수치였다.

삶의 무상함에 직면해 목숨을 거는 사람은 많은 것을 더 선명하게 본다. 그런 사람은 자신에게 중요한 것이 무엇인지 퍼뜩 깨닫는다. 남북전쟁에서도 용감한 병사들은 고요한 순간이 오면 갑자기 사색적인 낭만주의자가 되었다.

전쟁 시기에 쓴 수천 통의 편지가 아직도 전해지는데 그 중 상당수가 군인들이 사랑하는 사람에게 보낸 편지다. 편지를 보면 군인들이 얼마나 향수병에 시달렸는지 확인할 수 있다. 가령 고향을 떠난 지 일주일밖에 되지 않았던 딕 심슨이라는 병사는 사우스 캐롤라이나에 사는 고모에게 이렇게 편지를 썼다.

우리는 지금 고향에서 아주 멀리 떨어진 위험한 땅에 있어요. 내가 이렇게 고향을 그리워했던 적은 한 번도 없었어요.

나는 사소한 일을 모두 기억하고 있어요. 모든 경험이 생생하게 내 눈앞을 스쳐 지나가요. 아, 내 고향과 아름다운 경험이 얼마나 그리운지. 가족과 함께 둘러앉아 지나간 시절을 이야기할 수 있다면 모든 것을 다 줄 수도 있어요.

향수병 징후처럼 들리기도 하지만, 편지를 쓴 날이 미국 독립기념일인 1861년 7월 4일이었으니 그럴 만도 했다. 그런 기념일에는 그리움이 더 커지는 법이다.

1861년 4월 전쟁이 일어났을 때 양측은 금방 전쟁이 끝날 것이라고 예상했다. 수적으로 북군이 남군보다 우세했기 때문이다. 북쪽에는 당시 2,200만 명이 살았고, 남쪽에는 900만 명이 살고 있었다. 또 북쪽은 경제적으로 훨씬 더 발전했고, 원료와 산업시설, 철도, 전신 시스템도 갖추고 있었다. 그와 달리 남쪽은 오직 노예제로 유지되는 목화 경제만 있었다. 북쪽이 노예제도를 폐지하려고 하는 바람에 전쟁이 일어난 것이다.

남군은 영국이 그들을 지원할 것이라고 생각했다. 영국 사람들은 미국 목화에 의존하고 있었기 때문에 자신들의 무역 파트너를 위험 속에 내버려두지 않을 것이라는 계산이었다. 하지만 양측 모두 잘못 생각했다. 전쟁은 곧바로 끝나지 않았고, 여러 해에 걸쳐 잔인한 살육이 벌어졌다. 군대는 조직적으로나 육체적으로 전혀 준비되어 있지 않았다. 심리적으로는 말할 것도 없었다.

전쟁 시작 전에도 군대는 제대로 편성되지 못했다. 특히 북군은 대부분 시골 출신 청년들로 구성되었기 때문에 육체적·정신적으로 강하지 않았다. 전쟁 첫해에는 18세 병사들이 북부군에서 가장 큰 집단을 이루었는데, 이들은 대부분 농부의 아들로 집을 오랫동안 떠난 적이 없었다. 천시 쿡도 그 중 한 사람이었다.

천시 쿡은 부모와 함께 위스콘신 숲속 소박하고 작은 통나무집에 살고 있었다. 어린시절은 힘들었지만, 그 경험이 육체적으로는 쿡에게 도움이 되었다. 그는 체력이 좋았고 건강했으며 또래들보다 훨씬 컸다. 그래서 의사는 징병검사를 할 때 쿡이 16세일 거라고는 생각하지 못했다. 공식적인 나이 제한은 18세였는데 말이다.

숲에서 자란 이 조숙한 소년은 얼마 후 전쟁터로 나갔다. 그는 자기가 처한 상황을 극복하기 위해 부모에게 계속 편지를 썼다. 편지에서 그는 학대와 질병, 긴 행군, 조악한 식사, 상처난 발, 부상당하거나 전사한 동료들에 대해 이야기했다. 외견상 쿡은 이런 어려움을 잘 헤쳐나가는 것 같았다.

그러나 다른 걱정이 있었다. 그는 부모님에게 보내는 편지에서 거의 모든 전우들이 고향병에 걸렸고, 이 때문에 심각한 질병이 발생했다고 썼다. 자신은 고향병에 걸리지 않았다고 생각했지만 "유쾌한 기억을 계속 떠올리지 못하면 나도 어떻게 될지 몰라요"라고 토로했다. 이런 생각은 분명 향수병을 억제하는 데 도움이 되었을 것이다.

천시 쿡의 사례는 당시의 전형적인 딜레마를 보여준다. 군의관들에게는 '선택의 고통'이 따랐다. 향수병이 더 악화하지 않도록 고향에 대한 모든 기억을 억눌러야 할까? 아니면 군인들이 적어도 이런 공상에 빠질 수 있도록 정신적 여행을 허락하고 장려해야 할까? 전쟁이 길어지면서 딜레마는 갈수록 커졌다.

농촌 출신 병사들이 더 아팠던 이유

전쟁이 예상과 달리 오래 계속되자 더 많은 병사들이 필요해졌다. 많은 시민들은 자발적으로 전쟁에 참가했다. 어떤 사람들은 징집됐고 어떤 사람들은 보수를 받고 입대했다. 아버지는 아이들을, 남편은 아내를 남겨두고 떠났다. 그러나 그들 모두 전쟁이 무엇인지 몰랐다. 전쟁이 길어질수록 집은 더 그리워졌다. 가족과 정상적인 직업, 안락한 삶으로 돌아가고 싶었다. 모든 사람들이 고향과 긴밀한 연대감을 느끼고 있었고, 가족의 모습은 이런 연대감에 기여했다. 남편들은 침대에 시트를 새로 깔고, 따뜻한 음식을 만들고, 난로에 불을 지피는 일을 도맡아 했던 아내들을 신뢰했다.

천시 쿡의 고향병도 심각해졌다. 그렇다고 전투력을 빼앗을 정도는 아니었다. 하지만 많은 전우들은 달랐다. 북군뿐만 아니라 남군에서도 고향병이 만연했다. 신체적인 증상이 나타나면 의사들은 향수병이라고 진단했다. 때로는 악순환이 되었다. 향수병에 걸린 군인들은 덜 건강하고 병에도 잘 걸리며, 병든 군인들은 향수병에 더 잘 걸

미국 남북전쟁에 참전한 군인들

"모든 경험이 생생하게 내 눈앞을 스쳐 지나가요. 아, 내 고향과 아름다운 경험이 얼마나 그리운지. 가족과 함께 둘러앉아 지나간 시절을 이야기할 수 있다면 모든 것을 다 줄 수도 있어요."

린다고 여겨졌다. 향수병이 큰 문제라는 사실에 의견이 일치했고 신문도 이를 보도했다. 단지 치료 방법에 관해서는 견해가 갈렸다.

어떤 의사들은 군인들을 더 신중하게 선발해야 한다고 생각했다. 윌리엄 알렉산더 해몬드는 남북전쟁 당시 북군의 최고군의관이었다. 그는 향수병에 잘 걸리는 사람들을 위험에 노출시키지 않기 위해 신병의 최소 연령을 20세로 높이자고 주장했다. 누군가가 향수병에 걸리면 그를 집으로 돌려보내야 하는데 동료들이 그 영향을 받지 않도록 하는 것이 무엇보다 중요하다고 생각했다. 해몬드는 무임 승차자와 꾀병을 앓는 사람이 있을 거라고 걱정했다.

시어도어 칼훈도 향수병 치료에 어떤 방법이 좋은지 고민했다. 성실하고 지적이었던 이 의사는 25세의 나이에 사단 수석의사로 임명되었다. 다소 거만했던 그는 군대를 "편지 쓰는 사람들로 가득한 곳"이라며 비꼬았다.

군인들과 많이 접촉했던 그는 이상한 점을 발견했다. 주로 도시 지역 출신 병사들로 구성된 부대가 농촌 출신 병사들로 구성된 부대보다 훨씬 더 튼튼하다는 점이었다. 모두 같은 음식을 먹고 같은 물을 마시며 비슷한 숙소에서 생활하고 비슷한 치료를 받았음에도 불구하고 말이다. 왜일까?

요즘의 지식으로는 답변하기 쉽다. 같은 나이 또래 농촌 출신 아이들과 달리 도시 아이들은 볼거리와 홍역, 디프테리아 같은 아동 질병을 피하기 위해 접종을 받았다. 그러나 칼훈은 이 문제를 심리 분야에서 찾았다. 목가적인 고향을 떠날 이유가 별로 없었기 때문에 농촌 출신 신병들은 충분히 용감하지 못하다는 것이다. 그곳에서 그들은 부모와 한 집에 살면서 규칙적으로 같이 식사를 했다. 이와 달리 도시 출신 청년들은 익명성과 낯선 사람들에게 익숙해져 있다. 때문에 환경 변화가 그들에게는 별로 또는 전혀 영향을 주지 않았다. 칼훈은 이를 두고 "도시 출신 군인은 자신이 어디에 있든 어디서 식사를 하든 상관하지 않지만, 농촌 출신 젊은이들은 고향과 음식으로 가득 찬 식탁을 그리워한다"고 기록했다.

이를 위해 칼훈은 두 가지 치료법을 생각했다. 하나는 군인들에게 가끔 고향 방문 휴가를 주어야 한다는 것이었다. 다른 하나로는 전장에서의 전투를 권했다. 그가 맡은 중대에서는 거의 매일 병사 한 명씩 향수병으로 숨졌는데, 인근의 다른 부대는 건강했다. 마침 그의 부대가 챈설러즈빌 전투에 투입되었는데, 이 전투가 자신의 중대를 치유했다고 그는 믿었다. 그후로는 병사들이 아주 잘 지냈기 때문이었다. 칼훈의 견해에 따르면 전투는 단결심을 강화한다.

병사들이 포화 세례를 함께 견뎌내고 나면 그들 스스로를 공동체의 일부라고 느낀다. 그들은 같은 이름을 갖고 같은 명예와 같은 관심을 공유한다. 이런 정신이 그들의 생각을 집에서 멀어지게 한다.

자부심이 향수병을 몰아낸다고 본 것이다.

하지만 치료법이 항상 전투일 필요는 없었다. 칼훈은 병사들을 항상 바쁘게 만들어야 한다고 생각했다. 빈둥거리고 있으면 마법처럼 고향병이 생기기 때문이다. 향수병 환자들이 하루 종일 힘들게 일하다 보면 밤에 잠도 잘 자고, 그러다 보면 고향을 생각할 겨를이 없어진다는 것이다.

하지만 티푸스와 같은 병을 앓고 난 환자가 향수병에 걸리는 경우는 달랐다. 칼훈은 "이런 상황이라면 여러분은 진단할 때 매우 신중해야 한다"고 경고했다. 그는 1864년 2월 10일 강연에서 "그런 환자는 아마 죽게 될 것이다"라고 주장했다. 남북전쟁은 한창 진행 중이었지만 칼훈은 의사 동료들 앞에서 연설할 시간을 냈다. 그만큼 그 주제는 매우 중요했다.

영원히 사라져버린 날들이며…

그는 향수병이 죽음을 초래할 수 있다는 사실을 조금도 의심하지 않았다. 그는 건강 상태가 좋지 않았지만 딱히 병명을 찾아낼 수 없었던 소위 한 명을 검진했다. 모든 기관은 온전했지만, 소위는 집에 가고 싶어했다. 칼훈은 이를 두고 명확한 향수병 사례라고 동료들에게 말했다. 그는 결국 집으로 보내졌고, 집에서 제대를 신청했다. 칼훈은 "그가 전장에 있었으면 사망했을 것"이라고 단언했다. 강연이 끝나자 열띤 토론이 시작되었고 동료들은 그의 생각에 동의했다.

특히 농촌 출신 병사들이 향수병에 더 잘 걸린다는 명제가 사람들의 관심을 끌었다. 정신병원에도 농촌 출신 환자가 도시 출신 환자보다 더 많았기 때문이다. 이는 '매우 흥미로운 우연'이다. 그러나 그는 이와 관련한 토론이 약 50년이나 지난 뒤에 벌어질 것이라는 사실은 예상하지 못했다.

남북전쟁은 미국 역사에서만 중요한 게 아니었다. 남북전쟁은 향수병 물결이 처음으로 슬픈 정점에 도달한 시기이기도 했다. 전쟁 이후 북쪽과 남쪽은 같은 길을 걸었지만 그때까지 비슷한 말로 사용되던 고향병과 향수병은, 곧 살펴보게 될 한 가지 예외를 제외하면, 서서히 분리되어 갔다. 이유는 다름 아닌 기술적 진보 때문이었다.

오랜 세월 인간은 걷거나 마차를 타고 여행했다. 긴 여행은 거의 불가능했다. 사람들은 한번 집을 떠나면 돌아오기 어려웠다. 기억은 낙원이었고, 어떤 것도 기억에서 낙원을 몰아낼 수는 없었다.

그러나 남북전쟁 후 철도와 증기배가 생겼고, 그 덕에 먼 길을 나설 수 있게 되었다. 고향으로 돌아가는 것은 이론적으로나 실제적으로나 더 쉬워졌다. 따라서 특정 장소에 대한 동경, 즉 고향병은 쉽게 달랠 수 있게 되었다.

그러나 그리스의 전설 속 영웅 오디세우스처럼 많은 사람들은 고향으로 돌아온 후 세상이 달라졌다는 사실을 확인해야 했다. 그들 자신이 변했고, 고향도 마찬가지였다. 사람들은 어떤 장소로 돌아올 수는 있지만 시간까지 되돌릴 수는 없다는 사실을 인식하기 시작했다. 기술의 진보는 고향병을 진정시켰을지 모르지만 향수병은 더 심해졌다.

알프레드 캐슬맨과 시어도어 칼훈이 살던 시대에는 향수병을 약점이라고 생각했다. 향수병에 걸린 군인은 남자답지 못하다고 여겨졌다. 그리하여 국가적으로는 위험요소가 되었다. 약한 군대로 인해 승패가 결정될 수 있었기 때문이다. 당시에는 향수병이 군인들에게만 해당되는 것이라고 생각했다.

수십 년 후 이 병은 다시 한 번 당혹스러운 전환점을 맞게 된다. 향수병이 일반 시민의 생명을 앗아간 것이다. 심지어 어린이들까지 향수병에 희생되었다.

아폴로니아는 어쩌다
살인자가 되었나?

살인과 방화를 초래할 수 있다는 생각

1906년 4월 17일 이전만 해도 아폴로니아는 비교적 정상적인 삶을 살고 있었다. 집안은 부유하지 않았다. 아버지는 석공이었고, 엄마도 일을 해야 했다. 부부는 8명의 아이를 낳았는데, 자녀들의 나이는 1년 6개월부터 18세 사이였다.

아폴로니아는 맏딸이어서 집안일을 많이 도와야 했고 어린 동생들을 위해 엄마 역할도 했다. 그럼에도 그녀의 학교 성적은 특별히 문제가 없었다. 교사들은 아폴로니아를 평균적인 학생이라고 생각했고, 일부 선생님들은 재능이 있다고 판단하기도 했다. 7년 동안 그녀를 가르친 교사 중 한 명은 "아폴로니아는 항상 열심히 공부했고, 나는 늘 그녀에게 만족했다"고 말했다. 비판을 받을 때는 민감하게 반응했지만 그 외에는 착하고 소심하며 눈에 잘 띄지 않는 학생이었다. 그야말로 전형적인 10대였다. 그런 아폴로니아가 얼마 후 끔찍한 범죄를 저지를 것이라고는 아무도 예상하지 못했다.

14살 나이에 그녀는 학교를 떠났다. 그녀는 맏이였고, 가족에게는 돈이 필요했다. 그래서 부모는 딸을 다른 마을에 사는 안톤 부부 집에 가정부로 보냈다. 1906년 4월 17일 화요일, 그녀는 고향을 떠났다. 순수한 소녀로 떠난 아폴로니아는 그러나 살인자가 되어 돌아왔다.

아폴로니아는 가정부로 일하게 된 것을 내심 기뻐했다. 부유한 안톤 부부도 그녀를 잘 대해주었다. 사실 자신의 집에 있을 때보다 더 좋은 음식을 먹을 수 있었고, 생활도 더 편안했다. 안톤 부부의 세 아이들은 친절하고 붙임성이 좋았다. 오히려 집에서 하던 것만큼 일을 하지 않아도 되었다. 첫날부터 아폴로니아를 괴롭혔던 끔찍한 고향병만 없었다면 그녀는 잘 지낼 수 있었을 것이다.

아폴로니아는 오랫동안 집을 떠나본 적이 한 번도 없었기에 부모와 동생들이 그리웠다. 안톤 부부는 그녀의 우울한 심정을 알아채고 위로하려고 애썼다. 아폴로니아에게 맛있는 과자를 구워주고 새 신발도 사주려고 했다. 그러나 소용이 없었다. 아폴로니아는 변한 것 같았다. 무뚝뚝하고 투덜거리며 맡은 일만 했다. 가족이 앉아 함께 식사하는 동안 그녀는 울면서 그 옆에 서 있었다.

일을 시작하고 첫 번째 일요일이 되자 아폴로니아는 부모를 찾아갔다. 그녀는 기뻐 훌쩍거리며 엄마에게 다시는 그 집으로 보내지 말라고 애원했다. 그러나 부모님은 딸의 부탁을 들어줄 수 없었다. 안톤 부부의 집으로 돌아왔을 때 그녀의 눈에는 눈물이 가득 고여 있었다. 그리고 며칠 후 아폴로니아는 무서운 계획을 꾸몄다.

안톤 부인은 아폴로니아에게 아들이 먹는 약에는 독이 들어 있으니 정확히 한 숟가락만 주어야 한다고 강조했다. 덜 주어도 안 되지만 절대로 더 많이 주어서는 안 되며, 두 숟가락을 주면 아들이 죽을 수도 있을 것이라고 말했다.

그 다음 수요일. 가족은 들에서 일을 하고, 아폴로니아는 집에서 아이를 돌보고 있었다. 그때 고향병이 그녀를 엄습했다. 끔찍한 생각과 함께. '내가 이 아이에게 약을 두 숟가락 이상 주면 아이는 죽을 거야.' 옷에 흔적을 남기지 않기 위해 아폴로니아는 아이 턱 밑에 수건을 놓고, 몇 숟가락을 먹였다. 그렇지만 아이는 죽지 않았다.

아폴로니아는 실패한 첫 번째 살해 시도를 경고로 받아들일 수도 있었을 것이다. 그녀에게는 큰 행운이었다. 아무도 눈치채지 못했으며 아이는 아주 활발했다. 그럼에도 아폴로니아는 정신을 차리지 못했다. 몇 주 후인 5월 첫째 일요일. 아폴로니아가 다시 부모를 방문하려 했을 때 안톤 부부는 소녀의 부탁을 들어주지 않았다. 아폴로니아는 그 말을 따랐지만 그날 이후 고향병은 점점 더 심해졌다. 다시 무서운 계획이 떠올랐다. 이번에는 제대로 계획을 세워야 했다.

다음 토요일, 그녀는 저녁 8시가 지나자 잠자리에 들었다. 그녀가 잠에서 깨었을 때 밖에서는 해가 막 떠오르고 있었다. 아폴로니아는 조용히 옷을 입고, 조심스럽게 계단을 내려갔다. 그녀는 발끝으로 부엌과 거실을 지나 막내아들이 잠들어 있는 부부 침실로 갔다. 그녀는 아이를 조용히 침대에서 들어내 팔로 안았다. 아이를 데리고 세탁실과 마구간을 지나 살금살금 밖으로 나왔다. 그리고 강으로 달려가 아이를 물 속으로 던졌다. 그녀는 서둘러 집으로 돌아와 계단을 살금살금 올라온 뒤 옷을 벗고 침대에 누웠다.

15분 후 안톤 씨가 그녀의 방으로 왔다. "아이가 없어졌어!" 그가 놀라 소리쳤다. 아폴로니아는 옷을 입고 계단을 내려가 가족과 함께 아이를 찾았다. 그러나 아이는 어디에도 없었다. 30분 후 아이 아버지는 경찰을 찾아가 아이가 납치되었다고 신고했다. 경찰은 아이를 찾지 못했고, 더 이상 단서나 흔적을 찾을 수 없게 되자 부모를 의심했다. 다음날 경찰이 부모를 체포해 감옥에 넣었다. 아폴로니아는 이를 보고 울음을 터뜨렸다. 3일 후 그녀는 자신의 범죄를 자백했다. 경찰이 강에서 아이의 시신을 발견했다. 아폴로니아는 첫 번째 심문에서 아이가 죽을 것이라는 사실을 알았다고 말했다. 그러나 그녀는 어떤 대가를 치르더라도 집에 가고 싶었다고 털어놓았다. 고향병이 그 정도로 심했던 것이다.

한 정신과 의사가 감옥에 있는 그녀를 조사했다. 그는 그녀가 수줍어하고 불안해하는 소녀지만 정신 지체가 있거나 미치지는 않았다고 생각했다. 소녀는 심지어 십계명도 알고 있었다. 그는 그녀가 고향병 우울증을 앓고 있다고 진단하면서, 그 정도의 우울증은 정신활동의 병리학적 장애로 간주될 수 있다고 말했다.

검사는 당황했고, 항소하면서 재감정을 의뢰했다. 결과는 똑같았다. 두 번째 정신과 의사도 심각한 고향병이라면서 "이 병은 정신적으로 비정상 상태인 일종의 멜랑콜리아형 우울증이며, 자유로운 의사결정이 불가능할 정도로 심하다"고 진단했다. 아폴로니아는 심신상실 선고를 받았고, 결국 소송은 종결되었다.

소녀들, 사로잡히다

1909년 독일 의학자 카를 야스퍼스는 아폴로니아의 사건에 관해 글을 썼다. 그 글로 세계적으로 유명한 정신과 의사이자 철학자로 이름을 떨치기 전에 그는 하이델베르크 대학교에 박사 논문을 제출했다. 20세기 초 향수병의 원인과 결과에 관한 논쟁이 다시 한 번 새로운 전환점을 맞게 된 것이다. 이제 철학자와 정신과 의사들도 향수병에 관심을 갖기 시작했다. 실제로 그들 중 많은 사람들은 향수병이 때로 병리학적 특징을 띤다는 사실을 믿었다.

1898년 범죄심리학 창시자 가운데 한 명인 오스트리아인 한스 그로스가 향수병을 연구했다. 향수병은 과소평가할 수 없는 의미가 있는데 대부분 사춘기를 겪는 사람, 정신이 박약하거나 허약한 사람들이 걸린다. 또 교육을 받은 사람들은 우울한 생각으로부터 주의를 다른 곳으로 돌릴 수 있으나 "고산 지대나 호수 지역 출신으로 교육을

카뮤 피사로, 퐁투아즈 인근 마을(Hameau aux environs de Pontoise), 1872년

가난한 소녀들, 가족의 생계를 위해 남의 집에서 일하던 소녀들이 마음의 병에 사로
잡혔다. 이제 의사뿐만 아니라 심리학자와 사회학자, 신경학자와 경제학자들까지
그리움이 불러오는 이 현상에 관해 관심을 보이기 시작했다.

받지 못한 사람들은 특히 더 위험하다"고 밝혔다. 누군가는 고향을 잃으면 이를 극복하지 못한다는 핵심 내용만큼은 요하네스 호퍼와 비슷했다.

그러나 20세기 초의 정신과 의사들은 17세기 의학자들과는 다른 결과를 걱정했다. 그로스는 향수병 환자들이 의기소침한 감정을 "감각적이고 강력한 자극" 혹은 "왁자지껄하고 떠들썩한 오락"으로 극복하려 한다고 말했다. "향수병 환자는 심할 경우 집에 불을 지르거나 누군가를 살해하기도 한다. 이런 사건이 자주 발생하는 만큼, 시급히 이에 대한 주의를 환기시켜야 한다."

당시 토론의 중심은 두 가지 범죄, 즉 방화와 어린이 살해였다. 향수병에 대한 정신병리학적 토론은 방화증 연구, 즉 불을 지르려는 병적 충동과 밀접하게 연관되어 있었다. 이미 18세기 말부터 평소 온순하던 어린이와 청소년이 방화를 하는 사건이 증가했다. 때로는 한창 사춘기에 접어든 여성들도 있었다.

학자들은 두 가지 문제에 대해 집중 토론했다. 범인이 이성적으로 행동했다면 그것에 대해 죄값을 치러야 하는가? 아니면 그 이면에 병적인 중독이 있었는가? 후자의 경우라면 정신과 의사들이 심신상실이라고 주장할 수 있었다. 원인을 찾으면서 학자들은 그런 행위가 향수병과 관계가 있다는 생각에 이르게 되었다. 카를 야스퍼스도 논문에서 이에 동의했다.

야스퍼스는 당시 하이델베르크 대학교에서 정신과 의사이자 수석

의사로 있었던 카를 빌만스로부터 영감을 얻었다. 빌만스는 자신의 연구논문 〈고향병 또는 충동적 정신장애〉에서 고향병으로 생긴 결과를 다루었고, 아폴로니아 사건의 감정을 맡았다. 박사과정에 재학 중이던 야스퍼스는 총 20건의 사건을 요약했는데, 모두 비슷한 양상을 띠었다. 매번 가난한 집에서 태어난 어린 소녀가 부모님의 경제적 부담을 덜어주기 위해 남의 집에서 일을 해야 했다. 때로는 일하는 곳이 고향에서 한 시간 거리밖에 떨어져 있지 않았지만 어린 소녀들은 고향병에 사로잡혔다. 많은 사람들은 그 다음에 이렇게 한 문장을 덧붙였다. "나는 집에 가고 싶다." 마치 요하네스 호퍼의 연구 사례에서 향수병에 걸린 여자 농부처럼.

매번 젊은 여성들이 법을 어겼다. 몇몇은 갑자기 냉정한 살인자로 돌변했다. 14살의 아폴로니아와 13살의 R, 16살의 마리는 자신이 돌봐주어야 할 아이들을 살해했다. 그들은 어린아이들을 강에 던지거나 때려죽이거나 독살했다. 또 14살의 율리아네 빌헬미네 크렙스나 막달레나 뤼쉬는 주인 집에 불을 질렀다. 모든 범행 뒤에는 삐딱하고 왜곡된 논리가 도사리고 있었다. 아이가 죽거나 집이 불타면 나는 집에 돌아갈 수 있다는 생각.

그러나 야스퍼스는 범죄의 원인이 악의, 분노, 복수심이 아니라 소아적인 성향이라고 생각했다. 소아적인 성향으로 인해 단순히 빨리 집으로 돌아가고 싶어하는 여성 범죄자들에게는 모든 수단이 정당화된다는 것이다. 그래서 야스퍼는 이런 사건들의 경우, 고향병 정신이상 또는 '향수병'을 언급하는 것은 정당하다고 생각했다.

대부분의 정신과 의사처럼 그도 향수병이 범죄 동기가 된다면 의사와 상담을 하라고 조언했다. 그런 경우 병적인 것과의 경계가 항상 가까이에 있기 때문에 언제 그 경계를 넘을지는 전문가만 판단할 수 있다고 본 것이다. 전문가는 인격을 총체적으로 조사하고, 배후에 불평과 일에 대한 불만이 숨어 있지 않은지 검사해야 한다. 그런 배후가 없으면 병의 정도를 고려해야 한다고 그는 말했다.

"지적으로나 도덕적으로 그때까지 온전하던 개인이 고향병이라는 한 가지 이유 때문에 범죄를 저질렀다면 그 행위는 자유 의사에 의한 것이 아닐 개연성이 매우 크다."

그 결과 여성 범죄자는 무죄 판결을 받게 된다.

야스퍼스의 사례는 오늘날의 관점에서 본다면 기괴한 인상을 준다. 이성적인 사람이라면 단지 고향병을 앓는다는 이유만으로 그 사람을 미쳤다고 생각하지는 않을 것이다. 그러나 당시는 사정이 달랐다. 어쨌든 이런 사례들은 향수병의 본질에 관해 우리에게 많은 것을 시사하며, 그 교훈은 오늘날에도 여전히 유효하다.

범행을 가정환경 탓으로 돌리는 것도 한편으로는 이해할 수 있을 것 같다. 온전한 가정 출신 소녀는 아무도 없었고, 거의 모든 소녀들이 집에서 매질을 당했다. 아버지들은 술을 마셨고, 돈은 거의 없었다. 그 대신 형제와 집안일은 많았다.

물론 사람들은 더 아름다웠던 어린시절을 마음 속으로 그리워할 수 있다. 그러나 놀라운 것은 그 소녀들이 부모 집에서보다 주인 집에서 더 편하게 지냈다는 사실이다. 대부분의 가정은 부유했고, 소녀들을 다정하게 대했으며, 좋은 음식을 주고, 일을 많이 시키지도 않았다. 어떤 소녀들은 집에서보다 일을 덜 하기도 했다.

그런데 무슨 일이 벌어진 것일까? 어린 소녀들은 모두 지독한 동경에 사로잡혀 심각한 범죄를 저질렀다. 집에서 지내던 생활이 훨씬 더 힘들었지만 기필코 집으로 돌아가려 했다. 객관적으로 보면 소녀들은 더 잘 지냈지만, 주관적으로는 다르게 인지했다. 그것은 아주 이상한 일이었다.

야스퍼스는 고향병이 필연적으로 범죄로 이어진다는 생각에는 의혹을 품었다. 하지만 그것이 가능할 수는 있다고 생각했다. 당시 대부분의 정신과 의사들은 향수병이 심리적 상처를 남길 개연성이 높다는 데 의견을 같이 했다.

영국인인 이삭 프로스트는 1938년 장기간의 연구를 통해 영국에서 일하던 독일과 오스트리아 출신 하인 40명에 관한 보고서를 냈다. 처음 18개월이 지나기 전에 그들은 정신 이상 증세를 보였고, 우울증에 빠지거나 정신분열증에 걸렸다. 2년 후 미국 심리학자 윌리스 맥캔은 박사 논문을 위해 지속적으로 고향병을 앓고 있던 대학생 100명, 즉 남학생 50명, 여학생 50명을 조사했다. 이 논문에서 그는 특히 정서적으로 불안정하고, 노이로제에 걸린 사람들이 고향병에 걸리는 경향이 있다고 기술했다. 대부분 우울증의 징후를 보였다는 것이다.

야스퍼스와 그 밖의 다른 사람들이 얻어낸 지식 덕분에 향수를 바라보는 관점은 바뀌었다. 스위스인 호퍼와 쇼이흐처, 오스트리아인 아우엔브루거, 프랑스인 라레와 미국인 칼훈의 경우에는 향수병이 신체적인 증상으로 나타나는 병이었다. 이 병은 기관과 폐, 뇌를 엄습하고 때로 죽음으로 이어졌다. 그러나 이제는 다른 인식이 자리를 잡았다. 향수병은 육체를 약하게 만드는 것이 아니라 정신적으로 해악을 끼쳤다. 우리는 야스퍼스가 쓴 개요에서 오늘날 향수병으로 이해하는 내용을 처음으로 만날 수 있었다. 향수병은 변화된 생활환경을 대하는 반응이거나 변화를 극복하려다 맞닥뜨리는 무력감에 대한 반응이다.

17세기와 18세기 의학자들은 향수병 환자는 귀향만 하면 치료될 수 있다고 믿었다. 이를 위해 향수병 환자가 실제로 집으로 돌아갈 필요는 없었다(물론 그것이 최고의 약이기는 했지만). 호퍼에 따르면 당사자들에게 귀향을 약속하는 것만으로도 충분하며, 그것만으로도 그들은 육체적으로 좋아졌다. 쇼이흐처는 무엇보다 향수병 환자들이 고향의 맑고 깨끗한 공기를 마실 수 있도록 해주려고 했다. 향수병은 어떤 장소에 대한 동경인 고향병과 같은 의미였으므로 그 장소로 돌아온 사람은 동경에서 벗어난다. 그러나 19세기와 20세기 정신과 의사와 철학자들은 그런 판단이 너무 단순하다는 것을 인식했다. 향수병의 의미가 변했기 때문이다. 이제는 어떤 장소에 대한 동경이 아니라 시간에 대한 동경이라는 점을 알게 된 것이다.

한 세기 전에 이미 이마누엘 칸트가 참여했던 토론이 있었다. 그는 〈실용적 관점에서 본 인간학〉이란 글에서 "향수병 환자에게는 물리적으로 집으로 돌아가는 것이 문제가 아니다. 어린시절의 목가적 생활에 대한 생각이 문제다"라고 쓴 바 있다. 걱정 없던 청소년 시절을 떠올리다 보면 고향병이 생기는데, 다시 고향으로 돌아가면 실망하면서 동시에 치유가 된다는 것이다. 당사자는 그 장소가 많이 변해서 실망하는 것이라고 생각하지만 사실은 틀렸다. 진짜 이유는 그 시간이 결코 다시 올 수 없다는 인식 때문이라는 것이다.

그리고, 칸트는 향수의 본질에 대해 언급했다. 향수라는 감정은 병이 아니라, 우리가 처한 상황에 대한 반응이다. 특정한 장소로 돌아가는 것에 관한 문제가 아니다. 우리가 시간을 되돌릴 수 없다는 통찰에 관한 문제다. 일찍이 프랑스 철학자 블라디미르 얀켈레비치는 "향수병은 불가능한 것에 직면했을 때 갖게 되는 절망이다. 정겨움과 시의 양식으로 표현되는 절망. 향수병은 언제나 나에게서 달아나는 것을 갈망한다"고 지적했다. 그는 후대의 여러 학자가 수많은 실험과 연구를 통해 확인할 수 있었던 내용을 이미 파악한 셈이다.

야스퍼스의 박사학위 논문 이후 수십 년이 지나면서 향수병에 관한 연구는 진전을 거듭했고 다양한 전문가 즉 사회학자와 심리학자,

신경학자 및 경제학자들이 관심을 보인 하나의 현상이 되었다. 그리고 이제 그 누구도 부정하지 않는 하나의 결론으로 수렴되었다. 즉, 향수는 병이 아니라 약이라는 사실이다. 슬픔을 불러일으키는 것이 아니라 궁극적으로 기쁨을 선사한다. 우울증을 야기하는 것이 아니라 우울증을 막아준다. 우리를 절망시키는 것이 아니라 어려운 시기에 우리를 위로한다. 나아가 이 감정은 인간 누구나 지니는 보편적 느낌이다. 고향에서 멀리 떨어진 대학교에 다니는 학생과 낯선 도시에 사는 하인, 전쟁터에 있는 군인뿐만 아니라 모든 인간이 이런 감정에 직면한다. 나이가 몇이든, 인생의 어느 시기에 있든 상관없이.

에두아르 마네, 정원의 모네 가족(The Monet Family in the Garden), 1874

2장

흑백사진을 보는 마음

아름답지 않은 기억은 시간이 흘러가면서 퇴색하고, 아름다운 기억만 남는
다. 우리 뇌는 그런 방식으로 우리를 속인다. 이런 미세한 조작을 통해 우리
는 비극을 극복하고, 아름다운 순간을 즐기며, 기쁜 마음으로 내일을 기다
린다. 특히 어린시절의 기억이 아름답게 일깨워지면 우리는 변한다. 그것도
긍정적인 방향으로.

어제에 대한
동경

그 달콤하고도 쌉쌀한 감정

향수를 오늘날처럼 이해하도록 하는 데 결정적인 영향을 미친 주인공은 한때 택시기사로 돈을 벌었다. 프레드 데이비스는 뉴욕 브루클린에서 어린시절과 청소년기를 보냈다. 고등학교 졸업 후 그는 뉴욕의 대학에서 사회학을 공부했다. 1948년 그는 박사과정 공부를 위해 시카고 대학교로 옮겼다. 미국에서 가장 좋은 대학 중 하나라고 생각했기 때문이다. 당시 교수진에는 유명한 경제학자로 나중에 노벨상을 수상한 밀턴 프리드먼, 테오도르 슐츠, 조지 스티글러뿐만 아니라 유명한 사회학자들도 있었다. 데이비스는 그들에게 배우고 싶었다.

시카고는 공부를 하는 데 적격인 도시였다. 미시간 호수 옆에 위치한 이 대도시는 지난 수십 년 사이에 산업도시로 발전했다. 아프리카계 미국인과 아일랜드 사람, 동유럽 사람 등 이민자들이 이곳에서 일자리를 찾으려고 했다. 그러나 모두가 일자리를 찾은 건 아니었다. 경제 변화에 적응하지 못한 사람들은 게토에 고립되었고, 많은 사람들이 조직을 만들어 범죄를 저질렀다. 신대륙에서 출세할 수 있을 거라는 이민자들의 꿈은 산산이 부서졌다. 그러나 프레드 데이비스 같은 사회학자에게 그곳은 천국이었다. 사람들이 어떤 관계 속에서 어떻게 살아가는지를 연구하는 데 제격이었다.

데이비스는 학비를 벌기 위해 6개월 동안 택시를 운전했다. 그때 그는 기사로서 자기 일상을 기록하려고 마음먹었다. 보수뿐만 아니라 운전 경험, 승객과의 대화를 적었고 몇 년 후에는 자신이 경험한 내용을 출판까지 했다.

이 일화는 데이비스에 관해 많은 것을 시사한다. 다양한 분야에 관심을 갖고 있었던 그는 자신의 출판물을 통해 그것을 구체화시켰다. 그는 1960년 샌프란시스코에 있는 캘리포니아 대학교로, 1975년에는 이 대학교의 샌디에이고 캠퍼스로 또다시 옮긴 후 히피 문화와 소아마비, 최신 트렌드의 발생 등에 관한 연구에 몰두했다. 35년 동안 경력을 쌓으면서 데이비스는 디자이너, 의학자, 어린이, 성인들에게 질문을 던졌고 인도와 이탈리아에서도 연구했다.

그는 항상 좋은 옷과 훌륭한 매너를 중시했다. 옛 동료들과 학생들은 그를 전형적인 신사라고 기억했다. 1993년 67세의 나이에 심근경

색 후유증으로 사망한 데이비스는 왕성한 호기심, 세련된 외모 그리고 저서 《어제에 대한 동경Yearning for Yesterday》(1979년 초판 발행) 등으로 사람들 기억 속에 남아 있다.

데이비스는 이 책에서 '향수의 사회학'에 심혈을 기울였다. 두 가지 이유 때문이었다. 하나는 향수가 사람들의 삶에 영향을 미치는 사회적 감정이라고 믿었기 때문이다. 향수는 인간들로 하여금 과거의 장소와 사람을 기억하게 하고, 이를 통해 연대감을 갖게 한다는 것이다. 또 다른 하나는 1970년대 말 향수의 물결이 미국을 휩쓸었기 때문이다. 텔레비전은 1930년대 로맨틱 코미디를 반복해서 방송했고, 사람들은 옛시절을 생각나게 하는 음악에 귀를 기울었다. 1977년 뉴욕 브로드웨이에서는 뮤지컬 〈비틀마니아Beatlemania〉 초연이 이루어졌는데, 1970년 해체된 전설적인 밴드에 대한 향수를 불러일으키는 작품이었다. 간단히 말해 향수는 당시 많은 사람들의 사회적 행동과 소비 행동을 결정했다. 사회학자에게는 깊게 연구해볼 만한 충분한 이유가 되었던 것이다.

여러분이 부모님을 방문한다고 가정해보자. 부모님은 당신이 어린시절과 청소년기를 보낸 그 거리와 집에 살고 있다. 밖에는 햇살이 비치고, 당신은 근처를 산책하며 주변 집들을 살펴본다. 분명히 당신은 어린시절과 칭소년기를 회상할 것이다. 아마 이웃집에는 축구를 하거나 술래잡기를 하는 자녀를 둔 가족이 살고 있을지 모른다. 자연스럽게 당신은 당시 친구들과 뛰어놀았던 기억을 떠올릴 것이다. 아,

그런 시절이 있었지, 하고 말이다.

당신은 알고 있는가? 그런 감정이 어떻게 나타나는지 스스로에게 물어본 적 있는가? 이런 감정에 사로잡힐 때 왜 달콤쌉싸름한 느낌이 우리를 감싸는지? 한편으로는 유쾌하고 따뜻했던 추억이, 다른 한편으로는 그 시절은 다시 오지 않는다는 차가운 확신이 뒤섞인 감정이 왜 생기는지 말이다.

프레드 데이비스는 이런 질문을 던졌고 그 답변을 《어제에 대한 동경》이라는 책에서 제시했다. 요하네스 호퍼 이후 향수에 대한 평가는 많이 변했다. 향수병 환자는 이제 더 이상 날 것 그대로의 비밀스러운 약으로 치료받을 필요가 없으며, 특별히 위험하다고 여겨지지도 않는다. 과거로의 정신적 여행을 통해 노스탤지어는 충분히 치유될 수 있으며, 이를 통해 다시 그들의 삶이 살 만한 가치가 있음을 환기하게 된다는 사실도 우리는 잘 안다. 이 모든 것이 데이비스와 그의 책 덕분이다.

고향병과 향수병의 차이

데이비스가 쓴 책의 모태는 12명과 진행한 상세한 인터뷰였다. 그는 자기가 가르치는 수십 명의 학생들에게도 설문지를 돌렸다. 물론 이런 접근 방식이 학문적으로 문제가 있다는 점은 그도 알고 있었다. 그러나 그것은 그에게 그리 중요하지 않았다. 오히려 중요했던 것은 책을 쓰기 위해 의견을 모으고, 사람들이 향수에 대해 어떻게 생각하는지를 경험하는 일이었다. 무엇보다 향수병과 고향병이 같은 것인지 아는 게 중요했다.

그는 질문 목록을 책에 게재하는 것은 필요하지 않다고 생각했다. 따라서 그가 참가자들로부터 정확히 무엇을 알고 싶어했는지는 불확실하다. 어쨌든 그는 진술 가운데 많은 내용을 책에 실었다. 여기서 데이비스는 질문을 받은 사람들 대부분이 '따뜻한'과 '어린시절' 또는 '옛 시절'과 같은 개념을 고향병과 연관짓지는 않았지만 향수병과는 연관지었다는 것을 깨달았다. 이는 두 개념의 의미가 서로 달랐다는 것을 뜻한다.

사전을 통해서도 이 차이는 분명히 알 수 있다. 두덴 사전(독일어사전)에는 고향병을 "멀리 떨어진 고향 혹은 그곳에 살고 있는 사랑하는 사람을 향한 큰 그리움"이라고 설명해놓고 있다. 이와 달리 향수는 사뭇 다르게 정의되어 있다. "사람들이 유행과 예술, 음악 등을 부활시키는 기분. 관념 속에서 미화된 지난 시절을 회고할 때 생기는 기분. 현재에 대한 불안에서 시작돼 불확실한 동경으로 가득 찬 기분 상태."

사실 이 두 가지 개념을 구분하기 위해 이렇게까지 상세히 이야기할 필요는 없다. 간단한 비교로도 충분하기 때문이다. 고향병을 느끼려면 고향을 떠나야 한다. 그러나 향수는 자기 방에서도 경험할 수 있다. 다 큰 어른이 집을 한 번 떠났다고 해서 위협적인 고향병에 시

달리는 경우는 거의 없다. 그러나 많은 사람들이 좋았던 옛 시절을 그리워하는 느낌은 알고 있다. 데이비스의 피실험자들도 마찬가지였다. 데이비스는 이들의 답변을 분석하면서 오늘날까지도 중요한 한 가지 명제를 만들어냈다.

사회학자로서 그는 대화 상대자들이 삶을 어떻게 살아왔는지에 관심이 있었다. 태어나서 죽을 때까지, 요람에서 무덤까지 계속 이어지는 삶을 두고 하는 말이다. 그럼에도 삶은 어떤 사건으로 인해 중단되는데, 데이비스는 이것을 '단절'이라고 불렀다.

이런 단절에는 한편으로는 삶의 각 단계 사이에서 발생하는 변화가 포함된다. 어린이가 청소년이 되고, 청소년이 성인이 되며, 성인이 노인이 되는 것을 말한다. 다른 한편으로 우리 삶은 결정적인 경험을 갖고 있다는 것이다. 졸업과 학업 종료, 최초의 노동계약, 애인과의 결혼 같은 긍정적인 경험 말이다. 물론 부정적인 경험도 있다. 질병과 이혼, 부모님의 죽음 같은 개인적인 걱정도 있고 실직 같은 직업 문제, 돈 문제 또는 미래에 대한 불안도 있다. 계기는 다 다르지만 불쾌한 경험은 부정적인 느낌을 남긴다.

데이비스는 "두려움과 걱정, 불안과 불만이 있을 때는 대개 과거가 떠오른다"며 향수가 이런 상황과 감정에 대처하고 벗어날 수 있도록 도움을 준다고 보았다. 그에 따르면 향수는 고통을 야기하지 않으며 오히려 고통을 완화시킨다. 삶의 혼돈 속에서 개인적으로뿐만 아니라 사회적으로도 질서를 가져다 준다.

　인간은 공동체 안에서 무리지어 이동하는 동물처럼 살아간다. 전쟁과 위기, 재난뿐만 아니라 기쁨과 전성기, 승리를 함께 경험하는 공동체다. 때로는 심각한 경험, 때로는 무해한 경험, 공동의 경험 등이 집단기억의 일부가 된다. 이런 기억은 공동체 의식을 강하게 한다. 따라서 향수는 우리의 자의식뿐만 아니라 연대감도 고취시킨다. 향수가 주는 메시지는 우리가 혼자가 아니라는 위로이다. 이런 인식이 바로 프레드 데이비스에서 비롯된 것이다. 다시 말해 그는 향수에서 섬뜩한 요소를 제거해버렸다.

　요하네스 호퍼와 요한 야콥 쇼이흐처의 연구에서는 당사자들이 잘못한 것도 없이 갑자기 향수병에 걸려버렸다. 이와 달리 데이비스는 향수병을 세 종류로 구별했다. 단순형 향수병simple nostalgia은 현재를 과거만큼 아름답게 만들지 않는다. 그래서 "예전에는 모든 것이 더 좋았어"라는 상투적인 말을 하게 된다.

　성찰형 향수병reflexive nostalgia은 한 걸음 더 나아간다. 이 단계에서 사람들은 역사적인 정확성을 추구하고, 자신의 기억력을 면밀하게 살펴본다. 좋은 과거와 나쁜 현재로 구분하는 것이 아니라 일종의 내적 원인을 따져본다. "과연 정말로 예전이 모두 더 좋았는가?"라는 전제를 걸고서.

　데이비스에게 가장 복잡한 것은 해석형 향수병interpreted nostalgia이었다. 이는 우리가 자아를 발견하는 과정에서 도움이 된다. "나는 왜 자주 향수에 젖는가? 이것은 나와 나의 과거, 현재 그리고 나의 미래에 관해 무엇을 말해주는가?" 등의 질문을 던지기 때문이다.

데이비스가 보기에 향수병 환자들은 자신의 감정을 성찰하고 분석할 능력을 갖고 있었다. 그는 향수병이 갑자기 육체를 엄습해 해를 끼치는 감정은 아니라고 생각했다. 오히려 스스로를 깊이 숙고하도록 정신을 자극한다. 그것도 결말이 유쾌하도록. 데이비스는 향수가 지나간 아름다움과 기쁨, 즐거움, 행복, 만족 그리고 사랑과 연결되어 있다고 주장했다. 아주 드물게 예전의 비참한 일과 좌절, 절망과 연관될 수도 있지만 말이다.

기억이란 참으로 매혹적이어서…,

연구활동의 성과는 때때로 서서히 나타난다. 심리학자들이 데이비스의 명제를 받아들이기까지 6년이 걸린 것도 그 때문이다. 이에 아랑곳하지 않은 채 데이비스는 '상황이 나쁘면 나쁠수록 어떤 사람들은 더 향수에 젖는다'라는 인과관계를 강조했다.

그러나 그가 이런 주장을 경험적으로 점검한 적은 한 번도 없었다. 1985년 미국 학자 조엘 베스트와 에드워드 넬슨이 이 주장을 이어받았다. 그들은 1968~1980년 사이에 4개 주에서 실시된 설문조사를 분석했다. 18~64세의 참가자 약 9,000명은 이 조사에서 그들의 상황, 다시 말해 실패를 극복했거나 패배를 감수했는지, 가족을 잃거나 친척이 이사를 갔는지, 간단히 말해 그들의 삶에서 중요한 일이 일어 났는지에 관해 진술했다. 다른 한편으로는 그들에게 여러 항목을 평가하게 했다. '나는 지금 그 당시만큼 행복하다.' '지금이 내 인생에서 가장 행복한 시절이다.' '우리는 예전이 더 좋았다.' '사람들은 점점 더 나빠지고 있다.' 등이 그 항목이었다. 베스트와 넬슨은 이런 내용을 통해 향수병 지수를 만들고, 이 지수를 면밀히 비교·분석했다.

분석 결과, 그들은 이사나 전직 후에 사람들이 반드시 더 향수에 젖어들지는 않았다는 사실을 알아냈다. 물론 두 연구가는 향수병과 개인적인 사건 사이의 연관관계(약하기는 했지만)를 발견했다. 아이나 형제의 죽음, 건강 문제나 이혼을 극복해야 했던 응답자들은 더 자주 그리움 속에서 과거를 돌이켜보았다.

두 번째 검증은 1995년에 이루어졌다. 미국 뉴욕 주 르모인 대학교 여성 교수인 크리스틴 바초는 평균 연령 20세인 대상자 700명에게 질문을 했다. 먼저 그들에게 세 가지 질문에 대해 몇 가지 등급을 나눠 답변하도록 했다.

현재 사는 세상이 어떤가(1=무섭다, 5=멋지다)?
20년 후에는 세상이 어떻게 변할 것 같은가((1=무섭다, 5=멋지다)?
여러분의 청소년기에는 세상이 어떠했나(1=무섭다, 5=멋지다)?

그 직후 응답자들은 바초의 향수병 등급을 작성했다('향수병 자가 테스트' 표 참고). 연필을 갖고 있다면 여러분도 시도해보기 바란다. 해당하는 숫자에 x표를 해서 모든 점수를 합한 뒤 합계를 20으로 나누면 된다.

향수병 자가 테스트

당신이 청소년기를 생각할 때
당신은 얼마나 그리워하는가…(1=전혀 아니다, 9=매우)

친척	1	2	3	4	5	6	7	8	9
롤모델	1	2	3	4	5	6	7	8	9
걱정 없음	1	2	3	4	5	6	7	8	9
장소	1	2	3	4	5	6	7	8	9
음악	1	2	3	4	5	6	7	8	9
예전 (이성) 파트너	1	2	3	4	5	6	7	8	9
친구	1	2	3	4	5	6	7	8	9
활동	1	2	3	4	5	6	7	8	9
장난감	1	2	3	4	5	6	7	8	9
사람들의 태도	1	2	3	4	5	6	7	8	9
감정	1	2	3	4	5	6	7	8	9
시리즈물과 영화	1	2	3	4	5	6	7	8	9
학교	1	2	3	4	5	6	7	8	9
신뢰	1	2	3	4	5	6	7	8	9
방학	1	2	3	4	5	6	7	8	9
사회의 상태	1	2	3	4	5	6	7	8	9
가축	1	2	3	4	5	6	7	8	9
선에 대한 믿음	1	2	3	4	5	6	7	8	9
교회	1	2	3	4	5	6	7	8	9
여러분 가정	1	2	3	4	5	6	7	8	9

여러분은 어떤가? 나의 경우 합계가 124점으로 평균 6.2점이다. 이 표에 따르면 나는 평균 이상으로 향수에 젖어 있다. 특히 나는 '걱정 없음' 항목에서 9에 표시했다. 왜 그랬을까? 예전에는 많은 것이 훨씬 더 쉬웠다고 생각하기 때문이다. 적어도 지금까지 나는 삶의 모든 단계에서 항상 그렇게 생각했다.

대학에 들어와 시험공부를 해야 했을 때 나는 중고등학생 시절이 더 좋았다고 친구들과 이야기를 했다. 실상은 전혀 다르다. 기억이란 참 매혹적인 면이 있다. 정확히 말하면 중고등학교 시절은 대부분 매우 끔찍했다. 오전에는 선생님 말씀을 들어야 했고, 오후에는 숙제를 하거나 단어를 외워야 했으며, 사춘기와 여드름과 싸우며 학급에서 가장 아름다운 여학생에게 치근댔다.

이와 달리 대학생활은 천국과 같다. 자기 시간을 비교적 자유롭게 쪼개어 쓸 수 있고, 집에서 살지 않아도 되며, 저녁에는 파티를 하고, 아침에는 늦잠을 잘 수 있다. 그럼에도 불구하고 많은 대학생들은 고등학교 시절이 좋았다고 말하고, 첫 번째 직업을 기쁜 마음으로 기다린다. 마침내 돈을 벌게 되고 은행계좌가 마이너스를 벗어나며 더 이상 시험공부를 하지 않아도 된다. 이 얼마나 멋진 일인가!

하지만 이런 꿈은 꾸지도 마시라. 신입사원은 통장에 첫 돈이 들어오는 기쁨과 동시에 자유로운 삶도 끝난다. 돈을 많이 벌 것이라는 꿈은 월급명세서를 보는 순간 산산이 부서진다. 그렇게 되면 어떤 일이 일어날까? 당신은 다시 대학시절을 그리워한다. 인간은 항상 현재 갖지 못한 것을 열망하기 마련이다.

이것이 바로 추억의 장난이다. 우리는 예전 삶이 더 쉽고 더 유쾌하며 걱정이 없었다고 생각한다. 그러나 이는 조건부로 맞는 말이다. 우리가 중고생이든 대학생이든, 노동자든 연금 생활자든, 인생의 어느 단계에 와 있든 우리는 종종 삶의 모든 단계에서 과거가 더 매력적이었다고 생각한다.

이 두 가지 연구가 데이비스의 명제를 완벽하게 입증하는 데 꼭 유용하다고는 할 수 없다. 향수에 젖은 이가 예전 세상을 더 아름답다고 생각한다는 인과관계만을 규명했기 때문이다. 그러니까 "향수병은 과거를 미화시킨다"거나 "현재에 대한 불만이 향수를 불러일으킨다"는 인과관계를 밝히지는 못했다. 그 점에서 방법론적 약점이 있었던 것이다. 하지만 이후 심리학자들은 그런 인과관계를 도출하는 데 성공했다. 어쨌거나 프레드 데이비스는 그런 토대를 닦은 최초의 연구자였다. 데이비스는 자신의 저서에서 향수병은 치료효과를 발휘한다고 피력했다. 그가 옳았다는 것은 몇 년 후 한 정신과 의사에 의해 확인되었다.

돌아와요,
슈퍼맨!

단지 그때 당신을 만났기 때문에

언뜻 보면 모든 것은 정상이었다. 이 27세의 남성은 결혼을 했고, 안정된 직업을 갖고 있었다. 그럼에도 그는 1980년대 초에 정신과 의사를 찾아가 자기 문제를 털어놓았다. 일터에서 존중받지 못한다는 느낌이 든다면서, 앞으로 이 직업을 어떻게 계속해야 할지 모르겠다고 말했다. 개인적으로도 썩 잘 지내지 못하는 데다 아내마저 자신을 남성답지 않다고 생각한다며 걱정했다. 그리고 이 모든 원인은 무엇보다 자신에게 있다고 했다. 그는 자신의 신체, 특히 성형수술을 했는데도 여전히 볼품 없는 코를 싫어했다. 배탈과 설사가 끊임없이 그를 괴롭혔고, 부모님과의 관계도 나쁘다고 했다. 아버지는 그를 사랑하지 않으며 계속 나무라기만 한다고 말했다. 반대로 그는 어머니를 우상처럼 사랑한다고 했다.

그는 결혼해서 처음 집을 떠났지만 정신적으로는 한 번도 부모 집을 벗어난 적이 없었다. 몸은 성인이지만 여전히 어린아이였다. 청소년 시절부터 그는 열심히 영화를 수집해 비디오테이프 200편 이상을 갖고 있었다. 그는 에롤 플린이 출연한 영화를 가장 좋아했다. 이 할리우드 스타는 1930~1940년대에 로빈 후드와 '7대양의 영웅' '버마의 영웅' 같은 영웅 연기를 했다. 그는 항상 씩씩하고 용감한 남자, 진짜 사나이 역할을 했는데, 이 27세 남성도 그렇게 되고 싶었을 것이다.

영화는 그에게 일종의 자가치유법이었다. 심리치료사는 "이 남자가 향수에 젖은 기분을 통해 자신을 더 남성적으로 느꼈다"고 말했다. 이 은막의 스타만이 그 슬픈 존재에게 기쁨을 불어넣을 수 있었다. 적어도 이 배우와 자신을 동일시함으로써 그는 자의식을 갖게 되었다.

왜 우리는 슈퍼맨을 다시 찾을까

이 남성에게 에롤 플린이 있었다면, 정신과 의사 하비 캐플런의 다른 환자에게는 만화에 등장하는 인물 슈퍼맨이 있었다. 28세의 이 남성도 자아상에 큰 문제가 있었다. 그는 2년 동안 한 여성과 성관계를 맺고 있었는데, 여성은 그와 잠을 자려고는 하지 않았다. 마침내 그녀와의 관계가 끝났을 때 그는 내면적으로 무너졌다. 고독을 느꼈고,

세상이 작당해서 자신을 괴롭힌다고 생각했다. 예전의 정신적인 상처가 다시 도진 것이다.

그는 어린시절부터 육체적으로 장애가 있었다. 선천적 결함 때문에 생후 3개월 때 복사뼈부터 종지뼈까지 깁스를 해야 했다. 유치원을 졸업한 후 그는 처음으로 수술을 받았고, 그후에는 지팡이에 의지해서만 걸을 수 있었다. 어른이 되어서도 다리를 절었고, 정형외과용 신발을 신어야 했다.

그에게 기쁨을 불어넣어주는 게 딱 하나 있었다. 그는 매주 일요일 라디오에서 슈퍼맨의 모험을 청취했다. 모든 시리즈를 외울 정도였고 책으로도 그 이야기를 읽었다. 그 순간만큼은 기분이 좋았다. 한편으로는 자신을 슈퍼 영웅과 동일시했기 때문이고, 다른 한편으로는 일곱 살 때 이 만화를 탐독했다는 사실이 기억났기 때문이다. 담당의사인 하비 캐플런은 "향수가 그의 상처 입은 나르시시즘을 치유하는 데 도움이 되었다"고 술회했다.

캐플런이 이름을 밝히지 않은 두 환자는 30년 전 그에게 치료를 받았다. 그러나 어린시절의 우상을 계속 신격화한다고 해서 반드시 심리적인 문제를 갖고 있는 것은 아니다. 우리 누구에게나 자신만의 에롤 플린이나 슈퍼맨이 있다. 열광적으로 숭배하고, 기꺼이 돈을 지불했던 옛 시절의 영웅 말이다. 이를 확인하려면 미디어 시장의 DVD 칸을 보는 것만으로도 충분하다.

물론 거기에는 최근 극장에서 상영된 영화도 있다. 동시에 어른들로 하여금 과거의 어린시절을 생각나게 하는 수많은 시리즈물도 있다. 이런 시리즈 가운데 많은 작품은 아직도 텔레비전에서 방송되고 있다. 나중에 살펴보겠지만 향수를 이용하면 이렇게 큰 돈을 벌 수도 있는 것이다.

그렇다고 해서 이를 구매하고 소비하는 사람들이 하비 캐플런의 두 환자처럼 심각한 정신적 문제를 갖고 있는 것은 아니다. 오히려 우리에게는 어린시절의 보금자리가 주는 따뜻한 느낌이 필요하다. 하비 캐플런은 "모든 사람은 언젠가 한 번은 향수에 젖게 된다"고 썼다. 중요한 것은, 과거 속으로 매몰되어서는 안 된다는 사실이다.

때문에 캐플런은 정상적인 향수와 병리학적인 향수를 구분했다. 병리학적인 향수와 달리 정상적인 향수는 건강한 것이어서, 사람들로 하여금 자신의 과거는 이미 지나갔다는 사실을 받아들이게 한다는 것이다. 반면 병리학적인 향수는 과거의 어떤 사건이나 사람에게 매달려 놓아주려 하지 않는다. 이로 인해 현재의 도전을 헤쳐나가기 위해서는 에너지가 필요하다는 사실조차 망각한다. 그러니까 정상적인 향수는 환희를 불러일으키는 아름다운 경험이라는 게 캐플런의 주장이다.

그의 말은 전적으로 맞다. 어린시절과 청소년기에 보았던 영화와 시리즈를 아직도 즐겨 보는 사람들을 나는 많이 알고 있다. 이런 작품이 질적으로 뛰어나거나 예술적으로 가치 있어서가 아니다. 단지 우리가 당시에 그 작품을 보았기 때문이다. 플레이 방식이 변해 지금은 비디오테이프처럼 성가시게 되감을 필요가 없는 DVD로 영화를 보지만 내용은 동일하다.

하비 캐플런의 견해에 따르면, 향수병은 시간을 되돌릴 수 없다는 것을 처음으로 깊이 자각하는 젊은 시절에 시작된다. 기억은 적어도 청춘의 일부를 성인이 된 후에도 보존시켜 준다. 여기서는 향수가 설명이고 증상이며 동시에 약이다. 향수는 우리가 특정한 감정을 느끼고, 제품을 구매하며 방송을 보고, 옷을 입으며 대화를 하는 이유를 설명해준다.

향수는 두려움과 불안, 방향 상실이 지배하는 시대에 나타나는 증상이다. 그리고 향수는 이런 부정적인 감정을 쫓아내는 일종의 정신적인 약이다. 이런 인식은 몇 년 전 고향을 떠난 네덜란드 사람에게서 그 근거를 찾아볼 수 있다.

향수를 부르는
방아쇠
과거가 우리에게 보내는 신호들

　　네덜란드의 위트레흐트 휘벨루그 국립공원 가장
자리에 위치한 지방 자치구 자이스트는 들과 숲으로 둘러싸여 있다.
19세기 부유한 시민들이 이곳에 지은 별장 일부는 여전히 건재하다.
이 자치구에는 아우스터리츠와 보쉬 엔 두인, 덴 돌데르, 후이스터
하이데 같은 마을이 있다. 이 지역 주민 6만 명은 목가적인 풍경뿐 아
니라 대도시가 가깝다는 사실에 매우 만족해했다. 자이스트는 정확
하게 말하면 위트레흐트 동쪽 구릉에 위치하며 10분 거리에 대학교
가 있다.

　　그래서 팀 와일드슈트는 오래 생각할 필요도 없이 이 대학교에 입
학했다. 1990년 고등학교 졸업 후 그는 전문대학에 들어갔고 5년 후

심리학 공부를 마쳤다. 그후 그는 박사 논문을 쓰기 위해 채펄힐의 노스캐롤라이나 대학교로 갔다. 이 대학의 사회심리학과는 당시 명성이 자자했다.

그곳에서 그는 심리학 교수 콘스탄틴 세디키데스를 알게 되었다. 그는 그리스 출신이었다. 테살로니카에서 학사학위를 받은 후 미국으로 건너와 뉴욕, 오하이오, 위스콘신에서 잠시 머문 뒤 노스캐롤라이나에 정착했다. 두 사람은 전공에 관해서뿐만 아니라 개인적으로도 단박에 서로를 이해했다. 세디키데스가 1999년 영국 사우스햄턴 대학교로 옮기자 와일드슈트도 일년 후 그를 따라갔다.

고향을 떠나 서로 다른 대륙에 살다가 결국 유럽으로 돌아온 호기심 많은 두 심리학자는 항상 인간적인 감정에 관심을 갖고 숙고했다. 그러고 보면 그들은 언젠가는 향수에 빠지게 되어 있었다. 와일드슈트와 세디키데스는 이 주제를 좀 더 자세하게 파헤쳐보기로 결심했다. 하지만 이에 관한 참고문헌이 거의 없다는 깃을 새삼 깨달았다. 겨우 찾은 참고문헌이 소비 연구 분야에서 나온 것이었다(4장 참고).

2004년 그들은 첫 번째 간행물을 출판했다. 이 간행물에서 둘은 지금까지 알려진 가장 중요한 지식을 요약했다. 오디세우스에서 요하네스 호퍼와 프레드 데이비스를 거쳐 하비 캐플런까지. 와일드슈트와 세디키데스는 향수가 중요한 기능을 발휘한다고 생각했다. 자의식을 고양하며 삶에 의미를 부여하고 공동체 의식을 강화한다고 추측했다. 설득력이 있었는지 많은 사람들이 이 간행물을 읽었다.

문제는 그들이 아직 그런 가정을 실험을 통해 입증하지는 못했다는 것이었다. 2년 후 그들은 이 문제를 해결했다. 두 학자는 무엇보다 세 가지 질문에 대한 답을 찾기 위해 애썼다. 향수에 젖은 기억은 무엇으로 구성되어 있는가? 그런 기억은 어떻게 유발되는가? 우리는 이를 통해 무엇을 얻는가?

연구를 위해 와일드슈트는 7가지 다른 실험을 구상했다. 그 중 한 가지 실험을 위해 그는 대학생 172명을 모집했다. 학생들을 실험실 탁자에 앉히고, 그들에게 연필과 작은 책자를 주었다. 책자에는 다음과 같이 쓰여 있었다.

여러분에게 특별한 의미가 있고, 여러분을 향수에 젖게 만드는 과거의 사건을 생각하십시오. 조용히 몇 분 동안 그 사건에 대해 깊이 생각해 보십시오.

그리고 그들에게 이 사건에 대해 가능한 한 자세하고 생생하게 기록하도록 했다. 한 참가자는 당시 그를 몹시 슬프게 했던 할머니의 죽음에 관해 썼다. 그러나 지금은 할머니의 죽음으로 그와 친족들의 부담이 줄어들었다는 사실에 더 큰 기쁨을 느꼈다. 그는 또 장례식을 잘 치른 어머니를 자랑스럽게 생각했다. 또 다른 여성 참가자는 예전에 좋아하던 옷과 그 옷을 입으면 공주 같은 느낌이 들었다는 사실을 기억했다. 세 번째 참가자는 할아버지와 정원에서 놀았던 것을 회고

좋았던 지난 시절이 현재 삶의 먹구름을 당장 몰아내지는 못한다 하더라도
그것은, 언젠가 다시 태양이 비추어 화창해질 것이라는 사실을 환기시킨다.

했다. 꽃이 활짝 피었고, 식탁 위에는 신선한 과일주스가 가득한 큰 항아리가 놓여 있었다.

쓰기 과제가 끝나자 곧이어 모든 참가자들에게 현재의 감정 상태를 묘사하도록 했다. 그런데 학생들은 긍정적인 감정을 부정적인 감정보다 2배 정도 자주 언급했다. 과거로의 정신적 여행이 그들에게 유쾌한 기분을 가져다준 것이다.

조사 대상자들은 이런 여행을 자주 했다. 실험 대상자 네 명 중 한 명은 일주일에 3~4회 정도 향수에 젖는다는 사실을 인정했다. 19퍼센트는 일주일에 두 번, 18퍼센트는 한 번가량 향수를 느꼈다. 그리고 16퍼센트는 진짜 향수병 환자였다. 그들은 적어도 매일 한 번씩 그런 감정을 느꼈다. 따라서 모든 응답자의 약 80퍼센트가 적어도 일주일에 한 번은 향수에 젖었다. 와일드슈트는 "실험결과를 통해 향수는 비밀스러운 현상이 아니라 일상생활에서 언제든지 나타날 수 있는 현상이라는 것을 분명히 알 수 있다"고 말했다.

마지막으로 그는 자발적 참가자들에게 정확히 언제 그런 감정을 느꼈는지 물었다. 그 결과 응답자의 약 40퍼센트가 부정적인 감정이 들 때라고 대답했다. 한 참가자는 "고독한 생각이 들거나 슬플 때 오랫동안 만나지 못했던 친구나 친척을 생각한다"고 말했다. 다른 참가자 역시 그 말을 인정하면서, 그렇게 하면 기분이 더 좋아진다고 대답했다. 그러니까 기분이 나쁘면 향수에 젖게 되며, 이런 향수는 기분을 전환시켜 준다. 즉 둘 사이에는 인과관계가 성립되는 셈이었다.

과거에 대한 기억은 우리가 소중하게 보관하면서 필요할 때마다 열어보는 보물상자와 같다. 매우 인간적인 욕구가 아닐 수 없다. 삶은 결코 희망 콘서트가 아니다. 때로는 힘들고 스트레스를 받으며 불쾌하다. 따라서 때때로 향수라는 약을 복용하면서 인생에 다시금 의미를 부여한다. 우리는 아름다운 경험을 불러내어, 과거가 우리 안에 계속 살아 있다는 것을 확인한다. 기억은 정신적 위기를 치료해주는 약이다. 아니 그 이상이다. 그러니까 기억은 고독을 극복할 수 있게 해준다. 기억이 다른 사람들과의 경험을 포함하는 경우도 종종 있다. 따라서 기억은 우리에게 소속감을 주기도 한다.

기억이 정신이라는 하늘에서 먹구름을 몰아내지는 못한다 하더라도, 태양이 비추어 언젠가는 화창해질 것이라는 사실을 우리에게 상기시켜 준다. 와일드슈트의 실험 대상자들도 마찬가지였다.

이 심리학자는 향수를 인위적으로 불러일으키는 것이 가능한지에 답하기 위해 여대생 62명을 세 그룹으로 나누어 실험에 들어갔다. 각 그룹에게는 서로 다른 내용의 신문기사를 주었다. A 그룹은 동물원에서 북극곰이 태어난 기사를 읽었다. 기쁜 사건이라고 할 수 있다. B 그룹은 무인우주탐사선 호이겐스가 토성의 위성 타이탄에 착륙했다는 소식을 다룬 기사를 받았다. 우주비행사가 아닌 사람에게는 쾌감을 불러일으키지 못하는 무미건조한 뉴스다. 이와 달리 C 그룹에게는 눈물샘을 건드렸다. 2004년 12월에 발생한 인도양 대지진에 관한 기사를 준 것이다. 지진 후 발생한 쓰나미로 23만 명 이상이 사망했다는 내용이었다. 이 실험은 자연재해가 발생하고 약 6개월이 지난 후에 이루어졌다. 따라서 피실험자들에게는 이 비극이 아직 진행 중이었다. 이것은 실험의 두 번째 라운드에서 효과를 나타냈다.

두 번째 라운드에서는 실험 대상자들에게 그들의 현재 감정을 묘사하도록 했다. 분석 결과 C 그룹 학생들은 다른 그룹 학생들보다 훨씬 더 많이 슬퍼했고 충격받은 감정을 표현했다. 여기까지는 정상이다. 놀라운 사실은 C 그룹 실험 대상자들이 훨씬 더 쉽게 향수에 젖어들었다는 것이다. 와일드슈트가 모든 그룹에게 크리스틴 바초의 향수병 자가 테스트를 준 뒤, 그들에게 지금 향수에 젖은 기분이 드는지 물은 결과치가 이를 입증했다.

실험은 성공적이었다. C 그룹의 실험 대상자들은 특히 '친척'과 '친구' 또는 '예전 파트너' 항목에서 가장 높은 향수병 수치를 보였다. 예를 들어 한 여성은 처음 만난 날을 세세하게 기억했다.

그는 빨간 세아트 이비자를 타고 나를 데리러 왔다. 5월 14일, 화창하고 더운 날 오후 5시경이었다. 그때 나는 장미 무늬가 그려진 치마와 단색 상의를 입고 있었다. 그는 셔츠와 바지를 입었다.

물론 향수가 고독이나 슬픔 같은 부정적인 감정에 의해서만 유발되는 것은 아니다. 아름다운 상황도 향수를 불러일으킬 수 있다.

심리학자들은 이런 유발 원인을 방아쇠trigger라고 부른다. 이 방아쇠는 일상에서 많은 언어를 지배하고 있다. 돌잔치나 동창회에서 오랜 친구를 만나면 과거 함께 했던 경험에 관해 자주 이야기를 한다. 늦어도 두 번째 술잔을 들 때부터는 항상 이런 말이 나온다. "너 알아, 그때? 그땐 우리도 젊었었지! 시간이 참 빨리 지나가네!" 향수는 친밀감을 만들어내고, 집단기억은 그런 친밀감의 토대를 형성한다.

와일드슈트의 요점은 분명하다.

향수는 널리 퍼져 있는 인간의 기본적인 경험이며 중요한 심리적 기능을 한다. 사랑과 마찬가지로 향수는 사회적 연대감을 강화한다. 향수는 자부심처럼 자존심을 고양한다. 그리고 향수는 기쁨처럼 행복감을 높여준다.

모든 심리학자가 그의 의견에 동의하는 것은 아니다. 향수에는 양면성이 있다고 생각하는 학자들도 있다. 몇몇 연구가들은 향수를 부정적인 감정이라고 본다. 향수는 돌이킬 수 없는 과거에 대한 슬픔을 내포하기 때문이다. 따라서 향수가 어떤 영향을 미치는지는 우리 자신과 우리의 시각에 달려 있다는 말이 더 가슴에 와닿는다.

사실 과거의 경험을 집중적으로 생각하다 보면 얼굴에 저절로 미소를 띠게 된다. 반면 그것을 과거의 일일 뿐이라고 생각하면 염세적인 느낌이 더 강해진다. 나중에 살펴보겠지만 대부분의 사람들은 첫 번째 그룹에 속한다.

때문에 다수의 학자들은 향수를 긍정적으로 생각한다. 이런 견해는 와일드슈트의 선구적인 연구에서도 볼 수 있다. 이 연구논문은 유명한 과학전문지에 실렸다.

와일드슈트는 초기에 주로 젊은 영국 여대생들을 대상으로 7가지의 다른 실험을 계획했다. 이 결과를 얼마나 일반화할 수 있는지는 의문이다. 이 점을 고려한 그는 그후 실험 대상자를 다양화해 질문을 했다. 그렇게 그는 수백 명의 사람들을 연구했다. 대학생과 중년층, 남성과 여성. 결과는 비슷했다. 향수에는 유사 치료효과가 있었다. 와일드슈트는 2008년 한 논평에서 "수백 년 동안 향수는 정신병으로 여겨졌지만, 그러는 사이에도 향수가 인간이 지닌 중요한 강점이라는 사실이 입증되었다"며 "향수는 우리가 인생의 부침을 극복하는 데 도움을 준다"고 설명했다. 약 35년 전 프레드 데이비스도 《어제에 대한 동경》에서 같은 견해를 피력했다.

그럼에도 불구하고 우리가 향수에 빠지기 위해서는 특정 조건이 충족되어야 한다. 개인적인 조건뿐 아니라 문화적인 조건을 말하는 것이다. 무엇보다 서구 문화권에 사는 사람들이 오늘날 향수에 잘 젖어드는 데는 사회적인 이유가 있다. 물론 과거를 돌아볼 때 왜 기분이 좋아지는지를 설명해주는 심리학적인 논거도 있다.

'아 옛날이여!'를
외치는 이유

일직선으로 나아가는 서구의 시간관념

1985년 가을, 본업 혹은 부업이 사학자인 일단의 사람들이 회의를 위해 리즈 대학교에 모였다. '역사워크숍운동History Workshop Movement'의 스무 번째 모임이었다. 이 모임을 창립한 라파엘 새뮤얼은 자신의 전공 분야를 대학이라는 상아탑에서 끌어내려 했다. 그래서 매년 열리는 이 회의에는 교수와 강사뿐 아니라 비전문가들도 참가할 수 있었다.

새뮤얼은 이 모임을, 역사 연구와 역사 기술에 관심 있는 사람들이 동등한 입장에서 가능한 한 많이 참여하는 공동 프로젝트로 만들고자 했다. 이를 위해 조직위원회는 사전에 몇 가지 주제를 정하고, 모든 참가자가 주제와 관련된 의견을 표명할 수 있도록 했다.

사학자 말콤 체이스는 이 회의에서 향수에 관해 이야기하기로 마음먹었다. 처음에 그는 역사학자가 이 주제를 다루기는 힘들다고 생각했다. 향수가 과거를 미화한다고 생각했기 때문이다. 가능한 한 과거를 정확하게 고찰해야 하는 사학자에게는 끔찍한 일이 아닐 수 없었다. 그럼에도 그는 향수란 것이 얼마나 다층적이고 다양한 면을 지녔는지 알고 있었다. 몇 달 후 책을 한 권 출판할 정도로 그는 향수에 몰두했는데, 그 책에서 그와 동료들은 향수에 대해 매우 다양한 의견을 나누었다. 시대와 잘 맞아떨어지는 책이기도 했다.

당시 영국 총리는 마거릿 대처였다. 보수적인 이 여성 정치가는 더 많은 자기 책임, 더 많은 절약, 성취를 위한 각오, 더 힘든 노동, 연대 책임을 덜 지는 국가, '빅토리아 시대의 가치'로 돌아갈 것을 요구했다. 이런 요구는 전쟁으로 이어졌다. 1982년 봄 아르헨티나가 예전 영국 식민지였던 포클랜드 섬을 점령했다. 그곳 주민은 채 2,000명이 되지 않았고, 런던에서 직선 거리로 1만 2,000킬로미터 이상 떨어져 있었다. 그럼에도 불구하고 대처는 핵잠수함과 항공모함, 전투기를 투입해 이 섬을 탈환하기로 결정했다. 영국 시민들도 그렇게 하기를 원했다. 식민지 시대에 대한 향수가 여론은 물론 영국에서 가장 중요한 여성이 중대 결정을 내리는 데 영향을 미쳤다. 이 상황은 체이스를 적잖이 놀라게 했다.

그렇다면 한 사회 전체가 향수에 젖어드는 특수한 상황은 과연 존재하는 것일까? 이 역사가는 "그렇다"고 답했다. 여기에는 세 가지 조건이 충족되어야 한다고 그는 보았다. 첫째, 한 사회가 시간에 관해 특정한 관념을 갖고 있어야 한다는 점이다. 다시 말하면 사람들이 시간을 상수로 인지해야 한다는 것이다. 서구문화에서는 이런 생각이 잘 들어맞는다. 독일어, 영어, 프랑스어, 스페인어 모두 다 마찬가지다. 우리는 과거를 '뒤로back'라고 생각하고, 미래를 '앞으로ahead'라고 본다. 시간은 왼쪽에서 시작해 오른쪽에서 끝나는 선과 같다. 여기까지는 분명하다. 그런데 이런 사고방식은 매우 중요한 결과를 낳는다. 과거는 영원히 사라지고 되돌림 버튼도 없지만, 그것이 바로 향수를 만들어내는 비옥한 배양지가 된다.

현대사회에서는 이런 시간 관념이 정상처럼 보인다. 그러나 모든 문화에 적용되는 것은 아니다. 이 점에 주목한 이가 있는데 여행을 좋아하는 어느 칠레 사람이었다.

라파엘 누네즈는 지난 30년간 참 많이도 돌아다녔다. 그는 산티아고 데 칠레에서 공부했고, 마드리드와 파리에서 객원교수로 강의했으며 본과 제네바, 로잔의 실험실에서 연구했고, 상아 해안에서도 현장조사에 참여했다. 또 남아메리카와 오세아니아 원시림을 도보여행하기도 했다. 그 사이 샌디에이고의 캘리포니아 대학교에 재직하게 된 이 학자는 도보여행 동안 아주 매혹적인 경험을 했다.

2006년 누네즈는 여러 번 안데스 산맥으로 여행을 떠났다. 이미 대학생 시절 배낭여행을 하면서 볼리비아와 페루, 칠레 사이에 위치한

이 산맥을 정기적으로 찾아갔었다. 이 여행에서 그는 인디오 부족인 아이마라족과 만났는데 뭔가 재미있는 게 있다고 생각했다.

수십 년이 지난 지금 그는 이를 더 자세히 조사해보고 싶었다. 그는 아이마라족 성인 30명과 각각 20분에서 50분 동안 이야기를 나누었다. 대화를 하는 동안 그들의 부족 언어로 과거의 경험과 미래에 대한 기대를 이야기하게 했다. 또 시간이란 말이 들어가는 속담과 일화도 낭독하게 했다.

누네즈는 이 대화를 비디오로 녹화하면서 당혹감을 느꼈다. 아이마라족이 과거에 관해 이야기할 때 항상 뒤쪽이 아니라 앞쪽을 가리켰던 것이다. 반면 미래에 관해 이야기할 때는 오히려 뒤쪽을 가리켰다. 이런 시각은 단어에서도 발견되었다. 아이마라 언어에서 'nayra'는 '앞'뿐만 아니라 '눈'과 '시야' 그리고 '과거'를 의미한다. 이와 달리 'qhipa'라는 표현은 '뒤'와 '뒤로'뿐만 아니라 '미래'를 뜻하기도 한다.

미래는 등뒤에 있다

유럽 사람들에게는 아주 이상하게 들릴 것이다. 하지만 좀 더 깊이 생각해보면 매우 의미심장해진다. 논리적으로 우리는 앞에 있는 것만 볼 수 있고, 이미 일어난 일에 대해서만 알고 있다. 미래에 어떤 일이 일어날지는 아무도 모른다. 달리 표현하면 우리는 그것을 볼 수 없다. 등뒤에서 일어나는 일을 볼 수 없는 것처럼.

이 연구는 파문을 일으켰다. 지금까지 학자들은 세상의 모든 언어에서 미래를 앞에 놓고, 과거를 뒤에 놓는 것이 일반적이라고 믿었기 때문이다. 그러나 누네즈는 시간을 지각하는 방식은 문화에 따라 다르다고 추론했다. 몇 년 뒤 파푸아뉴기니의 외딴 피니스테레 산맥으로 여행을 떠난 그는 이런 추측을 입증해냈다.

그곳에는 유프노족이 살고 있었다. 약 5,000명의 토착민으로 구성된 종족이다. 대부분의 사람들이 읽고 쓸 줄 모르며 소수만 학교에 다닌다. 도로도 없고 전기도 없으며 외부인과 거의 접촉이 없다. 가끔 한 번씩 학자들이 그들을 잠시 둘러볼 뿐이다.

누네즈는 통역사의 도움을 받아 몇몇 유프노족과 이야기를 나누고, 만남을 녹화했다. 그 결과 그들이 완전히 다른 시간 관념을 갖고 있다는 것을 발견했다. 유프노족은 야외에서 과거를 이야기할 때마다 계곡 아래쪽을 가리켰다. 미래에 관해 말할 때면 언덕 위쪽을 가리켰다. 누네즈는 이런 특징을 종족의 역사를 이용해 설명했다. 유프노족의 조상들이 처음 해안에 도착한 뒤 산으로 기어올라갔던 역사 말이다. 그러니까 그들에게 과거는 계곡에 있고, 미래는 산에 있는 것이다.

아이마라족이나 유프노족의 문화에서는 서구사회와 달리 향수가 매력 없는 것으로 여겨질 개연성이 매우 높다. 서구사회는 시간을 상수로 이해한다. 과거는 그들 뒤, 보이는 거리 밖에 있다. 그것은 옛날 일이고, 다시는 존재하지 않을 것이다. 이처럼 시간은 일회적이며 덧

없다는 관념, 그것이 향수를 매력적으로 만든다. 이런 일회성은 오늘날 끊임없이 우리 눈앞에 펼쳐진다. 말콤 체이스의 견해에 따르면 이런 시간의 편재가 집단적 향수를 위한 두 번째 사회적 조건이다. 오늘날에는 거의 모든 유럽의 성인들이 지갑 속에 이 명제에 대한 증거를 갖고 다닌다.

솔직히 말해보자. 독일 독자 여러분은 가끔 제품 가격을 독일 마르크화로 환산하는가? 그리고 유로 때문에 생활비가 더 들어간다는 느낌을 받지는 않는가? 수많은 설문조사 결과를 보면 독일 사람들은 아직도 옛날 화폐를 그리워한다. 2012년 여론조사기관인 TNS Emnid는 독일인 중 65퍼센트가 독일 마르크화를 사용할 때 생활형편이 "훨씬 더 좋았다" 또는 "약간 더 좋았다"고 평가했다는 사실을 밝혀냈다. 납득할 만한 답변이다. 독일 마르크화는 과거 좋았던 시절을 의미하는 상징이기 때문이다.

독일 마르크는 50년 이상 독일 시민의 지불 수단이었다. 마르크가 유로로 바뀐 지는 10년이 넘었다. 이미 유로 위기 이전에도 통화 전환 결정은 많은 사람들을 곤란하게 했는데, 유럽공동체 통화를 도입한 초기에 신문과 방송이 끊임없이 환율을 강조한 것도 그 원인 중 하나다.

1유로는 1.95583 독일 마르크와 같다. 모든 사람이 예전에는 제품 가격이 얼마였는지 의식할 수 있었다. 이는 저축을 하려는 결정에도 영향을 미쳤다. 2010년 말 독일 사람들은 여전히 약 140억이나 되는 독일 마르크를 깔고 앉아 있었다. 이성적으로 이해할 수 없는 행동이다. 구두 상자와 양말, 플라스틱 통에 있는 돈은 그야말로 상징적인 가치밖에 없기 때문이다. 물론 정서적으로는 다르겠지만.

독일 마르크는 2차대전 후 독일의 역사와 밀접한 관계가 있다. 독일이 암흑의 시기를 겪은 후 대다수 대도시는 폐허가 되었다. 그렇지만 10년 후 번영과 성장, 완전고용과 함께 경제 기적이 일어났다.

현실에 대한 보상심리

유로화 도입으로 수퍼마켓의 가격표만 변한 건 아니었다. 재정 위기와 유로 위기 이후 경제상황이 불안정해진 것이다. 이런 시간적인 인과관계로 인해 독일 마르크에 대한 동경은 더 커졌다. 유로화 때문에 생활비가 더 든다는 잘못된 느낌도 한몫 했다. 경제학자들은 이에 대해 놀라워하지만, 설문조사에 따르면 독일 사람 10명 중 9명은 유로화를 '토이로Teuro(비싸다는 뜻의 teuer와 유로 Euro의 합성어)'라고 믿고 있다. 이처럼 향수는 때로 수학적인 감각조차 마비시킨다.

몇 년 전 독일 경제심리학자 토비아스 그라이테마이어가 이를 입증했다. 실험을 위해 그는 메뉴판 2개를 만들었다. 그는 2개의 메뉴판에 가상의 이탈리아 레스토랑에서 21가지 음식, 즉 여러 가지 피자와 파스타, 수프 및 디저트 등을 써놓았다. 단 한 메뉴판에는 가격을 유로로, 다른 메뉴판에는 독일 마르크로 적었다.

그는 고등학생과 대학생, 직장인들로 구성된 실험 대상자들에게 마르크로 표시된 메뉴판을 주었다. 주문을 한 다음 그들은 유로로 가격이 표시된 메뉴판을 받았다. 참가자 가운데 3분의 1이 받은 유로화 메뉴판에는 모든 음식 가격을 정확하게 환산해놓았다. 따라서 실제 가격은 동일했다. 실험 대상자 가운데 또 다른 3분의 1은 모든 음식이 15퍼센트 더 비싼 메뉴판을 받았다. 그리고 마지막 3분의 1에게는 모든 음식 값이 15퍼센트 더 싼 메뉴판을 주었다. 그리고 모든 그룹에게 메뉴판의 가격이 서로 다른지, 만일 다르다면 몇 퍼센트나 바뀌었는지 말하게 했다.

흥미롭게도 실험 대상자들은 가격 변화를 다르게 인지했다. 가격이 15퍼센트 올라간 메뉴판을 보며 참가자들은 평균 18퍼센트 상승했다고 생각했다. 비교적 훌륭한 평가였다. 그러나 동일한 가격을 본 실험 대상자들조차 7퍼센트 상승했다고 말했다. 그들은 유로화 때문에 음식이 비싸졌다고 생각했다. 그 외에 가격이 할인된 메뉴판을 본 그룹은 가격이 대략 같다고 생각했다. 심지어 마르크 가격과 유로화 가격을 직접 비교했을 때조차 마찬가지였다.

그라이테마이어에 따르면 실험 참가자들은 마음 속의 기대에 빠져 지각이 왜곡되는 상황을 겪었다. 그들은 유로화가 모든 것의 가격을 올렸다고 굳게 믿고 있었기에 현실을 제대로 인식하지 못했다. 그래서 뉴스 채널과 신문들은 가격이 오른 게 아니라는 사실을 그렇게도 자주 강조한 것이다. 하지만 사람들은 귀를 닫아버렸다. 자신들의 관점을 이미 갖고 있었기 때문에 견해를 바꾸려 하지 않았다.

사람들은 자신의 불신과 비관이 너무 컸다고 말할 수 있을 것이다. 사학자 말콤 체이스는 현실에 대한 이런 불평이 향수에 대한 세 번째 사회적 조건이라고 생각했다. 사람들은 과거로 돌아가 정신적으로 의기소침한 현재 상태를 보상받고 싶어한다.

> 향수는 받아들일 수 없는 현재에 대한 대안으로 이용된다. 오늘 없어서 아쉬워하는 것을 어제에서 발견한다. 그리고 어제는 우리의 책임에서 벗어난 시간이다.

영국 사학자 데이비드 로웬탈의 말이다. 현재가 과거보다 물질적으로나 객관적으로 더 좋아졌을지는 모르지만 이념적으로나 주관적으로는 낳은 사람들이 다르게 느끼는 것이다. 젊은 사람이든 나이든 사람이든 우리는 미래를 두려워하고, 어제를 모든 게 더 단순했던 때라고 간주한다.

여러분도 세상이 점점 더 급변하고, 소모적으로 바뀌어간다고 생각하는가? 과거에는 모든 것이 더 평온하고 느슨하며 스트레스가 없었는가? 예전보다 지금 시간이 더 부족한가? 객관적으로 보면 이는 허튼 소리다. 1분은 여전히 60초고, 하루는 24시간이다. 그럼에도 많은 사람들은 시간의 압박을 받는다고 느낀다. 대체 왜 그럴까?

시간의
악마성

바쁜 세상에서 잃어버린 것들

"명심하라. 시간은 곧 돈이라는 사실을."

1748년 미국 정치가이자 발명가인 벤자민 프랭클린이 이렇게 말했다. 터무니없는 생각이다.

물론 우리는 돈으로 다양한 일을 할 수 있다. 돈을 투자하고, 지출하고, 빌려주고, 저축하고, 교환하고, 벌고, 낭비할 수 있다. 그러나 시간으로 할 수 있는 것은? 정확히 말하면 아무것도 없다. 시간은 우리가 무엇을 하든 가차없이 지나간다.

그럼에도 불구하고 프랭클린의 문장은 확고하게 자리를 잡았다. 그러는 사이 시간은 우리가 돈만큼 의미 있게 혹은 의미 없이 사용할 수 있고, 유용하게 혹은 헛되게 허비하고, 얻거나 잃을 수 있는 경제재로 여겨지고 있다. 어떻게 이런 일이 일어났을까?

시간 연구가들은 시계를 인류의 가장 중요한 발명품이라고 여긴다. 시계가 없을 때 인간은 자연의 섭리에 따라 살았다. 해가 뜨면 일어나고, 해가 지면 잠자리에 들었다. 이 때문에 많은 라틴어 계열 언어는 아직도 '시간'과 '날씨'를 표현할 때 같은 단어를 사용한다. 시간은 스페인어로는 'el tiempo'이고, 이탈리아어로는 'il tempo', 프랑스어로는 'le temps'이다.

그러나 시계가 등장하면서 이런 방식은 무너졌다. 산업화 이후 회중시계가 대량으로 생산되자 언제 어디서든 누구나 지금이 몇 시인지 알 수 있게 되었다. 1884년 영국은 그리니치 표준시를 도입했다. 보편적인 표준시 덕분에 더 정확한 열차 시간표도 가능해졌다.

경제적 변화를 몰고온 이 시기가 좋은 점만 양산한 것은 아니었다. 삶의 소건과 노농 조건도 변했다. 산업 생산은 효율적으로 진행되어야 했다. 다시 말해 시간을 적게 투자해야 했다. 노동자들은 같은 시간 안에 더 많은 제품을 생산해야 했다. 노동자들이 시간을 의미 있게 이용하도록 유도할 필요가 있었다. 아무것도 하지 않는 것은 낭비로 여겨졌고, 시간은 원료만큼 가치가 높아졌다. 이런 사고는 오늘날에도 여전히 우리 삶을 지배하고 있다.

특이한 사실은 우리가 이런 원료를 예전보다 더 많이 소유하고 있다는 것이다. 지난 10세기 동안 평균 수명은 세 배나 길어졌다. 2010년에 태어난 남성은 평균 77세, 여성은 82세까지 산다. 세탁기 같은 가전제품이 우리가 성가시게 여기던 일을 대신 해주고, 자동차와 기차는 더 빨리 달리게 되었다. 의료와 기술의 발전으로 우리에게는 더 많은 시간이 주어져야 한다. 그럼에도 불구하고 오늘날 많은 사람들은 허둥대고 있다. 독일 사람 3명 중 한 명은 시간이 너무 없다고 생각하고, 심지어 어린이 5명 중 4명도 그렇게 생각한다. 그들은 모두 친구와 가족, 취미 같은 중요한 일을 등한시한다는 생각을 갖고 있다.

작가와 사상가들은 전통적으로 추월선에 있는 삶에 대해 곧잘 흥분한다. 요한 볼프강 폰 괴테는 이런 가속을 "악마처럼 성급하다"고 느꼈는데, 이 말은 독일어 'velocitas(서두름)'과 'Luzifer(악마)'로 이루어진 학술어다. 그럼에도 우리는 지난 수십 년간 특수 상황을 경험하게 된다. 모든 노동 분야와 생활 분야가 가속도의 지배를 받고 있다. 지식은 점점 더 빨리 증가하고, 신제품의 라이프사이클은 짧아지며, 혁신적인 제품이 더 빨리 시장에 등장한다. 기술 변화로 인해 속도가 더 빨라지는 것이다.

악마는 바쁜 자를 노린다

이메일을 불러내기 위해 날카로운 소리가 나는 모뎀을 연결해야 하던 시대, 일반 전화로만 통화할 수 있던 시대, 밤에는 텔레비전 프로그램이 중단되고 컬러와 흑백의 테스트 영상이 '삐' 소리를 내며 스크린에서 반짝거리던 시대는 모두 지나갔다. 간단히 말해 기술 발전

이 우리에게서 시간을 앗아간 것은 아니다. 다만 기술 발전은 우리로 하여금 여러 가지 일을 동시에 하도록 요구한다.

에스컬레이터를 이용할 때 우리는 '오른쪽에 서기, 왼쪽으로 가기' 같은 룰도 따라야 한다. 이를 지키지 않는 사람은 부딪혀 나가떨어진다. 수퍼마켓에서는 줄이 빨리 줄어들지 않으면 다른 계산대로 간다. 빨리빨리가 중요한 문제가 되었다. 우리는 부족한 시간을 최적으로 이용하기 위해 하루 계획을 가능한 한 의미 있게 짠다. 시간을 허비하지 않으려는 것이다. 항상 시계를 본다. 시간은 돈이다? 이 얼마나 큰 스트레스인가!

이런 끝없는 분주함은 세 가지 방식으로 우리 행동에 영향을 준다. 첫째, 우리의 관점을 변화시켰다. 캐나다 로트만 경영대학원 교수 샌포드 드보는 2012년 "시간을 재화로 보는 사람은 삶에서 아름다운 것에 대해 눈을 감는 셈이다"라고 말했다. 시간을 돈으로 환산하는 사람들은 시간의 경제적 가치를 최대화하려고 한다. 이를 통해 그들은 즐거움을 주는 경험을 무시한다. 시간을 잘못 허비하지 않을까 끊임없이 걱정하고, 스스로를 불행하게 만든다. 이런 사고방식은 내 만족에만 영향을 미치는 건 아니다. 동료에 대한 태도도 변화시킨다. 이렇게 스트레스를 받는 사람은 점점 더 반사회적으로 행동한다.

두 명의 심리학자 존 달리와 다니엘 바슨은 사회심리학의 고전에 속하는 한 실험에서 1973년 이미 이런 결론에 도달했다. 몹시 추운 겨울날 3일간에 걸쳐 두 심리학자는 프린스턴 대학교의 신학대 학생

40명에게 짧은 강연을 준비시켰다. 물론 주제는 달랐다. 한 그룹 학생들에게는 신학자들의 직업 기회에 관해 강연을 하게 했고, 또 다른 그룹 학생들에게는 〈루가의 복음서〉에 나오는 구절을 다루게 했다. 선한 사마라아인의 비유 말이다.

한 남자가 예수에게 어떻게 해야 불사의 몸이 될 수 있는지 묻는다. 예수는 이런 이야기로 대답한다. 어떤 나그네가 강도의 습격을 받았다. 강도들이 그를 때려 눕혔고 반쯤 죽은 그를 그대로 방치했다. 한 사제가 그를 보고는 그냥 지나쳤다. 어떤 레위 사람도 그를 보았지만 그냥 지나쳤다. 그 다음 사마리아 출신의 한 남자가 지나가다 그를 보고 멈춰섰다. 그는 남자의 상처에 붕대를 감고, 자신의 말에 태워 숙소로 데려갔다. 다음날 사마리아 출신의 이 남자는 떠나면서 여관 주인에게 돈을 주고, 상처 입은 사람을 보살펴달라고 부탁했다.
"이 세 사람 중, 누가 강도의 습격을 받은 사람의 이웃이라고 생각하느냐?"라고 예수가 물었다.
"그에게 자비를 베푼 사람입니다."
"그러면 가서 바로 그렇게 행동하라!"

학생들은 조용히 강연을 준비했다. 그후 두 학자는 각 그룹의 강연을 다른 강의실에서 하게 하면서, 학생들의 강연을 강사들이 평가할 것이라고 알렸다. 이때 두 학자는 학생 절반에게는 지각을 할 것 같다고 거짓말을 했다. 당연히 그 학생들은 서둘러야 했다. 반면 다른 절반의 학생들은 아직 시간 여유가 있다고 믿었다. 모든 학생들이 강의실로 떠났다. 어떤 학생들은 황망스럽게, 또 다른 학생들은 느긋하게.

학생들은 몇 미터를 가다가 두 교수의 공범과 마주치게 되어 있었다. 노숙자로 변장한 공범은 몸을 숙이고 눈을 감은 채 건물 현관에 웅크려 앉아 있었다. 학생들 중 하나가 멈춰서서 그에게 괜찮은지 물었다. 공범은 기침을 하며 말했다.

"감사합니다. 괜찮습니다만 숨쉬기가 어렵습니다(잔기침). 의사 선생이 알약을 처방해주셔서 방금 한 알을 먹었습니다. 잠시 쉬고 나면 괜찮아질 겁니다. 그렇게 물어줘서 고마워요."

그는 고통스럽게 미소를 지었다. 지독히 추운 날이었기 때문에 누군가의 도움이 절실한 상황이었다.

그와 맞딱뜨린 신학대 학생들은 어떻게 행동했을까? 멈춰서서 그를 도울까? 그에게 따뜻한 커피나 차 한 잔을 줄까? 이때 시간이라는 요소는 어떤 역할을 할까? 다급한 사정이 도와주려는 마음에 영향을 미쳤을까? 물론이다. 시간이 넉넉한 학생들 중 63퍼센트가 그를 도와주었다. 이와 달리 시간에 쫓긴 그룹의 경우 10퍼센트에 불과했다. 시간 감각이 그들의 행동에 영향을 미친 것이다.

그 학생들은, 다른 사람보다 이타주의적 성향이 높다고 여겨지는 신학대 학생이었다는 점을 다시 한 번 생각해보아야 한다. 게다가 그들 중 몇몇은 방금 박애와 무욕에 관한 이야기, 즉 선한 사마리아인의 비유를 다루었다. 그런데 지금 그들은 도움을 필요로 하는 한 남자를 무시했다. 적어도 자신들이 다급할 때는.

이 실험은 새로운 사실을 인상적으로 보여주었다. 우리가 도와줄 마음을 갖는지 아닌지는 우리 자신보다는 오히려 외적 조건에 달려 있다는 사실이다. 시간에 대한 관점이 우리를 변화시킨다. 분주함이 이기주의를 촉진한다. 가슴에 손을 얹고 생각해보자. 여러분이라면 멈추었을까?

로버트 레빈은 어린시절부터 시간에 대해 깊이 생각하곤 했다. 모든 아이들이 그런 것처럼 그도 일찌감치 시계로 시간을 측정하는 법을 배웠다. 초와 분, 시간, 일, 주 그리고 달로. 이 과정에서 그는 사람들이 상당히 다르다는 사실에 놀랐다. 그가 보기에 어떤 사람들은 항상 스트레스를 받고 분주했으며, 어떤 사람들은 휴가를 가거나 몇 달 동안 외국으로 떠났고, 또 어떤 사람들은 낮에 느긋하게 영화를 보러 갔다. 그가 보기에 많은 사람들에게는 시간이 늘 빠듯했지만, 또 다른 사람들은 시간이 남아도는 것 같았다.

레빈은 시간이 많은 사람들 쪽이 더 마음에 들었다. 그는 일을 해서 돈을 많이 버는 것에는 관심이 없었다. 자신의 리듬을 스스로 결정하고, 시간을 자유롭게 나누어 쓸 수 있는 것이 훨씬 더 중요하다고 생각했다. 그래서 그는 대학교수가 되었다. 그러나 대학교수가 되어서도 그는 시간의 굴레에서 벗어나지 못했다.

시계가 생겨나면서 우리 삶의 모든 것이 변했다.

재깍재깍 돌아가는 시곗바늘 앞에서 사람들은 시간을 돈으로 환산하기 시작했다.

그러나 명심할 것!

시간으로 할 수 있는 것은 실상 아무것도 없다.

우리가 무엇을 하든 시간은 가차없이 지나가고,

내면의 악마는 바쁜 틈을 노려 우리를 후려친다.

1976년 여름 그는 브라질에서 객원교수로 재직하게 되었다. 레빈은 언어 때문에 긴장했다. 그의 포르투갈어 실력은 아직 부족한 상태였다. 게다가 자신의 일상 속도를 줄여야 한다고 생각했다. 남아메리카의 생활 방식에 관해 몇 가지 이야기를 들었기 때문이다. 도착 직후부터 그는 문화적인 충격을 받았다.

첫 강의를 하러 가는 길에 시계를 잃어버린 그는 행인 몇 명에게 몇 시냐고 물어보았다. 그런데 모든 사람이 시간을 다르게 말했다. 그는 너무 늦었다는 공포에 휩싸였다. 그것도 첫 세미나에. 고통스러웠다.

그러나 쓸데없는 걱정이었다. 그는 강의 시작 시간 직전에 강의실에 도착했고, 그때까지 학생들이 몇 명씩 어슬렁거리며 들어오고 있었다. 몇몇 학생은 몇 분 늦었고, 15분이 훨씬 지나서 강의실로 들어오는 학생도 있었다. 양심의 가책도 전혀 없이.

그런데 강의가 끝난 후에도 대부분의 학생들이 여전히 강의실에 남아 있었다. 아무것도 급할 게 없는 모습이었다. 레빈은 이를 매력적이라고 생각했다. 내친 김에 시간의 심리학을 연구해보기로 결심했다. 나라마다 사람들의 삶에 영향을 미치는, 서로 다른 시간 관념을 갖고 있는 것인지, 다르다면 그 차이가 얼마나 큰지 체계적으로 연구하려 했다. 그는 10년 동안 함께 일하는 사람들을 31개 국가로 보냈다. 무엇보다 세 가지 질문에 대한 답을 얻고 싶었다. 어느 곳이 특히 바쁘게 돌아가는가? 어디가 특히 느긋한가? 그것이 그곳 문화에 관해 무엇을 말해주는가?

각 나라로 파견된 연구자들은 하나 또는 그 이상의 대도시를 조사했다.

먼저 그들은 임의로 선택한 수많은 행인들이 20미터를 얼마나 빠르게 걸어가는지 알아보기 위해 평균적인 보행 속도를 파악했다. 무더운 여름 오전, 장애물이 없는 넓고 평평한 보도에서였다. 모든 도로는 자유롭게 움직일 수 있을 정도로 충분히 여유가 있었다. 또 그들은 혼자 걸어가는 사람들만 관찰했다.

두 번째로 일터에서의 기민함을 분석했다. 이를 알아보기 위해 그들은 우표를 구입하려고 우체국 지국으로 갔다. 창구 직원이 우표 하나를 판매하는 데 시간이 얼마나 걸리는가를 조사했다.

세 번째로 공공건물에 설치된 시계 중에서 임의로 선택한 시계 15개가 얼마나 정확하게 가는지를 꼼꼼하게 기록했다. 학자들은 1992년 모든 결과를 취합해 빠른 국가부터 느린 국가까지 순위 목록을 작성했다(아래 표 참고).

	가장 빠른 3개국	가장 느린 3개국
1	스위스	멕시코
2	아일랜드	인도네시아
3	독일	브라질

스위스만큼 삶이 빨리 돌아가는 나라는 세상에 없으며, 멕시코만큼 느린 국가는 어디에도 없다고 레빈은 생각했다.

그렇다면 삶의 속도와 선량함에는 어떤 관계가 있을까? 레빈은 시민들이 얼마나 남을 도와주려 하는지, 즉 앞을 보지 못하는 사람이 도로를 건널 때 도와주는지, 의도적으로 바닥에 떨어뜨린 편지를 대신 우체통에 넣어주는지, 자선을 베풀기 위해 돈을 얼마나 기부하는지도 조사했다. 결론부터 말하면, 가장 빨리 돌아가는 국가가 남을 도와주려는 마음은 가장 작았다.

레빈은 한 사회의 속도를 결정하는 데는 5가지 요인이 있다고 생각했다. 가장 중요한 요인은 경제다. 경제가 제대로 돌아가면 속도가 빨라지는 경향이, 경제가 좋지 않으면 느려지는 경향이 있었다. 마찬가지로 레빈은 산업화와 인구수, 추운 기후, 성과에 가치를 두는 문화 등이 속도를 빠르게 한다고 생각했다. 이는 대부분 서구사회에 해당하는 요인이다.

지난 수십 년간 주관적인 삶의 속도는 매우 빨라졌다. 그 바람에 스트레스와 이기주의를 초래했다. 이렇게 스트레스를 많이 받으면 받을수록 현재 상황에 점점 더 만족하지 못하고, 그만큼 더 과거로 정신적인 여행을 떠나려는 경향이 강해진다.

최초의 기억은
왜 달콤할까

뇌의 기억장치 작동법

해럴드 캠핑은 틀렸다. 주업이 설교자이고 부업이 예언자인 이 미국인은 2011년 5월 21일에 세상이 멸망할 것이라고 확신했다. 터무니없는 말처럼 들리지만 실제로 추종자들이 그를 따랐다. 예를 들면 연금 생활자 로버트 피츠패트릭이 그런 사람이다. 그는 세상의 종말을 경고하기 위해 뉴욕의 지하철역과 버스 정류장에 약 1,000개의 현수막을 걸었다. 여기에 든 비용이 14만 달러였다. 현수막에는 "전 세계적인 지진: 전대미문의 가장 큰 지진"이라고 쓰여 있었다. 물론 많은 사람들은 고개를 가로저으며 웃어넘겼다.

여기서 심리학적으로 흥미로운 질문을 제기할 수 있다. 사람들이 잘못된 예언에 빠지면(그리고 로버트 피츠패트릭처럼 비교적 많은 돈을 날려버리면) 어떻게 될까? 절망할까? 그 예언자와 진지하게 이야기를 나눌까? 절대 아니다. 그들은 아마 사실을 왜곡해서 자기 논리대로 꿰어맞출 것이다. 이게 바로 인지부조화의 전형적인 형태다.

이런 행동패턴은 미국 사회심리학자 레온 페스팅거가 발견했다. 그는 1950년대 초 미국의 괴상한 사이비 종교를 연구했다. 이 종교의 여성 지도자 도로시 마틴은 외계로부터 소식을 받았다고 주장했다. 클라리온 행성의 '사난다'가 나타나 곧 엄청난 홍수로 인해 마틴의 추종자를 제외한 모든 지구인이 죽는다고 전했다는 것이다. 추종자들은 하늘을 나는 접시를 타고 세상의 종말을 모면한다. 흥미로운 상상이다. 더 재미있는 것은 마틴이 실제로 추종자 몇 명을 끌어모았다는 사실이다. 그들은 함께 기도하고 명상하며 종말을 기다렸다. 기다리고 또 기다렸지만 세상은 멸망할 기미가 보이지 않았다.

그렇다면 추종자들은 지도자를 의심하면서 "도로시 마틴은 미쳤다"고 했을까? 그런 일은 일어나지 않았다. 최후의 심판일이 오지 않자 추종자들은 갑자기 태도를 바꾸었다. 그들은 자신들이 다 함께 기도를 한 덕분에 세상의 멸망을 막을 수 있었다고 주장했다. 단 한 사람, 레온 페스팅거를 제외한 모든 추종자들이 그렇게 했다는 것이다. 레온 페스팅거는 익명으로 그 종파에 몰래 들어갔었다.

나중에 레온은 이 그룹의 행동에 인지부조화라는 이름을 붙였다. 간단히 말하면, 기대와 사건 사이에 불균형이 있을 때 그 터무니 없는 모순을 참아내기 힘들어진다는 것이다. 그러나 이 종파 신도들은 자신의 신념을 바꿀 생각이 전혀 없었기 때문에 기도의 힘이라는 궤변으로 다른 사람들을 설득시키려 했다. 오스트리아 심리학자 파울 바츠라비크는 1980년대 《불행에 대한 입문서》에서 이런 사고방식을 풍자적으로 다루었다.

한 남자가 10초마다 손뼉을 친다.
그러자 다른 남자가 그에게 왜 그러는지 물었다.
"코끼리를 쫓아버리려고요."
"코끼리요? 여기는 코끼리가 없는데요."
"저기, 보세요!"

피터 유스티노프는 생전에 배우이자 작가, 유네스코 특별대사로 활동했다. 재치와 유머가 풍부한 글솜씨로 이름을 떨쳤던 그는 인생의 의미를 정확하게 알고 있는 사람은 아무도 없다고 주장했다.

"제아무리 부자일지라도 공동묘지에 누워 있으면 의미가 없다."

그는 세 번 결혼했지만 여성에 대해 더 많이 아는 것도 아니었다.

"많은 여성들은 자신이 무엇을 원하는지도 모르면서 악착같이 그것을 받으려 한다."

그러나 유니스노프는 한 가지만은 확신했다.

"지금이 바로 우리가 수십 년 후 동경하게 될 좋았던 옛 시절이다."

"내일 무슨 일이 일어날지 누가 알겠는가"라고 몇 년 전 독일 가수 크라비어 나이도가 노래했다. 그 말은 전적으로 옳다. 내일 일을 알 수 있는 사람은 없다. 미래는 꿰뚫어볼 수 없는, 기분 나쁜 성질을 갖고 있다. 인간은 이런 불확실성을 좋아하지 않는다. 그래서 인간은 자신이 잘 알고 있는 곳, 즉 과거로 도피한다. 우리는 우리가 어디로 가는지 모른다. 그러나 어디에서 왔는지는 알고 있다고 믿는다.

프레드 데이비스와 하비 캐플런, 팀 와일드슈트는 우리가 더 좋은 기분을 갖기 위해 향수에 빠져든다는 것을 알려주었다. 다만 이런 정신적인 건강관리 방법이 제 기능을 하려면 기억이 유쾌해야 한다. 인생의 백미러를 볼 때 장밋빛 안경을 쓰는 것도 그 때문이다. 나중에 돌아보면 그 순간 실제로 느꼈던 것보다는 모든 것이 훨씬 더 아름답다. 기억은 현실보다 항상 더 밝게 빛난다.

이미 1948년 미국 학자 새뮤얼 왈드포겔은 '자서전적 기억' 연구에 초석을 놓은 논문에서 이에 대해 최초로 언급했다. 왈드포겔은 미시간 대학교에 제출할 박사 논문을 위해 남자 48명과 여자 76명 등 총 124명을 모집했다. 그리고 다른 시간대에 걸쳐 두 차례 각각 85분 동안 8살까지의 기억을 모두 적도록 했다. 눈을 감고 여러분도 직접 해보기 바란다. 생각나는 것이 있는가?

당신도 나와 같다면 8살 때 몇 학년이었는지 먼저 생각할 것이다.

또는 몇년도에 당신이 8살이 되었으며, 그때까지 어떤 일이 일어났는지 되돌아볼 것이다. 내 경우 두 번의 휴가가 퍼뜩 생각났다. 1988년 나는 어머니와 함께 티롤 지방의 산에 갔다. 나는 아직도 로이타쉬에 있는 크벨렌호프 호텔에서 긴 여행을 떠났던 것을 또렷이 기억한다. 이 지방은 도보여행 황금배지를 만들어 부지런한 보행자들을 유혹했다. 그 배지를 얻으려면 여러 산에 올라 오두막에서 패스포트에 도장을 받아야 한다. 일정 점수에 도달하면 상으로 도보여행 배지를 준다.

두 번째 휴가는 친분이 있는 가족과 함께 에이셀 호수로 떠난 것이었다. 이 보트 여행에서는 특히 세 가지 일이 기억난다. 선장 두 명 중 한 명이 젊은시절 한 쪽 팔을 잃어 의수를 착용하고 있었다. 그 끝에는 물론 손가락 대신 갈고리가 달려 있었다. 이 모습이 7살짜리인 내게는 충격이었다. 그때 매일 아침식사로 우유와 카카오 분말을 곁들인 오트밀을 먹었는데 아주 즐거운 식사였다. 영양학적으로는 문제가 있을지 모르지만 어린이들에게는 최고의 즐거움이었다.

내 기억에 가장 강하게 남아 있는 것은 어느 커플이었다. 두 사람은 각각 이혼한 상태였고, 이제 막 서로 사랑에 빠졌다. 그들은 틈만 나면 배에서 꼭 껴안고 봄날과 같은 기분을 마음껏 즐겼다. 그 당시 딥키스를 하는 그들의 모습을 보며 몹시 당황했던 것을 아직도 생생하게 기억하고 있다. 어떻게 그럴 수 있을까!

나는 내 인생에서 일어났던 나쁜 일도 기억한다. 1988년 여름방학이 끝날 무렵, 막 7살이 된 나는 축구를 하거나 자전거를 타거나 텔레비전을 보면서 시간을 보냈다. 그런데 바로 그 시간에 디터 데고프스키와 한스 위르겐 뢰스너는 글라트베크에 있는 독일 은행 지점을 습격했다. 이 사건은, 세상에는 좋은 사람만 있는 게 아니라는 사실을 알게 해주었다. TV에서 두 범죄자의 인질극과 파란만장한 인생을 브레멘과 네덜란드, 쾰른으로 생방송했던 것이다. 이 참혹한 드라마는 내 고향 근처 지크부르크 근교의 A3 고속도로에서 막을 내렸다. 특수부대와의 총격전에서 인질 한 명이 숨졌다. 그녀의 이름과 얼굴을 나는 절대 잊지 못한다. 질케 비쇼프라는 금발의 젊은 여자였다.

나의 세 가지 기억 중 둘은 긍정적이다. 평균적이고 정상이다.

새뮤얼 왈드포겔의 실험 대상자들도 마찬가지였다. 왈드포겔은 당시 실험 대상자들에게 모든 기억을 적게 하는 데서 나아가 평가까지 하게 했다. 50퍼센트는 아름다웠고, 30퍼센트는 나빴으며, 20퍼센트는 중간이었다. 물론 왈드포겔 실험에 참가한 사람들이 실험실이라는 환경에 영향을 받았을 수도 있다. 아마도 햇빛이 창으로 비치고 새들이 지저귀었으며, 자발적으로 참가한 사람들은 기분이 좋았고 긴장이 풀려 있었을 것이다. 그런 상황에서는 나쁜 기억보다 아름다운 기억이 더 많이 떠오를 수 있다. 또한 그들은 의도적으로 부정적인 경험보다는 긍정적인 경험을 더 묘사했을 가능성도 있다.

설사 그랬을지라도 사람들은 그런 순간 자체를 거슬려하거나 지루하게 느낀다. 우리는 자세하고 번거로운 내용을 별로 좋아하지 않는다. 아침에 일어나 나쁜 날씨를 불평하며, 일하러 갈 때는 다른 통근자들이, 낮에는 동료와 상사가, 저녁에는 파트너나 별 볼일 없는 텔레비전 프로그램이 우리 신경을 긁는다. 휴가를 가면 뷔페 식당에늘어선 긴 줄 때문에 심란해지고, 대부분 커피는 너무 쓰거나 맥주는 너무 미지근하다. 그러나 나중에 보면 이 모든 것이 그리 나쁘지 않다. 윈스턴 세일럼 주립대학교의 리처드 워커와 몇몇 심리학자들도 "자서전적인 기억은 일반적으로 유쾌한 정보를 선호한다"고 말한다.

1997년 미국 워싱턴 대학교의 테렌스 미첼은 우리에게 인상적인 증거를 제시했다. 동료 몇 명과 함께 그는 136명의 미국인에게 휴가 계획에 대해 질문했다. 21명은 12일 동안 유럽 여행을 하고, 38명은 3주 동안 자전거를 타고 캘리포니아를 돌아다니며, 77명은 미국 추수감사절 기간 동안 부모님 집에서 주말을 보내려고 했다. 누군가는 새로운 대륙과 낯선 도시를 돌아보고, 누군가는 햇빛을 즐기며 운동하고, 다른 누군가는 음식 대접을 받으며 긴장을 푼다고 응답한 것이다. 활동 내용은 모두 다르지만 저마다 매력이 있다. 아름다운 희망 사항이다. 인터뷰 응답자들도 그렇게 생각했다. 그러나 나중에 밝혀졌듯이 다가올 일에 대한 기대가 가장 아름다운 법이다.

모든 실험 대상자들은 휴가 기간에 설문지를 작성할 용의가 있다고 말했고, 대부분은 추가로 그들의 감정을 일기장에 적었다. 그것은 좌절의 연대기가 되었다. 어떤 사람은 날씨가 나빠서 신경질이 났고, 어떤 사람은 부모와 다투었으며, 또 어떤 사람은 더 많은 것을 기대했었다. 이를 테면 휴가 전에는 자전거 여행객 중 5퍼센트만이 실망할 것이라고 말했으나 여행기간 동안 61퍼센트가 기분이 좋지 않았다. 때로는 그들의 기대가 충족되지 않았고, 때로는 스트레스를 받거나 너무 분주했다. 그러나 당혹스럽게도 실망은 순식간에 사라져버렸다. 가령 집으로 돌아온 지 일주일이 지나자 자전거 여행자의 11퍼센트만이 여행 기간에 불만스러웠다고 말한 것이다.

그러나 더 재미있는 사실은 아무도 자기 생각을 바꿀 것이라고 예상치 못했다는 것이다. 어쨌든 참가자의 절반 이상이 휴가에 관한 자신의 생각을 바꾸었는데, 그들 중 무려 96퍼센트가 긍정적인 방향으로 선회했다. 아름다운 일을 강조하고, 아름답지 않은 일은 지우는 습성이 인간의 기억에 내재하는 게 분명하다.

테렌스 미첼의 보고에 따르면 모든 경험은 다음과 같은 세 가지 측면을 포함하고 있다.

1. 장밋빛 예측rosy projection: 우리는 어떤 경험에 대해 실제로 느끼는 것보다 더 긍정적으로 예상하는 경향이 있다.

2. 완화dampening: 실제 경험을 하는 동안에 우리는 그 즐거움을 줄여서 말한다.

3. 장밋빛 회상rosy retrospection: 시간이 지나면서 우리는 그 체험을 더 멋지게, 우리가 그 순간에 실제로 느꼈던 것보다 훨씬 더 아름답게 기억한다.

뇌는 좋은 경험을 선호한다

우리는 스스로의 마음에 들도록 인위적으로 생각을 만든다. 왜일까? 왜 대부분의 경험은 훗날 우리에게 더 좋은 느낌을 줄까?

심리학자들은 네 가지 이유가 있다고 주장한다.

첫째, 기억은 기억하는 당사자에게만 기쁨을 준다는 사실이다. 기억과 관련해 우리는 모종의 오류를 범한다. 과거 자체가 아름다운 것이 아니라 우리가 여전히 과거를 기억한다는 사실이 아름답다.

둘째, 우리의 수용 능력은 제한되어 있다. 일상 속에서는 시시콜콜한 일에 신경을 쓰면서 시간을 보내지만, 회상을 할 때는 이런 시시콜콜한 일이 퇴색된다. 여기에는 장점이 있다. 결과적으로 아름다운 일만 남기 때문이다. 좋은 것은 정신적 냄비로 들어가지만, 나쁜 것은 모이주머니로 보내진다.

셋째, 미래는 논리적으로 매우 불분명하다. 이런 상황은 마음에 들지 않는다. 따라서 "지붕 위에 있는 비둘기보다 손에 든 참새가 더 낫다"는 말처럼 우리는 이미 일단락된 과거를 더 좋아한다.

무엇보다 중요한 것은 네 번째, 퇴색하는 감정적 편향fading affect bias 이다. 유쾌하지 못한 기억은 아름다운 기억보다 더 빨리 퇴색한다. 이것도 좋은 일이다. 우리의 '심리적 면역계'에 도움이 되기 때문이다. 하버드 대학교 심리학 교수이자 행복연구가인 대니얼 길버트의 주장도 이와 같다. 몇 년 전 그는 한 연구논문에서 '정서 예측affective forecasting'이라는 표현을 썼다. 그 표현 뒤에는 딜레마가 숨어 있다. 우리가 자신의 감정을 미리 말해야 할 경우 우리의 대답은 대부분 틀린다. 우리는 미래 사건의 효과를 과대평가하지만 막상 그 미래가 되면 상황이 예측 시점과 다르다는 것을 과소평가한다. 길버트는 자신의 연구에서 항상 동일한 패턴을 발견했다.

그는 실험 대상자들에게 삶의 여러 가지 상황을 예견하게 했다. 때로는 그들에게 연애 관계가 끝나는 것을 상상하게 했고, 때로는 아이의 죽음이나 선거 패배를 상상하거나 자신의 성격을 비판하도록 했다. 그러자 그들은 매번 상황을 실제보다 훨씬 더 나쁘게 상상했다.

길버트에 따르면 이것은 우리의 심리적 면역계에 원인이 있다. 심리적 면역계는 뇌가 부정적인 경험을 긍정적인 경험과는 다르게 취급하도록 한다. 더 정확히 말하면 심리적 면역계는 부정적인 경험을 더 빨리 잊고, 긍정적인 경험은 더 오래 보존하도록 한다. 이런 시스템이 우리의 정신 건강을 유지시켜 준다.

아름답지 않은 기억은 시간이 흘러가면서 퇴색하고, 아름다운 기억만 남는다. 우리 뇌는 그런 방식으로 우리를 속인다. 이런 미세한 조작을 통해 우리는 비극을 극복하고, 아름다운 순간을 즐기며, 기쁜 마음으로 내일을 기다린다. 미화는 자연스러운 일이다. 그것이 어린 시절의 기억일 때는 특히 더 그렇다. 그러한 기억이 일깨워지면 우리는 변한다. 그것도 긍정적인 방향으로.

흑백사진을
보는 마음

회상은 사람을 너그럽게 만든다

'아하 체험'은 마법과 같다. 항상 갑자기 나타나기 때문이다. 게다가 뭔가 다른 것에 몰두하고 있을 때 자주 나타난다. 그리스 수학자 아르키메데스는 그 옛날 욕조에서 영감을 얻었다. 전해오는 이야기에 따르면 그는 물이 욕조 위로 넘쳐흐르는 것을 보고 아르키메데스 원리를 발견했는데, 이 원리에 따르면 흘러내린 물의 양을 근거로 어떤 물체의 밀도를 측정할 수 있다는 것이다. 아이작 뉴턴 경은 사과가 머리 위로 떨어졌을 때 사과나무 밑에서 편안히 쉬고 있다가 만유인력의 법칙을 발명했다.

캐나다 사람 테일러 존스는 부엌 식탁에서 아이디어를 얻었다. 2011년 5월, 21살의 존스는 토론토에서 한 시간 정도 떨어진 작은 도시 키치너에 살고 있는 부모님 댁을 방문했다. 그는 어린 동생 랜던과 함께 식탁에 앉아 오래된 사진 앨범을 뒤적이고 있었다. 그러다가 랜던의 세 번째 생일 때 찍은 사진을 보게 되었다. 사진 속에서 어린 동생은 지금 두 형제가 앉아 옛날 사진을 보고 있는 그 식탁의 의자에 앉아 카메라를 보며 웃고 있었다. 앞에는 초가 세 개 꽂힌 파이가 놓여 있었다. 그 순간, 존스는 '아하 체험'을 하게 된다.

그는 앨범에서 사진을 꺼낸 뒤 카메라를 가져왔다. 식탁에서 몇 미터 떨어진 곳에 서서 렌즈 앞에 사진을 갖다대고, 배경에 부엌이 보이도록 한 뒤 사진을 찍었다. 앞에는 과거가 있고, 뒤에는 현재가 있는 콜라주를 직접 만든 것이다. 존스는 곧 그 작업에 빠져들었다. 오래된 사진 몇 장을 가져와 집 구석구석에서 동일한 패턴으로 사진을 찍었다. 그 다음 사진을 인터넷에 올리려고 했다. 그때 시스템이 그에게 사진 제목을 물었다. 존스는 신중하게 생각했다. 이런 사진 밑에 어떤 말을 쓰면 좋을까? 순간 사진에 짧은 편지를 써넣자는 아이디어가 떠올랐다. 믿을 수 없는 성공 이야기는 이렇게 시작되었고, 수많은 신문 보도와 방송 출연, 책 계약으로 이어졌다.

첫 사진을 찍고 며칠 후 그는 인터넷사이트 'Dear Photograph'를 열었다. 친구들에게 이 이야기를 들려주며 사진을 보내달라고 요청했다. 곧 수백 명의 낯선 사람들이 그에게 사진을 보냈다. 어린시절에 대한 기억이 그들의 감정적인 벌집을 건드린 셈이다. 몇 주 후 이 사이트는 매일 25만 번이나 클릭되었다.

존스의 프로젝트는 인터넷 시대에도 향수가 여전히 유효하다는 사실을 보여주는 사례이자 향수가 인간 행동에 얼마나 강하게 영향을 줄 수 있는지 알려주는 증거이다. 사업상의 결정뿐만 아니라 동료들과의 교류에서도 향수는 강력한 힘을 발휘한다. 아름다운 기억이 우리 성격의 장점을 드러낸다는 증거는 속속 확인되고 있다.

선한 마음 부채질하기

프란체스카 지노는 이를 확신했다. 하버드 비즈니스 스쿨에 재직 중인 이 여성 학자는 사람들이 왜 친사회적인 행동을 하는지 연구하고 있다. 심리학자들은 '도와주려는 행위, 이웃에 대한 사랑, 사심이 없는 마음'을 친사회적인 행동이라고 부른다.

수십 년 전만 해도 이런 개념을 제기할 엄두조차 낼 수 없었다. 오랫동안 인간은 자신의 행복에만 관심이 있다고 믿어왔기 때문이다. 다만 생물학자들은 친사회적인 행동을 번식 욕구 때문이라고, 경제학자들은 효용 극대화를 위해서라고 보았을 뿐이다.

그러나 시간이 지나면서 인간이 그렇게 이기적이지만은 않다는 사실이 명확해졌다. 설문조사와 연구, 실험을 통해 인간은 상대방을 생각하며, 다른 사람들을 도와줄 준비가 되어 있다는 것이 입증됐다.

타인을 도와주려는 마음은 향수를 통해 인위적으로 장려될 수 있다. 지노는 다수의 실험에서 이런 결론에 도달했다. 그 중 한 실험에서 지노는 113명의 대학생을 무작위로 두 그룹으로 나누었다. 한 그룹(A)은 어린시절의 아름다운 경험에 관해 글을 쓰게 했고, 다른 그룹은 수퍼마켓에서 마지막으로 쇼핑한 것에 관해 작문을 하게 했다.

이 실험을 통해 A 그룹은 어린시절에 '점화priming'되어 갔다. 심리학자들은 점화를 일종의 정신적 조종이라고 생각한다. 과거 수많은 실험에서 인간은 극히 미세한 것에도 영향을 받는다는 사실이 밝혀졌다. 청결과 관련된 단어를 직면한 사람은 그후 다른 사람을 대할 때 더 바르게 행동한다.

지노의 실험에서 A 그룹의 많은 학생들은 처음으로 자전거를 탄 경험이나 친구들과의 놀이, 특정한 노래에 관해 썼다. 반면 다른 그룹에서는 평범한 일상 경험에 대한 생각이 많았는데, 특별한 감정과 연관되어 있지는 않았다. 지노는 실험 대상자들에게 다른 프로젝트를 도와줄 수 있는지 물었다. 물론 자발적으로 가능하냐고 말이다. 그러니까 '도와주려는 마음'에 호소한 것인데, 이런 마음은 쓰기 과제 이후 전혀 다르게 나타났다. 수퍼마켓 쇼핑에 관해 글을 썼던 그룹에서는 55퍼센트가 추가 과제를 도울 용의가 있다고 했다. 반면 정신적으로 어린시절에 빠졌던 그룹에서는 75퍼센트가 도움을 주겠다고 나섰다. 향수가 사심 없는 마음을 키웠던 것이다.

그 다음 실험도 마찬가지였다. 절반은 어린시절에 대해 썼고, 다른 절반은 쇼핑에 관해 썼다. 그 다음 지노는 30만 명이나 사망한 아이티의 참혹한 지진 희생자들을 위해 돈을 기부할 수 있는지 물었다. 향수 그룹은 62퍼센트가 주머니를 열었고, 다른 그룹은 41퍼센트에

설령 고통을 주는 한이 있더라도,
추억은 우리에게 강력한 힘이 된다.
영영 돌아오지 않을 그 시절을 회상하면서
우리는 삶의 의미를 새롭게 성찰한다.

불과했다. 또 어린시절에 관해 썼던 사람들은 평균 2배 정도 더 많은 돈을 기부했다.

지노는 어린시절의 기억과 도덕적인 행동이 상관관계가 있다고 믿는다. 무엇보다 어린이들은 모든 문화권에서 순진하고 솔직한 존재로 여겨진다. 이기적인 동기를 갖고 있지 않기 때문이다. 그렇게 향수는 우리 기분을 고양시킨다. 기분이 좋으면 좋을수록 도와주려는 마음도 커진다. 따라서 우리가 잠시라도 어린시절을 생각하며 시간을 보내고 나면 사회적 행동이 강화된다. 'Dear Photograph' 사이트의 경우처럼. 이 프로젝트의 성공은 인터넷 이용자들의 '도와주려는 마음'과 관대함에서 비롯됐다. 존스의 아이디어는 인터넷 이용자들에게 영감을 주었고, 자신의 사진첩을 열어 개인적이고 은밀한 순간을 네트워크에 공개하도록 했다.

회상이 우리를 슬프게 할지라도…

잠시 이 사이트를 둘러본 사람은 자동적으로 향수에 젖게 된다. 뛰어놀거나 산타클로스를 기다리거나 좋아하는 봉제인형을 껴안은 아이들의 사진에는 짧은 글이 붙어 있다.

아리엘이라는 이용자는 할아버지가 밀어주는 유모차에 앉아 있는 자기 사진을 촬영했다. 사진 밑에는 "좋아하는 사진. 나는 그때 할아버지가 '자, 텔레비전도 좀 쉬게 하고, 산책하러 가자'고 말하던 것을 싫어했다. 참 이상하게도 요즘 내가 이런 산책을 얼마나 그리워하는지 모르겠다."라고 적혀 있다.

마스힐데는 어린 소녀 시절 개와 함께 있는 사진을 촬영한 뒤 이렇게 썼다. "사랑스러운 사진이야. 나는 아직도 이 작은 개가 어느 날 돌아와서 내 스커트에 매달리기를 바라고 있어."

스테파니는 어린 두 형제의 사진을 촬영했다. "멋진 사진이지. 애들이 내 동생들이야. 삶이 복잡해지기 전이었지."

그리고 기우제페는 오래된 어린이 사진을 촬영했다. "좋아하는 사진이야. 30년 전 나는 원근의 아름다움을 지각할 수 있는 소년이었지. 아마도 이런 게 어린시절의 단순함일 거야. 순수하게 삶을 바라보고 즐기지. 이런 눈길을 결코 잃어버리고 싶지 않아."

존스는 언젠가 한 인터뷰에서 자기 사이트의 메시지는 비교적 단순하다고 말했다.

"과거를 성찰할 수 있는 시간을 갖는 것입니다. 그로부터 다른 사람들은 과거를 어떻게 인지하는지 배웁니다. 그리고 좋았던 시절과 나빴던 시절, 더 순수했던 시절을 생각하지요. 이를 통해 우리는 현실을 더 치열하게 경험하고, 기억을 더 높게 평가할 수 있게 됩니다."

간단히 말해 이 사이트의 성공 콘셉트는 향수다. "나는 인간이 과거를 그리워한다고 생각합니다." 존스는 덧붙인다. "사람들은 이미 일어났던 일을 기억하려고 합니다. 현대의 기술로 우리는 이런 욕구를 실현할 수 있습니다."

로버트 스탬프는 기억이 고통을 주는 한이 있더라도 회고하기를 좋아하는 사람이다. 그의 아들 조너선은 테일러 존스에게 사진 한 장을 보냈다. 85살의 로버트가 벤치 옆에 서서 오래된 사진 한 장을 손에 들고 있는 사진이었다. 불과 몇 년 전 아내와 함께 벤치에 앉아 찍은 사진. 다정하게 미소짓는 두 노인은, 여전히 사랑하는 것처럼 보인다. 하지만 몇 달 후 아내 도리스는 암으로 세상을 떠났다. 사진에는 "좋아하는 사진. 우리가 함께 했던 모든 것에 감사하며….''라고 쓰여 있었다.

　　전세계 사람들이 그들의 이야기에 감동했다. 미국 방송사 ABC도 관심을 갖고 스탬프 부자를 방문했다. 인터뷰에서 85살의 로버트는 이 사진의 매력을 이렇게 설명했다. "나는 그냥 이 사진을 보는 것이 좋아요. 아내의 미소를 기억나게 해주거든요."

　　사진이 그를 위로하는 것이다. 아내가 이미 저 세상으로 떠나 슬프지만 그래도 그는 함께한 수십 년을 감사하게 생각한다. 그가 지극한 사랑을 찾았고 계속 유지해왔다는 것을 안다면 측은하게 생각될 수도 있다. 그렇지만 그는 자신의 삶에 의미가 있다는 것을 잘 안다. 더구나 그 아름다운 기억은 80대 중반의 나이인 그가 그리 멀지 않은 죽음을 준비하는 데도 도움이 될 것이다. 분명 괴로운 생각이지만 향수는 이런 생각을 다스리는 데도 도움을 준다.

스크루지 효과에서
얻은 교훈

죽음의 공포가 우리에게 알려주는 것

옛날에 외로운 남자가 한 명 있었다. 나이가 많았지만 그는 아주 지독했다. 그는 자신과 사업만 생각했다. 돈을 탐했고 인색했으며 사람을 싫어했다. 돌처럼 무정하고 굴처럼 꽉 막혀 있었다. 그와 사이가 좋다고 생각했던 조카조차 인간쓰레기처럼 대했다. 크리스마스 이브에 조카가 이 늙은이를 식사에 초대했다. 그러나 노인은 조카에게 욕을 하며 내쳤다.

몇 시간 후 그의 인생은 완전히 변했다. 늘 그러듯이 그는 좋아하는 음식점에서 혼자 식사를 하고, 신문을 읽은 후 집으로 돌아와 잠자리에 들었다. 하지만 얼마 안 되어 소스라치며 잠에서 깼다. 침대 앞에 유령이 서 있었기 때문이다. 7년 전 숨진 동업자의 유령이었다.

그 유령은 내일 밤에는 세 명의 유령이 찾아올 것이라고 알려주었다.

처음에 노인은 대수롭지 않게 여겼다. 그저 음식점에서 먹은 식사가 잘 맞지 않아 그러려니 했다. 그러다 이 유령이 소리를 지르며 달그락달그락 쇠사슬 소리까지 내자 비로소 심각해졌다.

영국 작가 찰스 디킨스의 《크리스마스 이야기》는 이런 장면으로 시작된다. 늙은 구두쇠 주인공은 에베니저 스크루지다. 어린이 문학의 고전인 이 작품은, 언젠가는 죽게 된다는 생각이 우리에게 얼마나 큰 힘을 발휘하는지, 죽을 때까지 어떻게 살아야 하는지에 대한 물음이 우리에게 얼마나 큰 영향을 줄 수 있는지 상기시킨다.

일찍이 영국 경제학자 존 메이너드 케인스만큼 이를 냉철하게 바라본 사람은 없다. "언젠가 우리는 모두 죽는다"고 그는 말했다. 이 경제학자는 자신을 비판하는 사람들을 진정시키기 위해 이 말을 했지만, 사실은 누구도 논박할 수 없는 진실을 말한 것이다. 게다가 그는 우리가 나이 들면서 마주할 수밖에 없는 또 하나의 진실을 폭로했다. 자기 삶이 유한하다는 생각은 사실 아름답지 않다. 그렇지만 대충 얼버무릴 수도 없는 생각이다. 이 생각은 우리를 변화시킨다. 에비니저 스크루지 같은 늙은 구두쇠마저.

여러분이 내일 죽는다고 가정해보자. 당신은 마지막으로 무엇을 할 것인가? 질문을 바꿔보겠다. 당신은 무엇을 하지 않아서 후회할까? 건강할 때 이런 질문을 받으면 제대로 대답하는 사람은 거의 없다. 이 질문은 대부분 너무 늦었을 때가 되어서야 위력을 발휘한다.

브로니 웨어는 경험을 통해 이 같은 사실을 깨달았다. 이 호주 여성은 완화의학 분야에서 수 년간 간호사로 일했다. 그녀가 환자를 치료한 것은 아니다. 환자들의 상태가 이미 마지막 단계에 와 있었기 때문이다. 그들이 가능한 한 안락한 죽음을 맞도록 도와주는 게 그녀의 일이었다.

브로니 웨어는 죽음을 맞기 위해 집으로 간 사람들과 동행했다. 어떤 사람은 3개월, 어떤 사람은 3주를 돌보았다. 한 인간을 알기에는 턱없이 부족한 시간이었다. 그렇지만 브로니 웨어 입장에서는 죽을 병에 걸린 환자에게 감정적으로 접근할 수는 있는 충분한 시간이었다. 환자들은 살면서 하고 싶었지만 이제는 불가능해진 일들을 그녀에게 털어놓았기 때문이다. 웨어는 "그들은 계속해서 똑같은 일을 언급했다"고 말했다.

죽기 전에 해야 할 일들

웨어는 그 내용을 책으로 엮었다. 《죽어가는 사람들이 가장 후회하는 5가지*The top five regrets of the dying*》는 진지하고 슬픈 책임에도 우리에게 깊은 영감을 불어넣어 준다. 너무 늦기 전에 인생의 의미에 관해 깊이 생각해보라고 호소하고 있기 때문이다. 죽어가는 사람들이 가장 많이 언급한 진술은 다음과 같았다.

"다른 사람들의 기대에 좌우되지 말고 용기를 내서 내 삶을 살았어야
했다."

"그렇게 힘들게 일하지 말았어야 했다."

"내 감정을 표현했어야 했다."

"친구들을 만났어야 했다."

"더 행복하게 살았어야 했다."

지속적으로 죽음을 생각하다 보면 우리는 미칠지 모른다. 항상 끔
직한 자동차 사고를 두려워하는 사람은 절대 운전석이나 조수석에
앉지 못한다. 비행기 추락을 무서워하는 사람은 비행기에 탈 수 없
다. 반면 분명 내일 죽을 것이라고 생각하는 사람은 오늘을 다르게
살아갈 것이다. 그래서 죽음도 삶의 일부다.

그렇다면 죽음에 어떻게 대처해야 할까? 미국의 인류학자 어니스
트 베커는 1970년대에 이 질문에 관심을 가졌다. 그의 저서 《죽음에
대한 부정 *The Denial of Death*》에서 말하는 중심 명제는 죽음에 대한 생각
이 인간에게는 견디기 힘들지만, 엄청난 영향을 준다는 것이다.

이런 생각은 인간 행동의 원동력이다. 죽음이 우리의 최후 운명이라는
사실을 부정하면서 그것을 모면하거나 극복하려는 행동에 힘을 실어
준다는 말이다.

1974년 3월 베커는 실제로 이런 운명에 부딪혔고 안타깝게도 그는 저널리즘이 수여하는 가장 큰 명예를 경험하지 못하고 말았다. 그가 사망한 지 두 달이 지나 그의 작품은 최고의 실용서로 떠올랐고 그 유명한 퓰리처 상을 받았다.

이 책에서 그는 쇠렌 키르케고르 같은 철학자와 지그문트 프로이트 같은 심리학자, 찰스 다윈 같은 생물학자들의 인식을 하나로 통합했다. 그는 인간이 선택에 의한 진화 과정을 통해 발전한다는 이론을 지지했다. 그러니까 다른 포유동물처럼 인간도 자연적인 생존 본능을 소유하고 있다는 것이다. 그러나 인간을 원숭이와 개 또는 고양이와 구별해주는 것은 '자의식'이다. 인간은 스스로 존재한다는 것을 알고 있다. 이런 인식에는 언젠가 우리가 존재하지 않게 된다는 확신도 포함된다. 그것은 우리가 인식하는 것 이상으로 우리에게 강한 영향을 미친다고 베커는 말했다.

죽음에 대한 공포에도 긍정적인 면이 있다. 그것은 자기보존 본능의 일부이기 때문이다. 죽음을 전혀 두려워하지 않는 사람은 자신의 생명을 더 빨리 끝내는 위험을 감수할 수도 있다. 그렇다면 이런 공포에 어떻게 대처해야 할까?

1990년대 초에 사회심리학자 그룹이 이에 대한 답변을 내놓았다. 그들은 누구보다 어니스트 베커에게서 영감을 받았다. 제프 그린버그와 톰 피진스키, 셸던 솔로몬은 1980년대 말 박사과정 때 만난 사이다. 이들은 인간을 움직이게 하는 것이 무엇인지에 대해 궁금해했다. 몇 년 후 예전 동창생 중 한 명이 솔로몬에게 베커의 책을 한 번 읽어보라고 추천했다. 솔로몬은 베커의 생각에 금세 매료되어 그린버그와 피진스키에게 이야기했고 얼마 후 세 사람은 소위 '공포관리 이론'을 만들어냈다.

이 개념의 어원은 라틴어 'terror(두려움, 공포)'다. 어니스트 베커는 인간이 죽어야 할 운명이라는 것을 우리의 자의식이 어떻게 터득하는지 설명했다. 우리에게는 꿈을 추구하고 소원을 성취하고 여행을 떠나고 사랑을 하고 아이를 낳고 경력을 쌓고 집을 짓고 나무를 심을 기회가 한 번밖에 없다. 언젠가는 이 모든 것이 지나간다. 이런 자각으로부터 끔찍한 두려움이 생긴다. 우리는 이런 달갑잖은 상태를 헤쳐나가야 한다. 그런데 어떻게? 바로 그 방법을 공포관리 이론이 제시한다.

불멸을 향한 욕망

그린버그 등의 견해에 따르면, 죽음에 대한 공포로부터 우리를 보호해주는 상징적인 완충제는 두 가지다. 그들은 첫 번째 공포 완충제를 문화적 세계관cultural worldview이라고 불렀다. 그러니까 삶에 의미를 부여하고, 죽음 후의 세계에 대한 희망을 주기 위해 문화가 발생했다고 본다. 모든 문화에는 어떤 의식儀式과 상징이 있다. 이를 고수하고, 그에 따른 세계관을 지키는 사람은 상징적인 불사不死로 보답을 받게 되며 삶의 덧없음에 대한 공포에서도 벗어난다. 육체는 사라지지만 문화는 남고, 이와 함께 자신의 일부도 남는다는 것을 알기 때문이다. 그렇게 자신의 존재는 무의미하지 않게 되는 것이다.

죽음의 공포를 막아주는 두 번째 완충제는 자존감self worth이다. 자존감 뒤에는 의미 있는 삶을 영위한다는 확신이 숨어 있다. 그러나 공포관리 이론에 따르면 이러한 확신을 유지할 수 있는 사람은 공동의 문화 가치와 조화를 이루면서 사는 사람뿐이다. 이런 설명은 얼핏 매우 추상적으로 들린다. 게다가 이를 뒷받침하는 학자들의 경험적인 증거도 없었다. 때문에 처음에는 이 이론을 진지하게 생각하는 사람이 거의 없었다.

그러나 지난 수십 년 동안 이 주제에 관한 연구논문이 200편 이상 나오면서 상황은 바뀌었다. 이들 논문은 인간이 무상함에 대해 어떻게 반응하는지 밝혀내고자 했다. 관련 실험들은 대상자로 하여금 자신의 죽음에 관심을 갖도록 했다. 이를 테면 이런 식이다. "당신의 죽음이 어떤 감정을 불러일으키는지를 쓰고, 당신이 죽은 후 당신의 육체가 어떻게 될 것인지 가능한 한 정확하게 적으시오."

그런가 하면 한 그룹에게는 자신들의 무상함을 의식하게 만들고 다른 그룹에게는 치과에 간 상황을 상상하게 하는 실험도 했다. 치과 치료도 유쾌한 경험은 아니지만 죽음보다는 낫다. 두 그룹이 다른 생각을 하게 하는 조작은 매번 그에 상응하는 영향을 미쳤다.

가령 '죽음 그룹' 실험자들은 자신의 견해에 더 심하게 집착하면서,

죽을 줄 알면서도 길을 떠나는 이야기 속 일레인처럼,

삶은 결국 죽음으로 귀결된다는 사실을 우리는 안다.

어쩌면 그렇기 때문에,

한 번뿐인 삶을 제대로 살고 싶다는 욕망은 더욱 강해진다.

다른 사람의 의견을 거부하는 경향을 보였다. 그들은 특정한 가치를 고집하거나 자의식을 높이려 했다. 이렇게 함으로써 자기 삶의 무상함에 대한 두려움을 줄일 수 있기 때문이다. 또 긍정적인 피드백을 통해 자존감이 높아진 실험 대상자들은 죽음에 관한 영화를 보고도 겁을 덜 먹었다. 공포 완충제가 효과를 발휘한 것이다.

학자들은 또 다른 완충제를 찾아냈다. 바로 향수다. 이미 팀 와일드슈트는 향수가 행복을 증대시킬 수 있다는 사실을 보여주었다. 향수는 때로 다른 사람들과의 경험을 포함하는데, 이런 경험이야말로 행복의 가장 큰 원천 가운데 하나다.

인간은 사회적 존재다. 유대관계를 강화하는 데 도움이 되는 것은 우리를 행복하게 만든다. 우리가 종종 문화적인 의식儀式과 생일, 크리스마스 또는 휴가를 회고하는 것도 그 때문이다. 향수는 시간을 경험으로 가득 채우기 때문에 우리의 생애를 가치 있는 것으로 만든다. 이런 생각은 죽음에 대처하는 데도 도움이 된다.

노스다코타 주립대학교 조교수인 클레리 라우틀리지도 그렇게 생각했다. 2008년 그는 한 실험에서 참가자 76명에게 8개의 설문을 제시했다.

1. 나는 과거를 생각하는 것을 좋아한다.
2. 나는 다른 일을 했어야 한다고 자주 생각한다.
3. 긍정적인 기억이 압도적으로 많다.

4. 나는 내가 놓친 아름다운 일을 종종 생각한다.

5. 머릿속에서 갑자기 행복한 기억이 떠오른다.

6. 회상하고 싶지 않은 불쾌한 경험이 많다.

7. 나는 향수를 느끼며 어린시절을 회상한다.

8. 나는 나에게 닥쳤던 나쁜 일을 생각한다.

실험 대상자들에게 이 설문을 1(전혀 해당되지 않음)에서 5(매우 해당됨)까지의 등급으로 나눠 평가하게 했다. 라우틀리지는 실험 대상자들을 무작위 두 그룹으로 나누었다. A 그룹에게는 자신의 죽음에 관해 깊이 생각한 뒤 그 생각을 적으라고 했다. B 그룹에게는 치통이 있을 때 어떤 감정을 갖게 되는지 적으라고 했다. 일부 참가자에게는 그들 인생의 무상함을 분명히 인식하도록 했다.

그리고 나서 3분 동안 퍼즐을 이용해 모든 참가자들의 주의를 딴 곳으로 돌렸다. 이후 마지막 설문지를 주었다. 설문지에서는 참가자들에게 삶의 의미에 관한 여러 가지 문장을 평가하게 했다. 가령 "삶은 전혀 의미가 없다"거나 "모든 노력은 헛되고 쓸모 없다"와 같은 내용이었다. 이번에는 등급을 1(전혀 동의하지 않는다)부터 4(전적으로 동의한다)까지로 정했다. 그 평가에서 특기할 만한 것이 라우틀리지의 눈에 띄었다.

앞에서 공포관리 이론 주창자들은 '죽음 그룹'이 항상 그들의 입장을 바꾸었다는 사실을 보여주었다. 그러나 이 실험에서는 자신의 죽음에 대한 생각이 거의 영향을 주지 못했다. 적어도 향수에 대한 수치가 높았던 실험 대상자들의 경우는 그랬다. 과거를 긍정적으로 보면 볼수록 삶을 무의미하다고 생각하는 경우는 더 드물었다. 향수는 삶에 의미를 부여할 뿐 아니라 삶이 무상하다는 생각으로부터 우리를 보호한다. 그러고 나면 죽음이 더 이상 끔찍하게 무섭지 않다. 이 기능이 얼마나 잘 작동하는지 두 번째 실험이 그 근거를 제시했다.

이 실험에서는 10명의 대상자들이 '사우샘프턴 향수 스케일southampton nostalgia scale' 줄여서 SNS를 작성했다. 그들은 "당신은 얼마나 자주 향수에 젖습니까?"(전혀 없다. 가끔, 계속) 또는 "당신은 향수가 얼마나 중요하다고 생각합니까?"(상관없다. 매우)와 같은 질문에 답변했다. 점수가 높을수록 향수에 대한 감수성은 높았다.

이제 실험 대상자들을 두 그룹으로 나누었다. 한 그룹은 다시 죽음에 관한 글을 쓰게 했고, 다른 그룹은 치통에 대한 글을 쓰게 했다. 그런 다음 짧은 퍼즐로 모든 실험 대상자들의 주의를 딴 곳으로 돌렸다. 이후 원래의 실험이 이어졌다.

라우틀리지는 그들에게 28개의 단어 조각을 완성하는 시험을 냈다. 물론 라우틀리지는 이 시험을 사전에 조작해놓았다. 6개 단어는 중립적인 동시에 죽음과 관련된 개념에도 적합했다. 그 가운데 하나는 'Coff_'였다. 중성적인 뜻으로는 'coffee(커피)'가 될 수 있고, 죽음과 관련해서는 'Coffin(관)'이 될 수 있다.

라우틀리지는 참가자가 죽음과 관련된 낱말을 몇 개나 사용했는지

세어보았다. 그 결과, 향수에 젖은 사람들이 병약한 생각에 가장 적게 영향 받았다는 사실을 확인했다. 향수에 젖어 있을수록 죽음과 관련된 개념을 덜 사용했다. 단순하게 말하면 죽음과 관련된 생각이 그들에게 거의 피해를 주지 못했다. 이에 대해 라우틀리지는 "향수가 죽음에 대한 공포로부터 사람들을 보호한다는 점은 분명하다"고 썼다. 지원자들은 과거가 지닌 마력을 불러냈다. 그 덕에 무상함에 대한 생각은 그들에게 별로 효과를 발휘하지 못했다. 향수가 그들의 자의식을 강화시키고 죽음을 덜 생각하게 했다.

라우틀리지의 연구는 향수의 효과를 살펴보는 데 매우 중요하다. 이 연구가 또 다른 긍정적인 특성을 제시하기 때문만은 아니다. 연구에 따르면 향수는 모든 사람이 언젠가는 느끼게 될 감정이라는 점을 시사한다. 이미 어니스트 베커도 유한성을 의식하는 것이야말로 우리를 인간답게 만든다고 주장했다. 우리는 모두 죽고, 죽음은 돌이킬 수 없다. 이런 무상함이 향수에 한층 더 강한 영향력을 부여한다. 우리가 영원히 살고, 모든 것을 다시 경험할 수 있다면 놓쳐버린 기회나 지나쳐버린 즐거움을 한탄할 필요가 없다. 그렇지만 인생은 유한하다. 우리는 늙고, 죽기 때문에 향수는 언젠가 우리 모두에게 영향을 준다. 나이가 들고, 성미가 까다로운 남자들에게도 마찬가지다.

과거와 현재, 미래에 살다

그 유령은 거짓말을 하지 않았다. 이튿날 밤, 다른 유령 3명이 에 베니저 스크루지를 찾아와 함께 시간여행을 떠났다. 첫 번째 유령은 스크루지를 과거로 데리고 가서, 어릴 때 그가 얼마나 외로웠는지 그리고 살면서 얼마나 사랑을 거부했는지를 눈앞에 펼쳐보였다. 두 번째 유령은 현재 스크루지의 점원인 밥 크라칫의 집으로 그를 안내했다. 스크루지는 장애가 있는 그의 아들 꼬마 팀을 보게 되었고, 유령은 도움을 받지 못할 경우 그 아이가 곧 죽는다는 것을 스크루지에게 알려주었다. 세 번째 유령은 미래로 그를 데려가 도시 빈민가로 안내했다. 막 죽은 어떤 남자의 소지품을 싸게 팔기 위해 이웃 사람 몇 명이 모여 있었다. 남자를 좋아한 사람은 아무도 없었기에 그는 외롭게 죽어갔다. 곧이어 이 유령은 스크루지를 어떤 무덤으로 데려갔다. 마침내 스크루지는 가난한 사람들이 누구 이야기를 했는지 분명히 깨달았다. 묘비에는 그의 이름이 적혀 있었다.

충격 요법은 효과가 있었다.

나는 이제 더 이상 예전의 내가 아닙니다. 나는 어제와 다른 사람이 될 것입니다. 나는 진심으로 크리스마스를 존중하고 축하합니다. 나는 과거와 현재, 미래에 살겠습니다.

다음날 그는 크라칫 가족에게 큰 칠면조를 보냈고, 조카의 초대를 받아들였으며, 갑자기 모든 사람에게 친절해졌다. 가난한 사람들을 위해 돈을 기부했으며, 직원들의 월급을 올려주었다. 스크루지는 이웃 사람들을 더 잘 대우해주어야겠다고 마음먹었고, 덕분에 자신의 운명을 피할 수 있었다. 고독한 과거 및 죽음의 공포와 대면한 경험이 그를 바꾸어놓았다.

찰스 디킨스의 메시지는 분명하다. 항상 자기만 생각하고 물질적인 것을 따르는 대신, 이웃 사람들에게 더 큰 관심을 쏟아야 한다. 그러지 않으면 우리는 외롭고 버림받은 채 죽게 되고, 우리 삶은 무의미해진다는 것이다. 미국 작가 척 팔라닉이 언젠가 썼던 것처럼 "우리는 모두 죽는다. 목표는 영원한 삶이 아니라 영원히 존재하게 될 무언가를 창조하는 것이다."

고령화 연구가들은 디킨스가 동화에서 말했던 것을 인정한다. 과거로의 의식적인 시간여행이 치료효과를 보인다는 것 말이다. 자주 과거를 회상하는 사람은 가끔씩 회상하는 사람보다 더 행복하다. 향수는 자신의 정체성을 유지하고 자존감을 강화하며 부정적인 경험을 극복하는 데 도움이 된다. 이는 노인뿐만 아니라 청소년들에게도 마찬가지다.

'기억의 방'에서는
무슨 일이 벌어진 걸까
향수의 위대한 치료효과

기억은 삶이라는 앨범에서 갑자기 툭 튀어나오는 사진과 같다. 가끔은 아무것도 하지 않았는데 갑자기 기억이 떠오른다. 이를 확인하려면 오나스브뤼크에 있는 양로원의 일층 문을 열고, 어느 방에든 들어가는 것으로 충분하다. 이곳 아메오스 병원에는 정신병을 앓는 노인이 약 70명 있는데, 이 가운데 많은 사람들이 치매 환자다. 그들은 어제 한 일도 기억하지 못하고, 가장 가까운 친척 이름도 잊어버린다. 이처럼 단기 기억이 끊어지면 당사자에게 매우 큰 피해를 입히는데, 이들의 장기 기억은 때로 기막히게 작동한다.

간호 관리자인 만프레드 팀은 이를 적극 활용하기로 했다. 그는 2010년 어느 가을날 동료 직원들에게 한 가지 제안을 했다. 예전의 여성 동료 한 명이 그에게 네덜란드 심리학자가 쓴 박사 논문에 관해 이야기를 한 적이 있었는데, 향수를 불러일으키는 기억이 노인들에게 미치는 영향에 관한 것이었다. 그때 만프레드는 자기 팀에서 특별한 치료를 시도해보기로 마음을 먹었다.

팀은 병동에 1950년대 양식으로 '기억의 방'을 설치하기로 했다. 1950년대는 그가 맡고 있는 환자들이 정정하고 건강하던 시기였다. 그는 동료 직원 700명에게 물건을 기부해달라고 부탁했다. 그들은 창고나 지하실로 가 오래된 옷장과 다리미, 식탁보, 가전제품, 레코드 판을 모아왔다. 기억의 방 벽에는 무늬가 그려진 도배지를 발랐다. 식탁에는 가장자리가 금빛으로 장식된 커피잔을 올려놓았고, 소파에는 꽃무늬 쿠션을 놓아두었다.

2011년 2월 드디어 이 방이 개방됐다. 옛날 가구를 보관하던 이 창고에는 약 150개의 오래된 물건이 가득 차 있다. 가장 비싼 것은 무늬가 그려진 도배지로 약 500유로였다. 부족한 것은 기부 물품을 팔아 자금을 조달했는데, 그 중에는 1954년 독일 국가대표팀이 월드컵에서 우승했을 때 발행된 잡지 〈키커〉도 있었다. 병원은 환자를 개별적으로 치료하기 위해 이 방을 이용하고 있지만 함께 노래를 부를 때도 이용한다. 양로원 거주자들은 생일날 그 방에서 친지들과 커피를 마실 수도 있다.

병든 노인들은 이 방에 들어서면 금세 자신들의 과거 속으로 돌아간다. 만프레드 팀은 대부분의 환자에게서 나타나는 변화를 금방 알아차렸다. 어떤 환자들은 미소를 지었고, 어떤 환자들은 놀라워했다. 그런 경험을 한 다음에는 모든 환자들이 한결 더 붙임성이 생겼다.

"나는 우리에게 기억의 방이 있다는 것이 기쁩니다. 왜냐하면 때로 아주 작은 변화가 큰 효과를 가져올 수 있기 때문입니다."

이 양로원은 심리학자들이 인정한 것, 즉 향수가 사람들을 행복하게 해준다는 사실을 건축학적으로 구현해보인 것이다. 기억의 방에 관한 제안은 네덜란드 심리학자 벤 쿠푸트에게로 거슬러 올라간다. 그는 2010년 틸뷔르흐 대학교에서 박사학위 논문을 쓰면서 기억의 힘을 연구했다. 상당히 근거 있는 연구였다. 몇 년 전부터 많은 노인들이 우울증을 앓고 있었는데, 양로원 입주자의 경우 그 숫자가 4배나 더 많다는 사실이 알려졌기 때문이다. 노인들은 심리 치료를 받는 경우가 드물고, 정신적인 문제를 말하는 것을 좋아하지 않기 때문에 노인학자들은 소위 인생 회상 치료를 이용한다. 긍정적인 기억을 일깨워 노인들의 정신 건강을 개선하는 치료를 말한다. 이럴 때 향수가 큰 도움이 된다는 것을 벤 쿠푸트가 찾아낸 것이다.

그는 자신의 연구를 위해 네덜란드 양로원에 거주하는 68~98세의 노인 수십 명을 섭외했다. 모두 가벼운 우울증을 앓고 있는 것 말고는 정신적으로 건강했다. 노인들이 당황하지 않도록 먼저 실험의 진행 과정을 조용히 알려주었다. 노인들의 기분이 더 좋아지게 하기 위해 그 다음 주에는 본인들의 인생을 이야기해달라고 부탁했다. 물론 그들에게는 자신들이 두 그룹, 즉 실험군과 대조군으로 나뉘어졌다는 사실은 말하지 않았다.

첫 만남에서는 실험 참가자들에게 즐겨 듣던 노래를 기억하는지 물었다. 그 다음 주에는 그 그룹에게 노래 가사를 보여주었다. 만남이 끝날 무렵 그들에게 다른 노래를 말해달라고 했다. 그렇게 3개월 동안 노인들을 정기적으로 방문했다.

그후 실험과 관계없는 쿠푸트의 조수가 노인들의 정신적인 능력을 평가했다. 음악에 의해 유발된 향수는 확실히 효과가 있었다. 실험군의 노인들은 일상을 훨씬 더 매끄럽게 유지했다. 더 주의가 깊어졌고, 인지 테스트에서도 더 많은 점수를 얻었으며, 읽고 쓰고 계산하는 것을 더 잘했다. 이 치료는 감정적인 흔적도 남겼다. 쿠푸트는 "향수를 통해 우울증 증상과 근심이 현저히 사라졌다"고 기록했다.

기억은 삶의 안전망이다

학자들은 더 젊은 사람들에게서도 기억의 치료효과를 확인했다. 시카고 로욜라 대학교의 심리학 교수인 프레드 브라이언트는 몇 년 전 2개 전문학교 학생 180명에게 그들의 정신적 건강 상태에 대해 질문했다. 그는 또한 학생들이 얼마나 자주 정신적으로 과거에 빠지는지도 물었다. 그 결과 그들이 정신적으로 과거에 자주 빠지면 빠질수록 삶을 더 많이 즐겼다.

두 번째 연구를 위해 그는 65명의 대학생을 확보했다. 이들은 일주일에 두 차례, 10분 동안 매일 자기 인생에 관해 깊이 생각한 뒤 짧은 설문지에 답했다. 물론 브라이언트는 세 가지 다른 지시를 내렸다. A 그룹은 조용히 앉아서 심호흡을 하고 아름다운 기억을 생각하도록 했다. B 그룹 참가자들에게는 기억과 관련이 있는 물건이면 무엇이든 꺼내놓으라고 했다. C 그룹은 대조군이었다. C 그룹 구성원들에게는 현재 그들에게 중요한 것이 무엇인지 떠올리고, 이에 대해 조용히 생각하라고 했다. 이제는 여러분도 그 결과를 짐작할 수 있을 것이다. 일주일 정도 지나자 A 그룹과 B 그룹 구성원들이 훨씬 더 잘 지냈다. C 그룹 구성원들은 그렇지 않았다.

여기서 생각해야 할 것은 사람들이 현재에서 과거로 도피하는 것이 아니라 과거를 의미있게 현재와 통합시킨다는 점이다. 향수에 젖은 기억은 우리 존재에 의미를 부여한다. 그런 기억은 어딘가에서 떨어질 때 우리를 삽아수는 안전망과 같다. 그런 기억은 우리를 기분 좋게 만든다. 심지어 문자 그대로 우리 삶을 연장시켜줄 수도 있다.

수녀님은 왜
오래 사실까

감사하는 마음이 지닌 위력

1957년 캘리포니아의 뜨거운 여름 오후. 포드 자동차 한 대에 단체 여행객들이 끼여 타고 있었다. 이들은 꽤 호기심을 자극했다. 운전석에는 레드랜드 시 목사 비서인 바버라 스노든이 앉았고 그 옆과 뒷좌석에는 5명의 수녀가 비좁게 앉아 있었다. 수녀들은 자동차도, 운전면허증도 없었기 때문에 스노든이 이들을 약 2시간 거리인 샌디에이고로 태워갔다. 수녀들은 이곳 학교에서 학생들을 가르쳤다. 자동차 뒤쪽 트렁크는 원래 스노든의 애완견인 폭스테리어 스폿의 지정석이었지만, 그날은 바버라의 다섯 살 난 아들 데이비드가 쪼그려 앉아 있었다. 이 모험적인 소풍은 당시 스노든이 생각했던 것보다 훨씬 더 많이 어린 아이에게 영향을 주었을 것이다.

차 안 온도가 사막과 비슷했기 때문만은 아니었다. 하늘에서는 태양이 뜨겁게 내리쬐고, 악명 높은 산타아나 바람이 공기를 달구어 차 안은 마치 오븐 같았다. 그런데도 수녀들은 태연히 앉아 있었다. 넋을 잃고 이 단체 여행객을 쳐다보았던 다른 운전사들처럼 어린 데이비드에게도 그런 모습은 놀라웠다. 녹색 포드에 탄 창백한 수녀들과 달리 거리의 다른 여행객들은 캘리포니아 사람답게 당연히 햇볕에 그을린 모습이었고, 바람이 잘 통하는 옷을 입고 있었다.

데이비드는 이 수녀들이 외부 사람들에게는 매우 불가사의한 존재로 보일 것이라는 사실을 문득 깨달았다. 데이비드가 좀 더 곰곰이 생각해보니, 그에게도 이 수녀들이 약간 수상해보였다. 수녀들은 마치 다른 세상에서 온 것 같았다. 약 40년 후 그는 연구 프로젝트를 그 수녀들에게 헌정했다.

어릴 때 그는 체조 선수나 농부로 성공하겠다는 꿈을 갖고 있었다. 하지만 꿈이 실현되지 않은 게 더 나을 때도 있다. 데이비드 스노든은 세계에서 가장 유명한 알츠하이머 연구자 가운데 한 사람이 되었다. 동시에 수녀 전문가이기도 했다.

카롤리나 게르하르딩거의 인생 행로는 이미 젊은 시절에 결정되었다. 그녀는 1797년 6월 20일 레겐스부르크에서 태어났다. 사는 게 아주 불안하던 시절이었다. 유럽 전체가 격변하던 때로, 프랑스 혁명이 가장 큰 원인이었다. 독일 사람들도 프랑스 혁명의 영향에서 자유롭지 못했다. 신성로마제국의 제후들은 세속화 과정에서 교회의 힘을 축소시켰다. 제후들은 교회 영지와 재산을 압류했다. 수많은 수도원과 종교재단이 학교와 함께 문을 닫아야 했다. 이로 인해 국가가 채울 수 없는 교육 공백이 발생했다. 중산층과 하층민의 많은 어린이들은 교육을 접할 기회를 얻지 못했는데, 소녀들은 특히 더 그랬다.

카롤리나 게르하르딩거도 마찬가지였다. 그녀는 1803년에 학교에 들어갔지만 6년 후 지금은 레겐스부르크 시가지가 된 슈타트암호프의 노틀담 수도원이 문을 닫았다. 목사이자 나중에 레겐스부르크 주교가 된 게오르크 미하엘 비트만은 이를 가만히 보고 있지만은 않았다. 그는 언젠가 다시 수녀들을 교육시키고 양성하는 수도원을 열기로 결심했다. 이를 위해서는 사람이 필요했다. 그는 예배당 배속 목사에게 어린 소녀 세 명을 교사로 양성해달라고 부탁했다. 그 중 한명이 바로 카롤리나 게르하르딩거였다. 그녀는 12살에 교육을 받기 시작했고, 3년 후에는 학생들을 가르쳤다. 비트만은 곧 그녀의 재능을 알아보았고, 수도원과 관련된 자신의 꿈을 실현하기 위해 그녀를 선택했다. 1833년 비트만이 사망하고 몇 달 지난 뒤 게르하르딩거는 노틀담 교육수녀회의 수도회 공동체를 설립하기에 이른다.

당시 이는 대단히 용감하며 특별한 행동이었다. 계몽주의 시기를 거치면서 사회는 수도회에서 막 벗어났다. 그때 한 여성이 나타나 새로운 수녀회를 설립했다. 그렇게 그녀는 자신의 의지를 관철시켰고, 2년 후 수도서원(공인된 수도원에 입회하여 수도자가 될 것을 맹세하는 일)을 했다. 이때부터 그녀의 이름은 예수 마리아 테레지아Mary Theresa of Jesus가 되었다.

이 젊은 수녀는 금방 성공했다. 머지 않아 소수의 여성들이 그녀에게 합류했고, 1843년에는 수도원 본원을 쾰른으로 옮겼다. 그곳에서 그들은 도시와 마을을 돌아다니며 유치원과 학교, 고아원에 있는 가난한 아이들을 돌보았다. 그들의 위대한 목표는 항상 젊은 여성들을 교육하고 가르치는 것이었다.

이런 수요는 바이에른뿐만 아니라 미국에서도 있었다. 많은 독일인들이 새로운 삶을 시작하기 위해 미국으로 건너갔다. 그러나 영국인과 아일랜드인들이 먼저 도착해 이미 자리를 잡고 있었다. 그래서 독일 사람들은 가난하게 사는 경우가 많았다.

마리아 테레지아는 이를 바꾸어보기로 했다. 수도회를 설립하고 15년이 지난 1847년, 그녀는 수녀 5명과 함께 대서양을 건너 북아메리카로 갔다. 몇십 넌이 지나자 여러 주에 7개의 수도원이 생겼다. 현재는 전세계 거의 40개국에서 약 4,000명의 수녀들이 수도원을 위해 일하고 있다. 그들은 창립자의 정신적 유산을 관리하고, 무엇보다 가난한 사람과 어린이들을 도와주고 있다. 아울러 학문 발전에도 매우 귀중한 도움을 주었다. 이는 알츠하이머 연구가인 데이비드 스노든에게도 마찬가지다.

스노든은 1980년대 중반 어떤 직업을 가져야 할지 확신하지 못했다. 그는 역학疫學 분야에서 박사학위를 받았다. 개인과 사회가 어떻게 왜 건강한지, 병은 왜 드는지를 연구했다. 그는 미네소타 대학교에서 박사 논문을 쓰기 위해 루터교도의 형제애에 관한 연구에 참여했고, 암과 심장병이 알코올 소비와 연관이 있는지도 연구했다. 그후 그는 캘리포니아로 가서 재림설이 신자 그룹의 건강에 어떤 영향을 미치는지 연구했다. 미네소타로 돌아온 그는 조교수로 채용되었다.

그는 여기서 자신의 지위를 보장해줄 학문적 틈새 시장을 찾았다. 가능하면 종교적인 그룹에서 노화 과정과 건강의 관계를 계속 연구하고 싶었다. 스노든이 학창시절 수녀에게 교육을 받았기 때문이다. 그러나 처음에는 적합한 프로젝트가 떠오르지 않았다.

다행스럽게도 그는 어느 날 노라 키넌을 알게 되었다. 여성 역학자인 키넌은 스노든 학부에서 공부를 마쳤는데, 이 일은 그녀의 두 번째 경력이었다. 그 전에는 카롤리나 게르하르딩거가 세운 노틀담 교육수녀회에서 몇 년 동안 수녀로 있었다.

스노든은 키넌을 통해 연구를 시작했다. 당초 그는 한 가지 질문에 대한 답변을 찾으려고 했다. 어떤 인자가 알츠하이머 병에 걸릴 위험을 높이는가? 이 연구에 안성맞춤인 실험군이 있었다. 장기적인 연구의 경우, 학자들은 사람들의 생활 방식이 매우 다양하다는 문제에 직면하게 된다. 어떤 사람들은 담배를 피우고, 어떤 사람들은 담배를 피우지 않는다. 어떤 사람들은 때로 과음을 하고, 어떤 사람들은 술을 마시지 않는다. 어떤 사람들은 육체적으로 힘들게 일하고, 어떤 사람들은 책상에 앉아 있는다. 어떤 사람들은 돈을 많이 벌고, 어떤 사람들은 조금 번다. 이런 차이는 사람들의 삶과 건강에 영향을 줄 뿐만 아니라 연구결과에 대한 설득력을 떨어뜨린다. 따라서 수녀라는 실험군은 더할 나위 없이 좋은 집단이었다.

수녀님도 기쁘게 하는 긍정의 힘

수녀들은 아주 동질적인 집단이다. 그들은 동일한 관계를 맺고 있었고 아이도 없으며 비슷한 삶을 영위했다. 그들은 담배를 피우지 않고 술도 거의 마시지 않았으며 같은 금액의 돈을 갖고 있었고 의료적인 치료도 동일하게 받았다.

게다가 스노든에게는 믿을 수 없는 행운이 따랐다. 노틀담 교육수녀회에 소속되어 있는 75~102세 사이의 수녀 678명이 동참하기로 한 것이다. 일년에 한 번 신체검사와 징신검사를 받기로 했고, 연구를 위해 사후에 자신들의 뇌를 기증하는 데 동의했다. 다른 한편으로 스노든은 학문적인 보물을 만났다.

1930년 9월 22일, 북아메리카 수녀원장이 수녀들에게 편지를 보냈다. 이 편지에서 수녀원장은 젊은 수녀들에게 지금까지의 삶을 편지지에 요약해달라고 청했다. 출생지와 부모, 학교 교육, 어린시절의 재미있었던 경험, 수도원에 오게 된 이유를 200~300단어로 써달라고 한 것이다. 이렇게 손으로 쓴 자서전 180편은 지금도 남아 있다.

편지 작성 지침은 비교적 중립적이었지만 그럼에도 내용에는 상당한 차이가 나타났다. 한 수녀는 다음과 같이 썼다.

나는 1909년 9월 26일 일곱 명 중 첫째로 태어났다. 수녀 생활을 시작한 첫 해에 나는 화학과 라틴어를 가르쳤다. 별다른 일이 없다면 나는 종교를 전파하고 나 자신을 성화하기 위해, 그리고 수도원을 위해 최선을 다할 것이다.

그런가 하면 또 다른 수녀는 다음과 같이 자신을 설명했다.

신은 처음부터 나에게 호의를 갖고 있었다. 공부를 시작한 첫 해에 나는 매우 행복했다. 지금은 성모 마리아의 은총과 신의 사랑으로 가득한 삶을 기쁜 마음으로 기다리고 있다.

여러분도 이미 알고 있듯이 두 편지는 매우 짧지만, 완전히 다른 감정을 전달하고 있다. 한 수녀는 무미건조하게 중립적으로 표현했고 또 다른 수녀는 행복하게, 거의 과장되게 자기를 표현했다.

스노든은 모든 편지에서 이런 차이를 발견했다. 그는 이 일과 전혀 관계없는 동료 직원 두 명에게 자서전 편지를 건네주었다. 그들에게 사랑과 희망, 기쁨과 행복 그리고 두려움, 분노, 창피, 슬픔과 같이 긍정적인 감정과 부정적인 감정을 표현하는 특정한 키워드에 따라 편지를 꼼꼼히 조사하도록 했다. 지난한 작업 끝에 동료 직원들은 약 9만 단어에서 감정을 표현하는 1,598단어를 걸러냈다. 84퍼센트는 긍정적이었고 14퍼센트는 부정적이었으며 나머지는 중립적이었다.

그 다음 스노든은 어떤 수녀가 아직 생존해 있는지 또는 몇 살에 사망했는지를 분석했다. 믿을 수 없게도 20대 초반에 쓴 자서전의 표현 방식과 수명 사이에는 분명한 관련이 있었다. 긍정적인 단어를 가장 적게 사용한 그룹의 수명은 평균 86.6세였다. 이와 달리 긍정적인 단어를 가장 많이 사용한 그룹은 평균 93.5세였다. 약 7년의 차이다.

그것이 전부가 아니었다. 90살의 나이에 땅에 묻힐 가능성은 긍정적인 그룹이 38퍼센트였고, 부정적인 그룹은 70퍼센트였다. 젊은 성인들의 긍정적인 인생관이 평균 수명을 훨씬 늘린 셈이다.

하지만 좋은 감정 하나가 수명을 늘렸다고 단정할 수는 없다. 세 번째 변수가 있을 수 있다. 아마 기분이 좋은 수녀들은 체중이 많이 나가지 않았거나 그저 유전자가 좋았을 수도 있다. 동시에 실험 참가자들은 모두 여성이었기에 남성들에게 적용할 만한 결과는 아니다.

그럼에도 불구하고 일련의 연구는 긍정적인 사람들이 부정적인 사람보다 더 오래 산다는 것을 시사한다. 기쁨, 행복, 만족의 상황이 호흡과 소화, 신진대사를 제어하는 자율신경계에 도움을 주는 것 같다. "지나간 삶을 즐길 수 있는 사람은 두 번 사는 것과 같다"라고 로마 시인 마르티알리스는 말했다. 과거에 대해서도 긍정적인 시각을 가지면 행복해지고 만족스러움을 느낄 뿐만 아니라 감사하는 마음도 생긴다. 이런 마음은 우리의 건강을 증진시킨다.

실제로 몇 년 전 심리학자인 로버트 에몬스와 마이클 맥컬러프가 이를 발견했다. 학기가 시작된 직후 그들은 200여 명의 학생을 세 그룹으로 나누었다. A 그룹에게는 "크든 작든, 우리가 감사할 수 있는 일이 많습니다. 지난 주 당신의 삶에서 감사할 일을 최대 다섯 가지 쓰십시오."라고 적힌 쪽지를 주었다. 겸손한 학생들은 이렇게 쓰기도 했다. "아침에 깨어나는 것." 다른 사람들은 친구들의 대범함, 대단한 부모, 좋아하는 밴드에 대해 감사했다.

B 그룹에게는 다른 내용이 주어졌다. "직업에서든 사생활에서든 건강 문제든 아니면 돈 문제든 일상적인 스트레스는 기분 나쁘고 신경을 건드립니다. 지난 주 당신의 신경에 거슬렸던 일을 최대 다섯 가지 적으십시오." 예상대로 실험 대상자들에게 몇 가지가 떠올랐다. 어떤 사람은 주차 장소를 찾는 것 때문에 신경질이 났고, 어떤 사람은 돈이 없는 계좌를 걱정했으며, 또 어떤 사람은 공부 때문에 스트레스를 받았다.

C 그룹 학생들에게는 지난 주 겪었던 일상적인 경험 즉 청소, 비행, 대화 등 다섯 가지를 생각하게 했다. 또 모든 학생들에게 약 3개월 동안 일기를 쓰게 했다. 일기에 그들의 육체적·정신적인 상태는 물론 운동을 얼마나 하고, 생활을 어떻게 평가하는지를 기록하도록 했다.

심리학자들은 모든 자료를 평가해 다음과 같은 사실을 밝혀냈다. A 그룹 학생들은 전반적으로 훨씬 더 자신들의 생활에 만족하고 낙

감사하는 마음은 우리를 더 건강하고 행복하게 만들며, 심지어 수명까지 연장시킨 다. "지나간 삶을 즐길 수 있는 사람은 삶을 두 번 사는 것과 같다"라는 마르티알리 스의 경구는 향수의 심리적 가치뿐 아니라 물리적 효능 차원에서도 적절한 말이다.

천적이었다. 나아가 그들은 육체적으로 상태가 더 좋다고 느끼고, 운동도 더 많이 했다.

에몬스와 맥컬러프는 자신들의 연구를 반복했다. 이번에는 유전적인 희귀 신경근 질환을 앓는 사람들이 대상이었다. 따라서 22~77세의 지원자들은 운명과 맞서 싸울 이유가 있었다. 그러나 결과는 같았다. '감사하는 마음을 갖고 있는' 그룹이 더 만족하고 낙천적이었으며 다른 사람들과 함께 보내는 시간을 더 많이 즐겼다. 이것이 끝이 아니었다. 그들은 더 오래, 더 깊이 잠을 잤고 고통도 덜 느꼈다.

감사하다는 생각만 해도

이 연구는 '감사한다는 것'이 얼마나 중요한지를 보여주는 인상적인 증거다. 그런데 감사하는 마음은 향수를 통해 증대된다. 원래 과거는 대부분 더 밝게 빛나고, 현재와 미래는 우리에게 때로 기쁨을 주지 못하며, 심지어 근심을 안기기도 한다. 다시 말해 의식적으로 유발되든 무의식적으로 유발되든 향수는 우리를 행복하게 한다.

모든 사람이 과거를 긍정적으로만 회상하는 것은 아니다. 누군가는 후회로 괴로워하고, 누군가는 심각한 충격과 상처의 기억으로 몸부림친다. 그럼에도 불구하고 모든 사람의 머릿속에는 아름다운 기억이 들어 있다. 장담한다. 당신이 이런 기억을 일깨우기가 어렵다면 향수를 불러일으키는 몇 가지 팁이 도움이 될 것이다('간단한 향수 훈련' 표 참고). 약속하건대, 당신은 훨씬 더 잘 지내게 될 것이다.

간단한 향수 훈련

1. 최소한 아름다운 기억 다섯 가지를 적으세요.

2. 그리고 조용히 그 기억을 회상하세요.

3. 젊은 시절에 좋아하던 영화도 좋고요.

4. 그 당시 좋아하던 시리즈 DVD를 보세요.

5. 당신이 가장 좋아하는 아동 도서를 읽으십시오.

6. 당신이 예전에 좋아하던 음식을 만들어보세요.

7. 당신이 좋아하던 음악을 들어보세요.

8. 유튜브에서 옛날 방송의 클립을 찾아보세요.

9. 구글에서 예전 동창생을 찾아보세요.

10. 젊은 시절의 연인도 검색해보세요.

11. 또는 예전 신생님과 드레이니를 찾아보세요.

12. 나아가 그들과 만날 약속을 하세요.

13. 좋아하던 향수를 구입하세요.

14. 부모님이 생존해 계시면, 함께 한 휴가에 대해 물어보세요.

15. 오래된 사진 앨범을 뒤적여보세요.

16. 상자에서 일기장과 성적표, 연애편지를 찾아보세요.

17. 벼룩시장에 가보세요.

18. 당신이 다니던 학교에 들러보세요

19. 예전에 다니던 유치원에도 가보세요.

20. 또는 당신이 자란 집을 찾아가보세요.

물론 이 목록이 완벽한 것은 아니다. 당신이 향수에 젖어 상상하는 데는 한계가 없다. 중요한 것은 이것이 당신을 행복하게 해주고, 미소짓게 만든다는 사실이다. 단 몇 초 동안일지라도, 전혀 없는 것보다는 낫다. 그러나 어떤 기억은 당신에게 고통을 주고 슬프게 하며 눈물을 흘리게 할 수도 있다. 향수는 항상 다시 오지 않는 순간과 관련이 있으므로. 향수는, 기억과 망각 사이에 뒤섞인 무언가를 찾는 일이다.

우리는 향수에 젖지 않고도 기억할 수 있다. 그러나 기억하지 않고 향수에 젖을 수는 없다. 왜 그런지 그리고 이것이 우리 뇌에 관해 무엇을 말해주는지는 잠시 후 살펴본다. 이를 위해 우리는 심리학자와 정신과 의사, 노인 연구가들의 실험실에서 벗어나 프랑스로 떠나야 한다. 전 시대를 통틀어 가장 유명한 작가 가운데 한 명이며 동시에 가장 위대한 향수병 환자 가운데 한 명인 그 남자에게로.

빈센트 반 고흐, 첫걸음(The First Step), 1889

3장

기억의 과학, 향수의 마법

향수가 얼굴, 대화, 장소, 물건, 냄새, 소리 가운데 어떤 것에 의해 유발되든
아름다운 기억이라고 해서 꼭 완벽한 것은 아니다. 그 기억이 사실인지도 확
신할 수 없다. 우리 기억력은 때로 원하는 대로 기억한다. 그러나 그것도 그
렇게 나쁘지만은 않다.

프루스트의 마들렌에서
얻은 영감

불현듯 떠오르는 기억의 효험

　　그는 한기를 느꼈다. 문 밖은 아직 한겨울이었고, 기분은 왠지 나빴다. 어머니는 아들의 기분을 바꿔주려고 그에게 차를 한 잔 건넸다. 차를 마시고 싶지 않아 처음에는 거절했지만 곧 생각을 바꾸었다. 어머니는 차와 함께 달걀, 버터, 밀가루, 설탕으로 만든 달콤한 쿠키 마들렌을 내놓았다. 그는 숟가락으로 차 한 모금을 뜬 다음 마들렌 한 조각을 올려놓고 입에 넣었다.

　그때 그 일이 일어났다. 차가 스며든 쿠키가 입천장을 건드리자 그는 깜짝 놀라 몸을 움츠렸다. 무언가에 홀린 것 같았다. 행복감이 온몸을 관통했다. 갑자기 옛 기억이 떠올랐기 때문이다. 레오니 숙모가 보리수꽃 차에 마들렌을 적셔주던 그 기억이었다. 그 집이 있던 도시에 대한 기억과, 거리와 길에 대한 기억과, 정원에 있던 꽃에 대한 기억과, 물 위에 떠 있던 수련에 대한 기억이 차 한 잔과 마들렌 한 조각 때문에 또렷하게 나타났다.

마르셀 프루스트의 유명한 소설 《잃어버린 시간을 찾아서》에 나오는 한 장면이다. 다른 많은 문학작품처럼 이 소설도 작가의 전기와 관련이 있다. 일인칭 화자가 마르셀이기 때문만은 아니다. 프루스트가 작품 안에서 때로는 많이, 때로는 적게 단서를 붙여가며 자기의 삶을 재가공했기 때문이다.

그의 부모는 부유했다. 아버지 아드리엔은 유명한 의대 교수였고, 어머니 잔은 은행가 가문의 후손이었다. 일찍이 마르셀이 재정적으로든 도덕적으로든 부모에게 의존하게 될 것이라는 점만은 확실했다. 그는 어릴 때부터 천식과 알레르기를 앓았다. 법학 공부를 마쳤지만 돈은 벌지 못했다. 몸이 약해 계속 침대에 누워 안정을 취할 수밖에 없었던 것이다. 침대에서 그는 대단한 열정으로 사색과 글쓰기에 전념했다. 그에게 시간은 충분했다.

환자인 그는 감수성이 강했고, 그의 본성이 이런 감수성을 더욱 부추겼다. 프루스트는 관찰하는 특별한 재능을 갖고 있었다. 그가 그렇게 숭배했던 어머니에 대한 사랑도 특별했다. 프루스트는 하루 종일 누워 어머니의 굿나잇 키스를 기다렸다. 어머니가 저녁에 그와 작별하고 방에서 나간 후, 프루스트는 종종 어머니에게 쓴 짧은 편지를 하인들을 시켜 일층으로 보냈다. 프루스트는 정이 많은 응석받이였다. 따라서 어머니의 죽음이 그를 변화시킨 건 그리 놀라운 일이 아니다. 이런 변화는 결국 독일어 번역본으로는 4,000페이지가 넘는 7권의 책 집필에 영향을 주었다.

첫 번째 책을 출판하기 8년 전 프루스트는 요양원으로 들어갔다. 그는 오늘날에는 만성피로증후군으로 분류되는 심리적 장애인 신경쇠약증 치료를 받으려 했다. 그의 담당의사는 프랑스 신경과 전문의 폴 졸리어였다. 그의 특기는 환자들이 병원에 도착하면 먼저 격리하는 것이었다. 환자들이 접촉했던 유일한 사람은 졸리어뿐이었다. 졸리어는 치료 속도를 높이기 위해 어느 정도까지는 환자들이 생각을 하도록 내버려두었다.

프루스트는 본래 자신에 대해 많은 이야기를 들려주었지만 요양원에 머문 사실에 대해서는 거의 언급하지 않았다. 그럼에도 불구하고 졸리어의 치료는 그에게 엄청난 영향을 미쳤다. 작품에서 '비자발적 자서진적 기억'으로 알려진 현상을 기술해놓은 깃을 보면 알 수 있다.

비자발적 기억은 어떻게 나타나는가

그 기억은, 누군가를 생각나게 하는 노래를 라디오에서 들을 때처럼 우연히 다시 나타나는 우리의 과거 경험이다. 우리가 지각하는 냄새와 음식 맛, 거리에서 만나는 어떤 얼굴, 어떤 물건의 모습 또는 어떤 장소로의 방문, 이 모든 것이 기억을 불러일으킬 수 있다. 아울러 향수도 불러일으킨다.

몇 년 전만 해도 정신과 의사들은 외상 후 스트레스 장애를 치료하기 위해 이런 현상에 전념했다. 그러나 심리학자들은 비자발적 기억은 예외가 아니라 규칙이라고 확신했다. 비자발적 기억은 심리 문제의 징후가 아니라 정신적 건강을 알려주는 신호다. 그것은 걱정해야 할 원인이 아니라 기뻐해야 할 이유다. 이것이 바로 마르셀 프루스트의 책에서 만날 수 있는 인식이다. 7권에서 그는 총 1,200번, '도망자들'이라는 제목의 제6부에서는 페이지마다 한 번 이상 기억을 언급했다. 물론 마들렌 장면이 가장 유명한 대목이지만 말이다.

앞의 이야기로 돌아가보자. 화자가 다시 의식하는 어린시절은 전혀 유쾌하지 않았다. 그럼에도 불구하고 기억은 그를 행복하게 했다.

갑자기 나에게는 인생의 부침이 중요하지 않아졌다. 인생의 파국은 해롭지 않은 불행일 뿐이었으며 인생의 짧음은 우리 감각의 단순한 착각이었다. 나는 내 자신이 평범하며 우연의 결과라는 것을 잘 알지만 덧없다고 느끼는 것도 그만두었다

화자가 느끼는 즐거움은 마들렌의 맛이나 음료수의 향기 때문이 아니다. 이 두 가지 감각이 불러일으키는 기억 때문이다.

동시에 그는 마음을 빼앗겼다. 이런 엄청난 즐거움이 어디에서 왔을까? 이 즐거움은 어디에 있었을까? 이 즐거움은 어떤 의미였을까?

나는 어디에서 이런 즐거움을 얻을 수 있었을까?

이제 학자들은 이 질문에 답할 수 있게 되었다. 학자들은 연구를 통해 향수의 현상을 설명할 수 있게 되었고, 우리 뇌가 어떻게 작동하는지에 관해서도 많은 것을 알려준다.

매우 흥미로운 사실은 성인의 뇌가 약 1500그램으로 전체 체중의 2퍼센트밖에 안 된다는 것이다. 그럼에도 불구하고 우리가 살아가는 것은 전적으로 뇌 덕분이다. 뇌는 우리가 무언가를 먹거나 마시면 이를 기억하고, 우리 행동을 조종하며, 사고를 제어한다.

그뿐 아니라 뇌는 데이터와 사실, 경험을 저장한다. 우리 조상들도 뇌를 통해 어떤 먹을거리에 독이 있고 어떤 동물이 치명적이며 어떤 장소가 위험한지를 기억해야 살아남을 수 있었다. 조상들은 냄새를 통해 누가 어디에 자기 영역 표시를 해놓았는지 알았고, 제대로 된 파트너를 찾아냈다. 그래서 진화심리학자들은 우리 뇌가 후각 기억과 공간 기억으로 진화되었다고 말한다.

체중의 2퍼센트에 불과한 뇌의 파워

수천 년 전부터 뇌 안에서 정확하게 어떤 일이 일어나는지에 대한 궁금증은 사람들을 매료시켰다. 고고학자들은 7,000여 년 전의 두개골을 발견했는데, 이 두개골에는 '개공술(살아 있는 사람의 두개골에 구멍을 뚫는 것)' 흔적이 보였다. 사람을 죽이기 위해서가 아니라 치료하기 위해서였다. 아마도 선사시대 외과의사들은 이렇게 해서 두통이나 심리적인 장애를 완화하려 한 것 같다. 말 그대로 머리에서 악령을 쫓아내려고 했던 것이다.

그러나 오랫동안 사람들은 우리 의식과 사고가 머리에 있는 것이 아니라 가슴에 있다고 믿었다. 고대 그리스 철학자 아리스토텔레스도 그렇게 생각했다. 아리스토텔레스에게 뇌는 가슴이 과열됐을 때 피를 냉각시키는 일종의 환기장치일 뿐이었다.

기원 후 약 130년에서 200년 사이에 살았던 그리스 의사 갈레노스는 훨씬 더 현실적인 인식을 갖고 있었다. 그는 많은 검투사를 치료하면서 뇌에 부상을 입은 모습을 아주 가까이에서 관찰할 수 있었다. 물론 그는 동물에 대해서도, 그 중 특히 양에 몰두했다. 살아 있는 양의 몸에서 뇌를 적출하기도 했다. 그는 양이 단단한 소뇌cerebellum와 반죽처럼 부드러운 대뇌cerebrum를 갖고 있다는 사실을 밝혀냈다. 갈레노스는 대뇌가 감각 지각을 받아들이고 기억을 저장한다고 생각했다. 후계자들도 그의 생각에 동의했다.

18세기 말이 되어서야 학자들은 인간의 생체 구조를 온전히 파악했다. 이때부터 사람들은 중추신경계를 두 부분, 즉 대뇌와 척수로 세분했다. 또 연구자들은 뇌의 모든 표면에는 비슷한 주름과 나선형 융기가 자리잡고 있다는 것을 밝혀냈다. 대뇌는 여러 가지 '엽葉'으로 세분되어 있으며 어떤 부위가 어떤 일을 담당하는지, 이런 부위들이 서로 어떻게 협력하는지를 알 수 있는 토대가 되었다.

수백 년 동안 해부학자들이 뇌를 연구할 수 있는 길은 하나밖에 없었다. 그들은 뇌를 머리에서 제거해 이를 조각으로 잘랐다. 이런 방법은 뇌의 기능에 대해 많은 것을 알게 해준다는 장점이 있었지만 단점도 있었다. 연구 대상이 실험 후에 살아남을 수 없기 때문이다. 그러나 지난 수십 년 동안 뇌 연구는 신기술 덕분에 괄목할 만한 발전을 이뤘다. 이 신기술로 혁명적인 지식을 얻을 수 있었고 실험 대상이 죽지 않아도 되었다.

이런 연구의 선구자 가운데 독일 철학자이며 심리학자인 헤르만 에빙하우스라는 사람이 있다. 1885년 대학교수 자격을 취득하는 과정에서 그는 호기심을 불러일으키는 실험을 했다. 그는 자음 두 개와 모음 하나를 이용해 'fev'와 'muw' 'piz'처럼 의미 없는 낱말 2,300개를 만들었다. 그 다음 에빙하우스는 이 낱말을 암기하려 했다. 이 과정에서 그는 깨달았다. 배우고 질문하는 사이에 시간이 지나면 지날수록 결과가 더 나빠진 것이다. 20분이 지나자 그는 낱말의 40퍼센트를 기억하지 못했고, 하루가 지나자 66퍼센트를 잊어버렸다. 특히 초반에 그는 매우 많이 잊어버렸다.

그는 이러한 정신적인 쇠퇴를 상세히 묘사했고, 그 결과 에빙하우스의 망각곡선이 등장했다. 지금은 진부하게 들릴지 모르지만, 정상적인 경우 시간이 지나면 지날수록 기억을 더 못한다는 사실을 경험적으로 보여준 최초의 학자가 바로 에빙하우스다. 그는 우리가 어떤 사물을 자주 접하면 접할수록 그것을 더 잘 기억한다는 사실도 증명했다. 뿐만 아니라 기억 능력을 객관적으로 연구할 수 있다는 것도 증명했다.

그런데 그가 교수 자격 취득 논문에서 세 종류의 기억을 구분했다는 것은 별로 알려지지 않았다. 떠오르지 않은 채 의식에 뿌리를 내리고 있는 무의식적인 기억과 우리가 언제든지 불러올 수 있는 자발적 기억 그리고 비자발적 기억을 두고 하는 말이다. 논문에서 그는 비자발적 기억을 다음과 같이 설명했다.

예전에 의식하고 있었던 상태가 의지의 도움 없이 몇 년 후에 표면상으로 저절로 다시 의식되며, 이런 상태는 자기도 모르는 사이에 재생된다. 자세히 관찰해보면 알 수 있듯이 이런 비자발적 재생은 우연하게 제멋대로 일어나는 게 아니다. 이러한 재생은 현재의 다른 심리적 구조에 의해 유발된다.

에빙하우스가 쓴 논문은 130년이나 지났지만 그의 가정은 지금도 유효하다. 그의 후계자들이 이런 심리적인 구조에 대해 많은 것을 찾아냈기 때문이다. 또한 그들은 기억에 관한 지식을 엄청나게 증가시켰을 뿐만 아니라 향수에 대한 신경학적인 기초도 발견했다. 이 모든 것은 미국 간질병 환자에게서 시작되었다.

"나는 기억을
못합니다"

과학사를 바꾼 한 남자의 불행

헨리 몰래슨은 9살 때 자전거를 타는 사람과 충돌했다. 몰래슨은 충돌 후 5분 동안 의식을 잃었다. 오래 지속된 장애가 이 사고 때문에 생겼는지는 확실히 밝혀지지 않았다. 분명한 것은 몰래슨이 사고 일년 후 간질성 발작을 일으켰다는 사실이다. 갑자기 엄습한 이 발작은 40초간 지속되었다. 그는 입을 벌리고 눈을 감은 채 팔다리를 꼬고 혀를 깨물었으며 오줌을 싸다가 의식을 잃었다.

그는 학교를 제대로 마칠 수도 없었다. 나중에는 한동안 컨베이어 벨트 앞에서 일했다. 그의 담당의사인 신경외과의 윌리엄 스코빌이 약 복용량을 계속 늘렸지만 발작은 점점 더 자주 일어났고 상태도 더 악화됐다. 이런 상황에서 일을 하는 것은 물론 정상적인 삶을 영위하는 것조차 불가능했다. 다른 해결책이 없었다. 결국 담당의사 스코빌은 치명적인 결정을 내렸다.

1953년 9월 1일, 그는 27세의 몰래슨을 마취시킨 후 두개골에 구멍 두 개를 뚫어 뇌 일부를 제거했다. 그 부분에 경련의 원인이 있다고 추측했기 때문이다. 이와 관련해 자기가 옳았음을 증명해야 했던 스코빌은 이러한 치료가 극적인 결과를 가져올 것이라고는 전혀 예상하지 못했다.

스코빌은 처음에는 낙관적이었다. 수술 경과가 좋은 것 같았다. 몰래슨은 약간 몽롱한 상태이긴 했지만 잘 회복됐다. 간질성 발작도 줄어들었다. 그러나 왠지 정상은 아닌 듯했다. 스코빌도 그 이상 자세한 것을 몰랐기에 동료인 와일더 펜필드와 의논했다. 펜필드의 젊은 여성 동료인 브렌다 밀너는 몇 년 전 박사 논문을 쓰기 위해, 뇌 수술을 받은 후 같은 변화를 보인 사람들을 연구한 적이 있었다. 얼마 후 밀너는 유명한 외과의사인 스코빌을 만났다. 그것은 과학사에 기록될 만한 만남이었다. 기억에 대한 우리의 이해를 영원히 바꾸어놓은 협력의 시작이었다.

밀너는 먼저 몰래슨을 연구했다. 몰래슨은 어떤 경우에는 그럭저럭, 또 어떤 경우에는 매우 잘 행동했다. 예를 들면 IQ 테스트에서 그는 112를 받았다. 수술 전에는 104밖에 되지 않았다. 그러나 밀너는 그의 기억이 아주 많이 손상되었다는 것을 밝혀냈다. 첫 번째 연구 직전 몰래슨은 의사와 이야기를 나눈 적이 있었다. 그런데 몇 분 후 그 대화를 싹 잊어버렸다. "그가 새로운 과제에 열중하면 이전 과제를 금세 기억하지 못했고, 한 테스트를 두 번 반복해 마쳤을 때에도 이를 알아차리지 못했다"는 게 스코빌과 밀너의 논문 기록이다. 나아가 그는 여전히 자신이 수술한 해인 1953년에 살고 있다고 생각했다. 그는 반복적으로 꿈에서 깨어나는 것 같다고 자신의 상태를 설명했다. "하루 하루가 연결되지 않아요."

날마다 처음 만나는 남자

몰래슨의 운명은 신경과학 연구의 전환점이 되었다. 사실 이전의 연구자들은 우리 기억이 뇌 안의 여러 공간에 보관된다고 가정했다. 이런 가정은 미국 심리학자 칼 래슐리에게서 나왔다. 래슐리는 1920년대에 실험실에서 쥐에게 특정한 과제를 내주었다. 학자들이 많은 실험에서 쥐를 이용한 이유는 쥐의 뇌가 인간의 뇌와 유사하기 때문이다. 래슐리는 쥐가 미로를 돌아다니며 먹이를 찾도록 했다. 쥐는 훈련을 하면 할수록 먹이를 더 빨리 발견했다.

그 다음 래슐리는 쥐 뇌의 여러 부분을 제거한 뒤 다시 우리 안으로 들여보냈다. 그런데 래슐리가 뇌 조직을 많이 제거하면 할수록 쥐의 기억 능력이 점점 더 나빠졌다는 사실이 눈에 띄었다. 어떤 부분을 잘라내는지는 전혀 상관없는 것 같았다. 이런 실험을 통해 래슐리는 기억이 뇌 전체에 분포되어 있다고 추론했다.

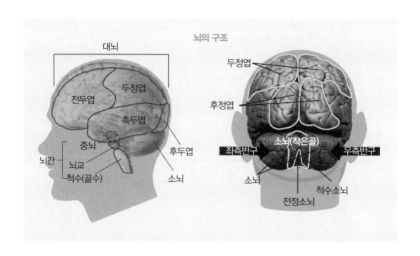

뇌의 구조

대뇌

두정엽

전두엽

측두엽

중뇌

뇌간

뇌교

척수(골수)

후두엽

소뇌

두정엽

후정엽

소뇌(작은골)

좌측반구

우측반구

소뇌

전정소뇌

척수소뇌

그러나 헨리 몰래슨의 경우는 이런 가정과 모순되었다. 스코빌은 몰래슨 뇌의 아주 일부만 제거했기 때문이다. 이때 제거한 부분이 새로운 기억을 만들어내는 기능, 다시 말해 수술 후 잃어버린 그 능력을 관장하는 것 같았다.

신경과학자들은 우리 뇌를 세 가지 주요 부분으로 분류한다. 첫 번째는 '뇌간'이다. 간단히 말하면 뇌간은 머리 깊은 곳에 위치해 있으며, 뇌간 아래에서 척수가 시작된다. 뇌간은 중추신경계와 연결되는 일종의 고리다. 뇌간은 호흡과 삼키는 기능 또는 소화, 체온, 의식 등 기본적인 기능을 제어한다.

두 번째 부분은 '소뇌'다. 소뇌는 두개골 뒤쪽 아래 부분에 있으며, 우리가 연필을 잡고 공을 던지고 피아노를 칠 때를 망라해 운동을 제어한다.

그 다음은 '대뇌'다. 대뇌는 두 개의 반구로 구성되어 있으며, 각 반구에는 네 개의 영역이 있는데, 이를 '뇌엽'이라 부른다. 뇌엽은 독자적으로 일을 하지는 않지만 각각의 뇌엽은 다른 뇌엽보다 특정한 작업에 더 많이 참여한다. 전두엽이라고도 하는 '이마엽'은 이마 바로 뒤에서 시작된다. 이마엽에는 전전두피질이 있는데 계획하고 결정하며 행동하는 것을 담당한다. 그 뒤에 두정엽이 위치한다. 두정엽은 접촉과 통증, 열 또는 냉기 같은 감각을 처리한다. 뒷머리에는 후두엽이 있어, 색깔과 형태 및 움직임 같은 시각 정보를 다룬다.

그러나 무엇보다 우리 귀 가까이에 있는 측두엽이 대부분의 과제를 담당한다. 이 측두엽 때문에 듣고 냄새 맡고 말할 수 있으며 정보도 저장할 수 있다. 1953년 윌리엄 스코빌이 수술을 하면서 측두엽에 메스를 댔을 때만 해도 이런 사실은 알려져 있지 않았다.

뇌는 어떻게 기억을 저장할까

이전 수술에서 스코빌은 간질 환자에게서 측두엽 일부를 제거해 발작을 줄였다. 그래서 헨리 몰래슨도 똑같은 수술을 통해 중앙 측두엽을 8센티미터 잘라냈다. 여기서 잠깐 설명이 필요할 것 같다.

당신이 위쪽에서 자신의 뇌를 내려다본다고 가정해보자. 당신은 정확히 중간에서 수직선을 긋는다. 과학자들은 수직선 근처에 있는 것을 모두 중앙medial이라 부르고, 수직선에서 벗어난 구조를 측면

lateral이라고 한다. 또 오른쪽은 왼쪽의 거울상이라는 것을 알아야 한다. 말하자면 우리 뇌는 거의 모든 것이 똑같이 이중으로 존재한다. 그래서 스코빌은 몰래슨의 측두엽 양쪽에서 작은 부분을 제거했다. 이를 통해 환자는 실제로 어느 정도 자유를 얻었다. 발작이 줄었기 때문이다. 그러나 동시에 그는 중요한 능력을 잃어버렸다.

중대한 결과를 낳은 이 수술 후에 수많은 연구논문이 발표되었는데, 이런 논문을 위해 몰래슨은 기꺼이 자신의 몸을 내맡겼다. 그는 아주 정상적인 사고능력을 보였다. 이야기를 나누었고, 일련의 숫자를 암기할 수도 있었다. 한 실험에서 브렌다 밀너는 그에게 오각형 별을 보여주었다. 물론 몰래슨은 이 별을 거울 속에서만 보았다. 그런 다음 밀너는 그에게 연필로 스케치를 하게 했다. 처음 이렇게 하는 것은 건강한 사람도 쉽지 않다. 헨리 몰래슨도 마찬가지였다. 그러나 회를 거듭할수록 그는 점점 더 좋아졌다. 3일 후 그는 별을 비슷하게 따라 그릴 수 있었다. 물론 그는 이 과제를 자신이 이미 해결했다는 사실을 다시 잊어버렸지만.

그래도 그는 어린시절의 많은 경험은 기억하고 있었다. 다만 더 이상 새로운 기억을 머리에 새길 수는 없었다. 공식적인 진단은 몰래슨이 '순행성 기억상실증'을 앓고 있다는 것이었다. 수술 후 그는 건강을 되찾았다. 그러나 시간에 대한 감각을 잃어버렸다.

지난 수십 년간 그와 함께 일한 과학자들은 그에게 매우 고마워한다. 언젠가 브렌다 밀너는 "그는 우리의 과제를 항상 기꺼이 처리해준 인내심이 아주 강한 사람이었다"고 말했다. 그녀는 "그러나 그를 만날 때마다 우리는 단 한 번도 만난 적이 없는 사이 같았다"고 술회했다. 헨리 몰래슨은 2008년 12월 어느 오후, 82살의 나이로 요양원에서 사망했다. 그러나 그는 과학자들의 기억 속에 오래도록 남아 있을 것이다. 몰래슨은 사후 자신의 뇌를 기증했다. 그의 뇌는 현재 샌디에이고의 한 실험실에 있다.

몰래슨의 비극적인 사례를 통해 신경학자들은 두 가지 지식을 얻었다. 측두엽이 없으면 새로운 기억을 저장하는 것이 불가능하다. 그리고 말 그대로 기억은 다른 능력과 구분되는 특별한 뇌기능이다.

그렇다면 우리 뇌는 왜, 어떤 경험을 저장하는 것일까? 우리가 의식적으로 아무것도 하지 않았는데도 어떤 경험이 떠오르는 이유는 무엇일까? 이때 우리 감정은 어떤 역할을 할까? 이미 1890년 미국 심리학의 원조인 윌리엄 제임스는 이렇게 쓴 적이 있다.

"인상은 뇌 조직에 상처를 남길 정도로 감정적으로 아주 자극적일 수 있다."

아마 그는 자신의 후계자들이 지난 수십 년간 이런 인상과 상처에 관해 많은 것을 발견했다는 사실에 기뻐할 것이다. 이런 인식은 무엇보다 바다 동물과 핵을 연상시키는 이름의 뇌 부위 두 곳과 관계가 있다.

기억장치가
작동되는 과정

뇌 속 해마와 편도체가 하는 일들

존경하는 맥고 선생님,

제가 선생님께 편지를 쓰는 이유를 설명드리고 싶어요. 선생님께서 저를 도와주셨으면 합니다. 저는 현재 34살인데요. 11살 때부터의 과거를 죄다 기억하는 믿을 수 없는 능력이 있습니다. 저는 1967년 어린 아이일 때 요람에 누워 있던 것도 기억이 납니다. 저는 1974년부터 오늘까지 아무 날짜나 선택해도 그 날이 무슨 요일이었고 내가 무엇을 했으며 어떤 중요한 일이 있었는지 선생님께 말씀드릴 수 있어요. 그러기 위해 달력을 보거나 일기장을 읽을 필요도 없습니다. 그래서 견딜 수가 없습니다. 이것이 저를 지치게 만듭니다.

누군가는 나를 인간 달력이라고 부르고, 또 누군가는 놀라서 외면합니다. 많은 사람들은 이러한 제 특성을 신기해하면서 나를 이겨보기 위해 나에게 아무 날짜나 툭 던지곤 합니다. 그러나 지금까지 나를 이긴 사람은 아무도 없어요.

사람들은 그것을 재능이라 생각하지만, 저에게는 짐입니다. 매일 내 삶 전체가 정신적인 눈 앞에서 생생하게 펼쳐집니다. 그것이 나를 미치게 합니다

미국 여성인 질 프라이스는 몇 년 전 제임스 맥고에게 이런 편지를 보냈다. 신경생물학자인 맥고는 세계에서 가장 유명한 뇌 연구가 가운데 한 사람이다. 어릴 때 그는 자주 연극에 참가했는데, 그 당시 연극 대사와 시를 외울 수 있는 이유를 스스로에게 물어보곤 했다. 그가 앞으로 걸어가야 할 이력의 출발이었다.

맥고는 직업생활 전체를 기억력 연구에 바쳤다. 이런 경력은 벌써 반 세기 이상 지속되었다. 그는 1953년에 심리학 공부를 마치고, 6년 후 박사학위를 취득했다. 1966년부터 1994년까지 그는 캘리포니아 어바인 대학교에서 교수로 재직했다. 80살이 넘은 그는 아직도 그곳에서 연구하고 있는데, 그동안 수백 편의 연구논문을 발표했으며 수많은 상을 받았다. 이 주제가 여전히 그를 놓아주지 않는 것이다.

오랜 세월을 살았으니 이제 그를 놀라게 할 일은 없을 거라고 말할지 모른다. 그러나 질 프라이스의 이메일은 그를 놀라게 했다. 그뿐 아니라 호기심도 일깨웠다. 이 여자가 꾸며낸 이야기를 하는 것일까

아니면 사실을 말하는 것일까? 이 여자는 타고난 거짓말쟁이일까 아니면 의학적인 기적일까? 이 질문에 답하기 위해 맥고는 프라이스를 대상으로 5년 동안 다양한 테스트를 했다. 특별한 질문지를 이용해 그녀의 기억 능력을 검사했고, 뇌를 연구했다.

그리고 곧 연구논문을 발표했다. 논문은 그 자신만큼이나 동료들의 마음도 사로잡았다. 질 프라이스는 거짓말을 하지 않았다. 그녀는 특별한 기억술도 없었고, 그렇다고 잘 외우는 것도 아니었다. 학생시절에도 두각을 나타내지 않았다. 지능은 평균이었고, 직업적인 측면에서도 특별히 성공하지 못했다. 그녀는 그냥 힘들이지 않고 자신의 과거를 기억할 뿐이었다. 개별 경험이 아니라 14세 이후 거의 매일 일어난 일을 말이다.

그녀는 25년 동안 매일 일기를 썼다. 맥고는 그녀를 테스트하는 데 이 기록을 이용했다. "우리가 어떤 날짜를 말하면 그녀는 몇 초 안에 무슨 요일이며, 그날을 어떻게 보냈는지 우리에게 말해주었다"고 맥고는 기록했다. 프라이스는 대부분 맞혔고, 틀리더라도 기껏해야 하루나 이틀 정도 차이가 났다.

"1986년 7월 1일은?"

"화요일입니다. 그날 나는 친구와 함께 레스토랑에 갔어요."

"1994년 4월 27일은?"

"수요일입니다. 나는 그 이틀 전에 플로리다에 계시는 할머니 댁에 갔어요. 그때는 모두 할머니가 곧 돌아가실 거라고 생각했지만 한참 더 사셨어요."

또 다른 실험에서 맥고는 그녀에게 1980년 이후 부활절 휴일에 대해 모두 적어보라고 부탁했다. 그녀는 10분 만에 끝냈다.

'내 머릿속의 지우개'가 필요해요

맥고는 이런 현상을 '과잉기억증후군Hyperthymesia'이라고 불렀다. 그리스어로 'thymesis'는 '기억하다'를 의미하고, 'hyper'는 '평균 이상, 과도한'을 뜻한다. 첫 번째 연구 이후 수백 명의 사람들이 맥고에게 연락을 해왔다. 그들도 마찬가지로 초인적인 기억력을 갖고 있다고 했다. 그러나 그들 중 실제로 몇 명이나 믿을 만한지는 아직 몰랐다.

2012년 맥고와 박사과정 여학생 오로라 리포트는 새로운 연구에서 또 다른 사례를 확인했다. 옥석을 가리기 위해 그들은 115명에게 먼저 다양한 질문에 답하도록 했다. 또 특정한 사건의 날짜에 대해서도 물었다. 예를 들면 "전 미국 대통령 지미 카터가 노벨평화상을 받은 날짜는?" 같은 것이다. 실험 대상자들에게 인생의 중요한 경험에 대해서도 물었다. "언제, 정확히 무슨 요일에 학교에 입학했는가?"라고 말이다. 모든 과정이 끝난 후 남성 7명과 여성 4명, 모두 11명이 남았다. 맥고와 리포트는 이 사람들을 실험실로 초대해 그들에게 또 다른 시험을 내주었다. 결과는 질 프라이스와 비슷했다. 그들 중 누구도 특별히 지적이지는 않았다. 누구도 특별한 기억술을 알고 있는 게 아니었다. 그럼에도 특별한 기억력을 보유하고 있었다. 그들은 인생의 거의 모든 날을 기억했다. 맥고뿐만 아니라 과학자들에게도 전혀 예상치 못한 발견이었다.

기억은 저장된 정보에 지나지 않는다. 정보를 저장하는 능력을 기억력이라고 한다. 이 기억력에는 세 단계가 있다. 첫째가 부호화encoding이고, 둘째가 응고화consolidation이며, 셋째가 인출reproduction이다. 먼저 우리는 무언가를 수용하고 인지해야 한다. 우리는 느끼고, 보고, 냄새 맡고, 듣고, 맛을 본다. 이런 감각적 인상은 단기 기억에 자리를 잡는데, 몇 초에서 최대 몇 분까지 남아 있다. 고전적인 사례를 들어보자. 당신이 파티에 참석해 전화번호를 기억하려고 한다. 당신이 집중해서 듣고, 술을 너무 많이 마시지 않는다면 몇 분 간은 전화번호를 외울 수 있을 것이다. 그후에는 전화번호를 다시 잊어버린다. 그래도 좋다. 혹시나 해서 번호를 메모했다면 그 번호를 더 이상 기억할 필요가 없다. 그러나 중요한 정보나 통렬한 경험은 다르다. 이런 것들은 머릿속에 담아두어야 하거나 담아두고 싶어한다. 그래서 이런 사실은 당신의 장기 기억, 더 정확히 말하면 다음의 다섯 개 서랍 가운데 하나에 넣어두어야 한다.

'절차 기억'에는 우리 몸에 익숙해지는 운동 능력이 저장된다. 예를 들면 자동차를 운전하고, 자전거를 타며, 신발 끈을 묶고, 커피를 끓

이거나 바나나 껍질을 벗기는 것 등이다. '점화 시스템priming system'은 우리가 자극을 다시 인식하도록 해준다. 라디오에서 어떤 노래를 들은 뒤 나중에 이 노래의 몇 음절을 다시 듣게 되면 그 노래라는 것을 다시 인식한다. '지각 기억'은 생물과 물건을 카테고리로 분류할 수 있게 해준다. 이를 통해 우리는 개와 고양이, 사과와 파인애플, 레코드 판과 CD를 구분할 수 있다. '의미 기억'은 사실 지식을 저장한다. 베를린은 독일의 수도다. 또 1 더하기 1은 2다. 향수와 관련해서는 무엇보다 다섯 번째 서랍이 중요하다. 그것은 바로 '일화적 기억' 또는 '자서전적 기억'이다.

이 기억 뒤에는 문서실 같은 것이 숨어 있다. 이 기억은 이름과 생일 같은 개인 정보를 포함하는데, 우리 정체성에 중요한 기억 즉, 일화적인 요소를 품고 있다. 그런 기억은 우리를 현재의 우리로 만든다. 이를 테면 입학과 졸업, 결혼과 할머니 장례, 애정 어린 키스와 아름다운 여행 등이 그것이다. 즉, 개인적인 의미를 부여하고 감정에 영향을 주는 경험이다. 때로는 기쁨과 만족, 때로는 실망과 비애를 동반하는 경험 말이다. 이런 감정적인 기억은 우리 머릿속에 들어 있는 다른 정보와는 상당히 다르다.

향수에 젖을 때 뇌에서 어떤 일이 일어나는지 정확히 아는 사람은 없다. 그래서 두려움이나 기쁨 같은 감정과 달리 향수는 정의하기 매우 어렵다. 우리가 왜 감정적인 경험을 저장하는지, 그런 경험을 회상할 때 우리 뇌에서 어떤 일이 일어나는지는 물론 알려져 있다. 그러나 향수는 다르다.

여기서 짧은 질문 하나. "당신은 2001년 9월 11일에 어디에 있었습니까? 무엇을 했습니까? 혼자 있었습니까 아니면 다른 누군가와 함께 있었습니까?" 장담하건대 대답하기 쉬울 것이다. 그러나 "2002년 9월 11일에 무엇을 했는지 알고 있습니까?" 2003년 9월 12일에는? 아마 모를 것이다.

2001년 9월 11일은 많은 사람들의 기억에 선명히 남아 있다. 당시 뉴욕 세계무역센터에 테러가 발생했다는 순수한 정보만 기억하고 있는 게 아니다. 이 테러에 대해 언제, 어떻게 알게 되었는지에 대한 상황도 기억할 가능성이 높다. 나는 오후에 텔레비전 앞에 앉아 채널을 돌리다 우연히 CNN을 보았다는 사실을 지금도 똑똑히 기억한다. 저녁으로 잡았던 테니스 경기 약속이 취소되자 친한 친구들에게 가서 몇 시간 동안 함께 텔레비전을 보다가 세계무역센터가 무너지는 장면을 보고 충격받았던 것을 기억한다. 몇 년이 지난 후에도 수많은 사건을 어제 일어난 일처럼 우리는 어떻게 기억할까?

미국 심리학자 프레데릭 웰튼 콜그로브는 이미 1899년에 이 질문에 대한 답을 찾았다. 당시 그는 고향 사람들에게 에이브러험 링컨의 암살을 기억하고 있는지, 그렇다면 얼마나 잘 기억하는지 물어보았다. 당시 미국 대통령이었던 링컨은 1865년에 암살당했다. 이 사건에 대한 자세한 내용을 모두 잊어버릴 정도로 긴 시간이 지났음에도 불구하고 질문을 받은 사람들은 모두 어디서, 어떻게 그 소식을 들었느지 정확히 알고 있었다. 어떤 사람은 "아버지와 물건을 사러 집을 떠났어요. 우리가 시내로 들어왔을 때 무언가 잘못되었다는 것을 깨달았죠. 모든 사람들이 슬퍼 보였고, 매우 흥분해 있었어요. 아버지는 마차를 세우고, 무슨 일인지 사람들에게 물어봤어요. '아직 못 들었나요? 링컨 대통령이 암살당했어요.' 아버지는 놀라 손에서 고삐를 떨어뜨렸어요. 그리고 꼼짝도 하지 않은 채 울기 시작했어요. 한참이 지난 후에야 아버지는 마음을 가라앉혔어요."라고 묘사했다. 벌써 34년이나 지난 사건이지만 콜그로브의 대화 상대자는 마치 어제 일처럼 그 일을 기억하고 있었다.

이는 놀라운 일이 아니다. 이미 1919년 과학자 조지 스트래튼은 한 연구논문에서 자동차 사고나 지진 같은 감정적인 사건은 생생하고 자세하게 기억에 남는다고 기술했다. "충격을 받고 나면 사람들은 몇 년이 지나도 전체 상황을 마치 사진처럼 자세히 기억한다."

약 50년 후 그의 동료인 로버트 리빙스턴은 '현재 인쇄 이론Now-Print theory'을 주창했다. 중요한 사건이 일어난 후에는 뇌가 모든 것을 아주 자세하게 기록한다는 것이다. 지금은 이런 현상을 다른 개념으로 부른다. 미국 심리학자 로저 브라운과 제임스 쿨릭은 이를 '섬광 기억flashbulb memory'이라 이름붙였다. 이 기억은 순수한 사실과 지식부터 언제, 어디서 무슨 소식을 들었는지에 대한 기억까지 포함한다. 다시 말하면 섬광 기억에는 장기 기억의 서랍 몇 개가 관여한다.

각 세대가 함께 경험했던 일이 여기 있다. 60살 이상 사람들은

1963년 11월 22일 존 F 케네디의 암살과 2001년 9월 11일 테러, 1997년 8월 31일 다이애너비의 사망 혹은 엘튼 존이 'candle in the wind'의 새로운 버전을 노래했던 그녀의 슬픈 장례식을 정확히 기억한다. 우리 어머니는 지금도 할머니와 함께 울면서 텔레비전 앞에 앉아 있던 당시 순간을 이야기한다.

이런 섬광 기억은 정치적 암살이나 테러 또는 유명인의 비극적 죽음에만 한정된 것이 아니다. 로저 브라운과 제임스 쿨릭은 1977년 개인적으로 아름다운 사건도 기억에 각인될 수 있다는 사실을 발견했다. 그런 사건이 우리를 감동시키거나 놀라게 만든다는 것이다. 물론 감동과 놀람이 동시에 일어나면 더할 나위 없다.

감정은 기억의 자양분

감정이 기억력을 증진시키는 이유는 무엇일까? 간단히 설명하면 다음과 같다. 어떤 체험을 하는 동안 감정적으로 흥분하면 주의력이 향상되고, 이런 정신적인 집중이 뇌가 인상을 저장하는 데 도움을 준다. 마찬가지로 개인적인 체험은 일반 대중의 체험과는 다르다. 이런 개인적인 체험이 삶을 유일무이한 것으로 만들고, 더 강하게 기억에 남게 한다.

아마 우리가 이런 체험에 대해 다른 사람과 자주 이야기하는 것도 하나의 원인이 될 수 있을 것이다. 때로 우리는 예전의 경험을 심취해서, 자발적으로 이야기한다. 또는 9월 11일과 같은 섬광 기억은 별 의도 없이 이야기하기도 한다. 신문기사와 텔레비전 뉴스로 인해 그런 사건은 몇 년이 지난 후에도 여전히 생생하게 회자된다.

기억력 연구가 헤르만 에빙하우스도 무언가를 머릿속에 단단히 넣어두기 위해서는 지속적인 반복이 얼마나 중요한지를 강조했다. 학생들도 어휘 공부를 할 때 이런 경험을 한다. 단어를 자주 반복학습하면 할수록 더 잘 외운다.

그러나 섬광 기억은 때로 이런 반복이 전혀 필요 없다는 것을 보여준다. 제임스 맥고는 "감정적인 경험은 머릿속에 넣어두기 위해 계속 애쓸 필요가 없다"고 말했다. 이런 감정적 경험은 자동적으로 더 오래 기억되기 때문이다.

맥고와 그의 동료들은 우리의 기억력을 생화학적·신경과학적으로 설명하는 주목할 만한 연구논문들을 발표했다. 이 또한 기술 발전 덕분이다. 다행스럽게도 과학자들은 두개골을 절개하지 않고도 다음과 같은 방법을 통해 인간의 뇌를 들여다 볼 수 있게 되었다.

1. 뇌파검사EEG: 과학자들이 실험 대상자 머리에 수십 가닥의 케이블을 고정한다. 이 케이블은 대뇌 피질의 활동을 기록하는 컴퓨터와 연결되어 있다.

2. 양전자 단층촬영PET: 연구자들에게 위험하지 않은 방사성 물질을 주입한다. 이 물질이 뇌로 들어가면 뇌에서 세포가 흡수한다. 특정

한 세포가 방출하는 방사능을 이 장치가 기록한다. 모니터를 보면 뇌의 어떤 부위가 관여하는지 알 수 있다.

3. 자기공명영상MRI: 자기장과 전파를 이용해 뇌에서 에너지 임펄스를 발생시킨다. 임펄스가 특정한 주파수로 올라가면 몇몇 원자가 자기장에서 정렬된다. 임펄스가 차단되면 원자는 원래 위치로 돌아가 진동한다. 수신장치가 이 공명을 기록해 컴퓨터로 보낸다.

4. 기능적 자기공명영상fMRI: 활성 신경세포는 비활성 신경세포보다 더 많은 글루코스와 산소를 필요로 한다. 어떤 뇌 부위가 활성화되면 뇌 혈관은 그쪽으로 혈액을 더 많이 보내고, 연구자들은 이런 혈액 흐름의 변화를 fMRI를 통해 본다. 이 방법에는 세 가지 장점이 있다. 실험 대상자들에게 아무것도 주입할 필요가 없고, 뇌 전체의 3차원 영상을 만들어내며, 이를 통해 뇌의 활동에 대한 정보뿐만 아니라 뇌의 구조도 알 수 있다.

먼저 뇌에서 특정한 신경세포인 뉴런이 결합하면서 모든 기억이 시작된다. 이 접합부를 시냅스라고 한다. 우리 뇌에는 1,000억 개 이상의 뉴런과 100조 개의 이런 접합부가 있다. 신경세포가 활성화되려면 전기 임펄스가 필요하다. 이런 전기 임펄스가 시냅스에 도달하면 소위 신경전달물질이 분비된다. 이것은 다른 신경세포에 정보를 전달하는 화학적 전달물질이다.

우리가 깊이 생각하고 기억을 떠올릴 때마다 뉴런 사이의 결합은 달라진다. 어떤 결합은 더 강해지고 어떤 결합은 약해지며 또 다른 결합은 새로 연결된다. 뇌는 이렇게 평생 동안 모양이 변한다.

남쪽에서 여름 휴가를 보낸다고 생각해보자. 우리는 바다를 보고 해산물 음식을 먹고 소나무 냄새를 맡는다. 이런 체험을 응고화하는 데는 많은 지각뿐만 아니라 감정도 관여한다. 우리 뇌에서는 무엇보다 대뇌변연계limbic system가 이런 감정을 담당한다.

이 명칭은 프랑스 신경학자 피에르 폴 브로카에게서 나왔다. 그는 이미 1787년에 뇌간은 가장자리의 술처럼 배열된 고리로 둘러싸여 있다는 견해를 폈다. 가장자리 술을 뜻하는 라틴어가 limbus다. 미국 심리학자 폴 맥린은 1950년대에 대뇌변연계 개념을 전파했다. 그는 대뇌변연계 때문에 감정을 느끼고 표현할 수 있다고 생각했다. 이로써 그는 진실에 좀 더 접근하게 되었다.

기억력을 우체국 지점처럼 상상해보자. 순수한 데이터와 숫자처럼 감정이 없는 정보는 '사실 기억'으로 들어오고, 특정한 운동 과정은 '절차 기억'으로 들어온다. 그리고 강한 감정과 연관되어 있는 경험은 '일화적 기억'이라는 서랍에 자리를 잡는다.

그러나 특별한 내용은 일화적 기억 서랍이 의미를 부여해 더 강력하고 오래 가는 기억으로 자리잡는다. 이때 중요한 역할을 하는 것이 대뇌변연계의 두 곳인데, 바로 해마hippocampus와 편도체amygdale다.

hippocampus라는 개념은 해마를 의미하는 라틴어와 관련이 있다. 생긴 모양이 바다 동물 해마를 연상시키기 때문이다. 해마는 중앙 측두엽에 있고, 경험을 처리하는 일을 담당한다. 감각적 인상은 다양한 부위에 저장된 뒤 그 내용에 관한 신호를 해마로 보낸다. 여러 부위가 이런 신호를 동시에 보내면 해마는 이들 신호를 하나의 다발로 묶는다. 다시 말해, 기억이 생성되는 것이다. 이것이 바로 헨리 몰래슨이 더 이상 새로운 것을 기억할 수 없었던 이유다. 그의 담당 외과의사인 윌리엄 스코빌은 그에게서 측두엽 일부뿐만 아니라 해마 부위도 제거했다. 해마가 없으면 우리 기억력은 필름 없는 카메라와 같다. 렌즈를 통해 볼 수는 있지만 받아들일 수가 없다.

amygdala는 라틴어로 편도체를 의미하는데, 해마와 마찬가지로 모양 때문에 붙여진 명칭이다. 지금은 연구자들이 이를 편도핵이라고 부른다. 편도체는 어떤 사건을 감정적으로 평가하는 부위로, 감정적 경험을 저장하는 데 도움을 준다. 우르바흐 비테 증후군을 앓는 사람들을 대상으로 한 연구를 통해 이 사실을 알 수 있다. 유전적으로 발생하는 이 병은 여러 증상과 거친 목소리를 만들어내는 동시에 두 편도핵의 석회화를 초래한다.

뇌 연구가들이 이런 환자에게 이야기를 꾸며내 들려준다고 하자. 가령 화려한 옷을 입은 여자가 방에 들어간 뒤 어떤 남자에게 칼에 찔려 죽는다는 이야기 말이다. 몇 번 정도 테스트를 거친 후 과학자들은 환자에게 이 사건을 다시 한 번 묘사해보라고 부탁한다. 그러면 환자들은 잔인한 살인보다 화려한 옷에 대해 더 많이 이야기한다. 중요한 것과 중요하지 않은 것을 감정적으로 구분하지 못하기 때문이다.

뇌 연구가들은 건강한 실험 대상자들을 상대로 편도체가 감정에 어떤 역할을 하는지 테스트했다. 1996년 제임스 맥고는 연구를 위해 어바인 캘리포니아 대학교의 래리 카힐을 비롯한 신경생물학자들과 협력했다. 남자 8명에게 2분짜리 비디오 24개를 보도록 했다. 영화의 절반은 감정을 건드리는 충격적인 내용이었다. 동물의 신체 일부를 절단하거나 폭력 범죄가 벌어지는 장면 같은 것. 나머지 절반은 변론이나 여행 보고처럼 감정이 드러나지 않는 사건을 다루었다.

실험 대상자들이 비디오를 보는 동안 그들에게 양전자단층촬영장치를 연결했다. 과학자들이 추측했던 것처럼 뇌, 특히 편도체가 충격적인 비디오에 더 강하게 반응했다. 3주 후 과학자들은 모든 실험 대상자와 다시 접촉했다. 과학자들은 그들이 영화를 얼마나 기억하는지 알아내고자 했다. 물론 감정적으로 자극적인 장면이 기억에 더 많이 남았다. 나아가 편도체 활동은 기억 능력과 관계가 있었다. 편도핵이 강하게 반응하면 할수록 기억력은 더 좋아졌다. 이런 결과는 그 사이 수많은 연구를 통해 입증되었다. 여성들도 마찬가지였다.

우리가 감정적으로 흥분하면 언제나 편도체가 경보를 울리고, 이로 인해 기억력이 향상된다. 제임스 맥고 역시 "편도체는 감정적인 순간을 잊지 못하게 만드는 데 깊숙이 관여한다"고 말했다. 그런 작용과 동시에 벌어지는 생화학적 과정도 밝혀졌다. 감정적으로 흥분하면 편도체가 전달물질, 특히 코르티솔과 노르아드레날린을 분비한다. 이 물질은 뇌라는 엔진에서 일종의 윤활유 역할을 한다. 이 물질이 분비되면 신경세포 사이의 신호 전달이 쉬워진다. 반대로 실험 대상자들에게 아드레날린을 억제하는 물질을 투여하면 기억 형성이 현저히 저해된다.

편도체와 해마는 일화적 기억을 인지하고 저장하는 데 없어서는 안 되는 부위다. 게다가 기억 과정에 관여하는 중요한 뇌 부위와 연결되어 있기 때문에 중요하다. 해마는 편도체와 밀접하게 연결되어 있다. 따라서 편도체 활동은 해마에 도움이 된다. 적어도 정상적인 경우에는 그렇다. 질 프라이스 같은 예외가 이런 법칙을 증명한다.

제임스 맥고는 질 프라이스와 과잉기억증후군을 가진 다른 환자들을 상대로 다양한 기억력 테스트를 실시하면서, 그들의 뇌 사진을 찍었다. 그 결과 이들의 뇌가 실제로 다르게 기능한다는 사실이 발견됐다. 특히 '자서전적 기억'과 관계 있는 부위가 남달랐다.

과잉기억증후군 환자들의 뇌는 전체적으로 9곳의 부위가 정상적인 사람과 달랐다. 예를 들면 측두엽이 더 컸다. 또한 해마와 편도체를 전두피질과 연결하는, 소뇌의 아주 작은 섬유가 달랐다. 이런 신체 구조상의 차이가 평균 이상의 기억을 갖게 되는 원인인지는 아직 명확하지 않다.

매일매일이 기억 속에 남아 있다고 생각해보자. 모든 성공과 승리, 업적뿐만 아니라 실망과 실수, 오해까지. 아름다운 상상일까 아니면 끔찍한 상상일까? 오히려 후자일 것이다. 적어도 제임스 맥고는 연구를 통해 후자임을 암시했다. 당사자들에게 평균 이상의 기억 능력은 축복이 아니라 저주였다. 그들 대다수가 행동장애 징후를 보였다. 어떤 사람들은 신문, 봉제완구, 옷가지 같은 물건을 모았다. 또 어떤 사람들은 박테리아에 극심한 공포를 갖고 있어서 너무 자주 손을 씻었다. 어떤 사람들에게는 정리 집착증이 있었다.

완벽한 기억력을 갖는 것은 결코 축복이 아니다. 질 프라이스가 맥고에게 보낸 이메일에서 이미 이런 점을 시사했다. 우리는 때로 구멍이 숭숭 뚫린 기억력 때문에 짜증이 나겠지만 그 이면에는 일종의 정신 건강이 깃들어 있다. 심리학의 선구자인 윌리엄 제임스도 잊는 것이 기억하는 것만큼 중요하다고 생각했다. "우리가 모든 것을 기억한다면 아무것도 기억하지 못하는 것만큼 힘들 것이다."

맥고 등의 연구는 다음과 같은 사실을 보여준다. 감정은 기억에서 중요한 역할을 한다. 기쁨과 행복, 만족뿐만 아니라 두려움, 부끄러움, 슬픔과 같은 감정은 뇌를 일종의 경보 상태에 돌입하게 한다. 이런 상태에서 무언가를 경험하면 기억에 깊이 새겨진다. 때로 우리는 이런 감정을 전혀 통제하지 못한다. 그냥 감정이 제맘대로 나타나 뇌에 기억으로 자리를 잡는다. 그리고 이런 기억은 의도하지 않은 순간에 다시 불쑥 나타난다.

왜 하필
그날이 떠올랐을까?

비자발적 기억 유발인자들

1993년 11월 어느 흐린 날, 도르트 번첸은 덴마크 오르후스 대학교의 자기 책상 앞에 앉아 있었다. 밖은 어두컴컴했고, 방 안에서는 등이 깜빡거렸으며, 컴퓨터는 조용히 '윙' 소리를 내고 있었다. 번첸은 책을 읽은 뒤 점심을 먹었다. 후식으로 먹을 귤을 갖고와 껍질을 벗기는 동안 갑자기 어떤 기억이 생생하게 떠올랐다.

10대 시절, 그녀는 같은 마을에 살던 할머니를 자주 찾아 신문을 갖다주었다. 할머니는 고맙다며 그녀에게 종종 귤을 주었다. 거실의 어두운 식탁에 앉아 할머니에게 속마음을 털어놓으며 귤 껍질을 파란색 도자기 재떨이에 놓곤 했었다. 할머니는 의자에 앉아 그녀를 바라보며 항상 같은 말을 했다. "너에게 초콜릿 한 조각을 주고 싶은데,

네가 좋아하지 않는구나."

사실 초콜릿을 좋아하지 않는다는 것은 빈말이었다. 번첸은 초콜 릿을 좋아했다. 그러나 사춘기 소녀인 그녀는 몸무게에 신경을 썼다. 그래서 단 것을 좋아하지 않는다고 했던 것이다.

사무실에서 떠오른 한낮의 기억이 할머니에 대한 또 다른 기억을 불러일으켰다. 번첸은 노란색 커튼과 책꽂이, 식탁 위에 걸려 있던 전등, 의자 옆에 있던 전화기를 생각했다. 그때 그녀는 당시 자신이 올바른 결정을 내렸다는 사실을 다시 한 번 확신했다.

1993년, 그녀는 심리학 석사학위를 마치고 박사과정 장학금을 신 청하려고 했다. 여전히 그녀는 문학에 관심이 있었고, 무엇보다 은유 법이 그녀의 마음을 사로잡았다. 그러나 스승은 다른 주제를 생각해 보라고 권했다. 그때 떠오른 것이 기억과 관련한 호기심이었다.

그후 도르트 번첸은 '비자발적 자서전적 기억'에 관한 한 가장 중요 한 연구가의 한 사람이 되었다. 몇몇 동료들과 함께 그녀는 문학비평 가들뿐만 아니라 심리학자와 뇌 연구가들이 마르셀 프루스트에 대해 감탄하게 만드는 데 기여했다.

지그문트 프로이트는 이론적으로 과거의 모든 경험을 기억에서 다 시 꺼낼 수 있다고 생각했다. 하지만 실제로는 그 말이 맞지 않다는 사실을 우리는 알고 있다. 우리는 결코 모든 것을 머릿속에 담지 못 한다. 그리고 질 프라이스의 사례를 통해 알 수 있듯이 모두 담아두지 못하는 것이 좋다. 망각은 존재해야 한다.

반면 번첸 등은 아름다운 기억은 의도와 계획, 의식적인 결정 없이 전혀 예기치 않게 나타난다는 것을 보여주었다. 바로 여기에서 향수의 마법이 나온다.

1980년대 중반에 자서전적 기억에 관한 최초의 전집이 간행되었다. 발행인은 미국 듀크 대학교 심리학 교수인 데이비드 루빈이었다. 그때까지만 해도 이 주제에 관한 데이터베이스는 〈*PsychInfo*〉에 수록된 약 20개의 기고문이 있을 뿐이었다. 그러나 루빈의 저서 이후 관심이 급속도로 높아져 지금은 3,000편 이상의 논문이 나왔다. 1987년 〈*Applied Cognitive Psychology*〉와 1995년 〈*Memory*〉 같은 전문 학술잡지도 등장했다. 많은 학자들이 연구단체를 만들어 이 주제에 전념했다. 2012년 사망한 독일계 심리학자 울리히 나이서가 주도한 'Emory Cognition Project'와 케임브리지 대학교의 'Applied Cognition Unit'가 그런 단체다. 이 분야 학자들은 수많은 연구논문을 발표했고, 자발적 기억과 비자발적 기억 사이에 세 가지 공통점이 있음을 발견했다. 바로 기억 기능, 아동기 기억 상실, 회고 절정 등이 그것이다.

기억 기능이라는 말은 헤르만 에빙하우스에게서 시작되었는데 '오래 되지 않은 과거의 사건을 더 잘 기억하는 경향'을 일컫는다. 이는 데이터와 사실뿐만 아니라 경험에도 적용된다.

아동기 기억 상실은 1895년 처음으로 학술적인 문헌에 등장했다.

여성 심리학자인 캐롤린 마일스는 당시 89명에게 기억 속에 남아 있는 가장 어린시절의 일을 물었다. 응답자가 대답한 평균 나이는 3살 때였다. 그녀의 동료인 빅토르와 캐서린 헨리도 1898년 동일한 결과를 얻었다. 기억력 연구가인 데이비드 루빈이 2000년대 초에 10살 이전의 기억 1만 1,000건 이상을 분석했을 때도 비슷한 결론에 도달했다. 남자든 여자든 관계없이 1퍼센트만이 3살 이전의 사건을 언급했다.

4세 이전의 세상

여기에는 이상한 점이 있다. 우리는 어릴 때 절대 잊어버리지 않는 중요한 능력을 배운다. 걷고 말하기 시작하며 얼굴을 인식한다. 정직과 관련된 감각과 협동심을 개발하고, 연민을 느끼며, 남을 도와주려는 마음을 갖게 된다. 그런데 3~4세 이전의 이런 중요한 최초 교훈을 왜 의식적으로 기억하지 못하는 것일까?

지그문트 프로이트는 어린시절 기억은 내면에 잠재해 있지만 우리가 그런 기억을 억누른다고 주장했다. 프로이트는 아기와 꼬마 아이들을 '다형多型 도착적'이라고 생각했다. 그들은 끊임없이 엄지손가락을 빨거나 똥싸는 것을 즐긴다는 것이다. 프로이트에 따르면 성인이 된 우리는 어린시절의 이런 성적 자극을 피하려고 한다. 그런 자극을 부끄러워 하기 때문이다.

반면 최근의 학자들은 아동기 기억 상실을 신경학적 · 심리학적 요인으로 설명한다. 많은 학자들은 기억을 담당하는 뇌 부위가 나중에 개발된다고 추측했다. 헨리 몰래슨의 사례에서 볼 수 있듯이 자서전적 기억을 위해서는 해마가 필요하다. 지금은 해마의 일부인 '치상회 gyrus dentatus(뇌에서 기억을 담당하는 조직인 해마의 한 부분)'가 인간의 경우 4~5세 때 완전히 발달하며, 완벽하게 기능하는 해마가 없으면 장기 기억도 불가능하다는 것을 알고 있다.

아동기 기억 상실에 대한 또 다른 설명은 언어 능력 부족이다. 뉴질랜드 오타고 대학교의 가브리엘 심콕과 하렌 헤인이 이런 견해를 주장했다. 2002년 이들은 연구를 위해 고안한 장치, 즉 일종의 마법 기계를 들고 27개월과 33개월, 39개월 된 아이 38명을 찾아갔다. 먼저 그들은 아이들에게 이 기계를 어떻게 작동시키는지 보여주었다. 작동을 위해서는 가지각색의 등에 불이 들어오는 레버를 당겨야 한다. 그런 다음 한 여성 연구가가 테디 베어 같은 장난감을 꺼내서 기계 위쪽에 있는 구멍에 넣었다. 그러고는 4초 동안 멜로디를 들려주는 다른 레버를 눌렀다. 멜로디가 끝났을 때 기계가 위에서 넣은 장난감의 미니어처를 아래쪽 끝에서 다시 내뱉었다. 다시 말해, 아이들을 속여서 이 장난감이 마치 마법 손에 의해 쪼그라든 것처럼 믿게 했다. 몇 달 후 이 여성 학자들은 어린이들이 그 실험을 아직도 기억하고 있는지 테스트했다.

"내가 지난번에 너를 찾아왔을 때 정말 재미있는 놀이를 했지! 네가 알고 있는 것을 말해줘." 반응이 계획대로 나오지 않자 그들은 다시 물었다. "그 장난감을 기억하니? 우리가 그 기계를 어떻게 작동했는지는?" 마지막으로 아이들에게 장치 사진을 보여주며 뭔가 떠오르는 것이 있는지 물었다. 그러나 응답이 없었다.

아이들은 몇 가지 동작은 어느 정도 잘 해결했다. 물론 기억을 말로 표현하는 아이는 아무도 없었다. 아이들이 그 사이에 말을 아주 잘하게 됐는데도 말이다. 결국 심콕과 헤인은 "어린시절의 기억을 말로 표현하는 능력이 없기 때문에 이런 경험은 자서전적 기억의 일부가 되지 못한다"고 썼다. 따라서 아동기 기억 상실의 원인은 무엇보다 언어 발달에 있다는 것이다.

당신도 직접 시험해볼 수 있다. 4살 이전 일에 대해 무엇을 기억하고 있는가? 조용히 몇 분 동안 깊이 생각해보라. 별로 떠오르는 게 없을 것이다.

당신이 과거에 대한 기억 전부를 적어야 한다면 상황은 달라질 것이다. 아마도 당신은 인상석인 목록을 작성할 것이고, 추측하건대 그 기억을 써내려가느라 몇 시간은 걸릴 것이다.

미국 여성 심리학자 마도라 스미스도 1952년 과거를 회상하기 위해 시간을 냈다. 당시 그녀는 62살이었다. 삶을 되돌아보기에 좋은 나이였다. 이때 그녀는 모든 기억을 기록하려고 했는데, 에피소드가 6,263개나 되었다. 비전문가에게는 정말 어려운 작업이었다. 실제로 당신이 모든 기억을 적을 경우, 15~30살까지의 사건들은 비교적 머릿속에 구체적으로 떠오를 것이다(당신이 이미 15살이 넘었다면). 이런 현상을 심리학자들은 '회고 절정reminiscence bump'이라 부른다. 심리학자들은 이를 여러 가지 방식으로 설명한다.

선명한 기억은 언제 생기나

많은 학자들은 우리가 사춘기와 젊은 시절에 있었던 사건을 더 잘 저장한다고 주장한다. 당신은 처음 누구와 성관계를 가졌는지 분명히 기억할 것이다. 이 기억이 당신에게 미소를 띠게 하든 소름을 끼치게 하든 상관없이 기억은 그냥 거기 있다. 그러나 두 번째 섹스 파트너가 누구였는지는 알고 있는가? 아마 오래 생각해야 떠오를 것이다. 이것이 바로 첫 번째의 마법이다. 성적인 경험이든 학문적 경험이든 아니면 그 밖의 경험이든, 우리는 젊은 시절에 그런 첫 경험을 비교적 많이 한다.

다른 학자들은 회고 절정을 생물학적으로 설명한다. 그러니까 이 시기에 뇌 기능이 가장 좋다는 것이다. 또 다른 학자들은 이 시기에 정체성이 형성되고, 이 기간에 하는 많은 경험이 강한 인상을 남기며, 그 때문에 더 강하게 기억에 남는다고 생각한다. 간단히 말해 회고 절정의 원인은 정확히 규정되지 않았지만 자발적 기억이든 비자발적 기억이든 저장 방식에 차이가 없다는 것은 확실하다. 반면 기억을 불러낼 때는 차이가 생긴다.

연구가 복잡하기 때문에 오랫동안 이 주제는 색다른 것이라 여겨졌다. 비자발적 기억은 예기치 않게 불쑥 나타난다. 즉 통제가 불가능한 이 기억이야말로 학자들에게는 공포였다. 실험 대상자들이 비자발적 기억을 느낀다고 둘러대도 연구가들은 그들이 진짜로 그렇게 말하는지 확신할 수가 없기 때문이었다. 기억이란 매우 복잡하고 다양하다. 우리가 냄새를 맡고, 맛을 보고, 경험하고, 보고, 생각했던 모든 것을 포함하고 있다. 때로는 아주 평범한 경험, 때로는 매우 중요하고 인상적인 경험도 아우른다.

따라서 믿을 만한 실험을 구상하는 것은 매우 어렵지만 불가능한 것은 아니다. 현재는 세 가지 방법이 이용되고 있다. 인터뷰나 질문지 형식의 설문조사, 실험 대상자들이 몇 주 동안 떠오르는 기억을 모두 기록한 일기 연구, 그리고 테스트 대상자들의 뇌를 스캔하는 실험실 연구가 그것이다. 이런 방법론적인 발전 덕에 지난 20년간 수많은 연구논문이 발표되었다. 그후 비자발적 기억이 매우 빈번하게 일어난다는 사실이 확인됐다. 모든 응답자의 약 85퍼센트가 이 현상을 잘 알고 있으며, 한 주 사이에도 여러 번 그런 경험을 한다.

라디오에서 흘러나오는 노래가 음식 냄새를 맡거나 옷장을 들여다보는 것만큼이나 강하게 기억을 불러일으킨다는 것은 놀라운 일이 아니다. 그렇다면 평범한 멜로디나 향기 또는 물건에 대한 지각이 기억을 불러일으키는 이유는 무엇일까? 학자들은 때로 간단한 일을 어렵게 표현하는 경향이 있다. 바로 '부호화 특수성encoding specificity'이다.

당신이 파티에 초대받았다고 가정해보자. 당신은 차례로 자신을 다른 손님들에게 소개할 것이다. 잠깐, 저쪽에 있는 사람을 알고 있는 것 같다. 그런데 어디서 만났지? 그 사람을 한 번 본 것은 확실한데 어디에서 만났는지는 기억이 나지 않는다. 이유는 그가 다른 맥락 속에 있기 때문이다. 당신은 그 사람을 전철에서 보았을 수도 있고, 자주 가는 수퍼마켓에서 만났거나 거리에서 그에게 길을 물어봤을 수도 있다. 그 사람을 A라는 장소에서 알게 되었는데, 지금 B라는 장소에서 다시 만난 것이다. 저장 장소가 인출 장소와 일치하지 않는다. 이런 차이가 정신적 지연을 초래한다. '부호화 특수성'이 없기 때문이다.

부호화 특수성은 비자발적 기억 뒤에 있는 심리학적 메커니즘이다. 우리가 어떤 장소로 돌아가면 즉각 기억이 떠오른다. 특정한 사람과 감정 또는 냄새와 연결되는 어떤 노래를 들으면 연관된 기억이 되돌아온다. 이런 인과관계는 단순하지만 그 작용은 불가사의하다. 부호화 특수성이 향수와 더불어 기억을 불러일으키도록 한다.

한 가지 사례를 들어보겠다. 나는 이 책을 쓰기 직전 이사를 했다. 내가 자랐던 고향으로 돌아온 것이다. 나는 예전과 같은 숲에서 조깅을 하고, 같은 빵집에서 빵을 사며, 같은 미용실을 다닌다. 그럴 때마다 종종 번개처럼 기억이 떠오른다. 그러면 내가 언젠가 이 구간을 테니스 코치와 함께 달렸고, 빵집에서는 예전과 같은 냄새가 나며, 미장원은 그 당시와 똑같은 모습을 하고 있다는 생각이 갑자기 든다. 전혀 의식적으로 생각하지 않지만, 그냥 기억이 떠오른다. 이것이 바

카뮤 피사로, 철도역(Lordship Lane Station), 1871년

증기를 뿜어내며 달리는 기차를 볼 때.

멀어지는 철도 역사 풍경과 마주할 때.

우리들 각자에게 불현듯 떠오르는 것이 있다.

삶의 흔적들….

로 향수의 마법이다. 향수는 우리가 무언가를 하지 않아도 우리를 엄습한다. 도르트 번첸의 귤처럼.

그 과일 때문에 기억이 떠올랐다고 말할 수도 있을 것이다. 단순한 설명이다. 번첸은 살면서 수많은 귤을 먹었지만 매번 할머니를 생각하지는 않았다. 그럼 왜 불현듯 생각이 떠오른 것일까? 왜 하필 귤이 기억을 불러일으킨 것일까? 왜 윙윙거리는 컴퓨터나 커피잔, 책가방이나 전등은 아닐까? 이런 물건도 과거에는 틀림없이 어떤 역할을 했을 것이다.

기억력 연구가들은 이런 유발인자를 '큐cues'라고 한다. 번첸과 동료들은 비자발적 기억의 경우 대부분 외부 유발인자가 결정적인 역할을 한다는 사실을 알아냈다. 우리 주변에 있는 무언가가 종종 기억을 불러일으키지만, 생각 또는 감정은 그런 경우가 드물다. 이것은 기억이 얼마나 우연한 것인지를 보여준다. 우리는 매일매일 만나는 것을 죄다 의식하지는 않기 때문이다. 바로 우연의 힘이다.

그런 기억에서는 유발인자가 중심이 되어야 한다. 예를 들면 나는 어릴 때 손가락을 베었던 사실을 지금도 기억하고 있다. 내 학교 친구인 팀이 점심을 먹으러 우리 집에 왔다. 우리는 할머니가 부엌에서 요리하는 것을 도왔다. 나는 팀에게 당근을 채칼로 얼마나 빨리 썰 수 있는지 보여주고 싶었다. 강판을 가져와서 왼손으로 잡고, 오른손으로 당근을 칼날 위로 밀었다. 그러다 손이 미끄러졌다. 내 오른쪽 집게손가락이 갈라져 피가 나왔다. 아직도 그 흉터가 남아 있다. 더 재미있는 것은, 지금도 야채를 강판에 갈 때마다 그 사건을 떠올린다는 것이다. 강판이 그 기억에서 중심 역할을 하기 때문이다.

기억의 저장과 호출 과정

우리의 정신 상태도 중요한 요인인 듯하다. 비자발적인 기억은 완전히 집중하지 않을 때 자주 떠오른다. 소파에 앉아 있거나 해변에 누워 있을 때, 씻을 때, 음악을 들을 때, 감자 껍질을 벗길 때, 잔디를 깎을 때, 산책을 할 때, 자동차를 운전할 때, 몽상에 잠겨 있을 때, 즉 우리의 집중력이 온전히 요구되지 않을 때 비자발적 기억이 떠오른다. 말하자면 배경에 있던 그 어떤 것이 갑자기 전면으로 나오면서 기억을 불러일으키는 것이다. 이것이 바로 비자발적인 기억이 우리 머릿속에서 지속적으로는 떠오르지 않는 이유다. 일상이 바쁘고 집중할 일이 많기 때문이다.

도르트 번첸은 우리가 우연히 과거로 시간 여행을 하게 되면 감사해야 한다고 말한다.

"개인적인 과거 기억을 갖고 있어야 우리 스스로 행복하다고 느낄 수 있다. 항상 의식적으로 결정하고 계획하며 힘들게 찾아야 그런 기억이 떠오른다면 우리는 오히려 현재에 살게 될 것이다. 그리고 그것은 개인으로든 사회적으로든 생존에 불리할 것이다."

오직 지금, 여기에서 사는 것만이 의미 있다고 생각하는 사람들이 있다. 그러나 나중에 살펴보겠지만 그것은 진화론적인 관점에서 보면 단점이다. 우리는 과거를 반추하면서 계획하고, 실수를 통해 배우고 수정해나갈 수 있기 때문이다.

번첸은 "우리가 살았던 삶은 우리 주변에 자국과 흔적을 남겼다. 이런 자국과 흔적이 나중에 개인적인 기억을 불러일으킨다"고 말했다. 그럼에도 불구하고 한 가지 의문이 남는다. 그러는 동안 우리 뇌에서는 무슨 일이 일어날까?

몇 년 전 로버트 카베자(앨버타 대학교)와 라스 나이버그(스웨덴 우메오 대학교)가 이에 대한 최초의 답변을 내놓았다. 그들은 리뷰를 하기 위해 275편의 연구논문을 분석했다. 모든 논문에서 공통적으로 드러난 것은 학자들이 다양한 기억 기능에 관해 더 많은 것을 알아내고자 영상 기법을 사용했다는 사실이다. 그들은 뇌의 어떤 부위가 주의력이나 언어를 담당하는지에 관심을 가졌다. 또한 어떤 부위가 일화적 기억에 관여하는지에 대해서도 궁금해했다.

그런데 이런 영상 기법에는 장점과 단점이 있다. 예를 들면 EEG는 빨리 반응하지만 뇌의 어떤 부위가 활성화되었는지에 대한 귀납적 추론을 할 수 없다. PET는 정확히 그 반대다. 그리고 fMRI도 오류가 발생하기 쉽다. 그런 점에서 개별적인 연구는 많은 것을 말해주지 못한다. 그러나 약 300가지의 비슷한 연구를 분석하면 더 많은 귀납적 추론이 가능하다. 이 때문에 카베자와 나이버그의 연구는 가치가 있다. 이 연구에서 카베자와 나이버그는 뇌의 7개 부위가 일화적 기억의 인출에 관여한다는 결론에 도달했다. 인간의 기억 능력이 얼마나 복잡한지를 암시해주는 결과다. 이 연구에 따르면 전방 전전두엽 피질이 가장 많이 개입되고, 측두엽과 대뇌피질도 활성화된다.

요약해보자. 뇌에서 오직 비자발적 기억만 담당하는 부위는 없다. 단지 특정 부위가 다른 부위보다 더 비자발적 기억에 관여한다. 장기적으로 기억력에 남아 있기 전에 기억은 먼저 대뇌변연계를 통과한다. 여기서 해마가 장기 기억에 저장하기 위해 어떤 정보가 중요한지를 결정한다. 편도체는 경험에 감정적인 도장을 찍어준다. 그 다음 경험이 다양한 뇌 부위로 들어가고, 이때 기억은 오른쪽 반구에, 데이터와 사실은 왼쪽 반구에 보관된다. 우연이든 의식적이든, 이런 기억이 일깨워지면 전방 측두엽과 전두엽이 그 기억에 깊이 관여한다.

기억에서 냄새와 음악이 어떤 역할을 하는지에 대해서는 아직 학자들의 의견이 일치하지 않는다. 일부 학자들은 그리 중요하지 않다고 생각하고, 다른 학자들은 중요하다고 주장한다. 그러나 어떤 냄새나 노래가 기억을 불러일으키고 상황을 생각나게 한 경험은 누구에게나 있다. 어떻게 그럴 수 있을까?

추억은
향기를 타고…,
후각의 마술

내 어린시절에는 풀과 라일락, 라벤더 향기가 났다. 어릴 때 나는 할아버지 댁에서 많은 시간을 보냈다. 어머니는 싱글맘이었고, 저녁이 되어서야 일터에서 집으로 돌아왔기 때문이다. 여름에는 할아버지가 정기적으로 잔디를 깎았다. 잔디 위에서 테니스를 칠 수 있을 정도로 할아버지는 잔디를 짧게, 자주 깨끗하게 깎았다. 지금도 금방 베어낸 풀 향기를 맡으면 할아버지 생각이 난다.

할아버지 정원에는 큰 라일락 나무가 있었다. 할머니는 봄에 라일락 꽃을 잘라 꽃병에 꽂아두었다. 할머니 옷장에는 항상 라벤더를 넣은 천으로 만든 주머니가 놓여 있었다. 라일락이나 라벤더 냄새를 맡을 때 나는 자주 그 정원과 할머니 옷장이 떠오른다. '프루스트 현상'

의 전형적인 사례다.

　영국 심리학자 두 명이 몇 년 전 이 개념을 만들었다. 이때 그들은 특히 마르셀 프루스트의 유명한 '마들렌 장면'을 염두에 두고 있었다. 정확히 말하면 이 표현에는 오해의 여지가 있다. 소설 속 화자는 어떤 냄새 때문만이 아니라 마들렌 냄새와 보리수 차 맛이 섞인 쿠키 감촉 때문에 레오니 아주머니와 콩브레 마을을 회고했다.

　그럼에도 불구하고 냄새는 기억을 불러일으키는 특별한 능력을 갖고 있다. 심지어 다른 모든 감각보다 더 뛰어난 능력을 지녔다. 우리의 후각 기억에 관한 이런 인식은 캐나다 여성 심리학자의 연구 덕에 명확해졌다.

　레이첼 헤르츠는 7살 때 가족과 몬트리올로 이사했다. 처음 몇 달 동안은 새 친구를 사귀는 데 어려움을 겪었다. 그녀는 자주 외롭고 슬픈 느낌이 들었다. 그러던 어느 아름다운 오후 초인종이 울렸다. 모발 보호제품을 판매하는 영업사원이 문 앞에 서 있었다. 그녀의 엄마는 그 남자에게서 샴푸와 컨디셔너를 구입했다. 이 구매가 그녀의 삶을 바꾸어놓았다.

　저녁에 그녀는 엄마에게 샴푸를 써도 되는지 물어보았다. 그녀는 화려한 포장에 마음을 빼앗겼고, 내용물도 알고 싶었다. 헤르츠는 지금도 손에 샴푸를 부어 머리에 엄청난 거품을 만들었던 장면을 생생히 기억한다. 그러나 헤르츠가 가장 잘 기억하는 것은 달콤하면서 소나무 냄새가 나던 샴푸의 향기다. 헤르츠는 "그것은 세상에서 가장 고급스러운 향기 같았다"고 썼다. 이사 후 처음으로 그녀는 행복감에 빠졌다. 그녀의 부모님은 샴푸에 별로 감탄하지 않아서 자주 사용하지도 않았다. 덕분에 그녀는 가끔 샴푸를 이용할 수 있었다. 기분이 나쁠 때마다 샴푸 통을 열고 깊게 숨을 들이마셨다. 샴푸가 떨어지자 그녀는 엄마에게 새 샴푸를 사달라고 졸랐다. 그러나 그 영업사원은 다시 나타나지 않았고, 상점에도 똑같은 제품은 없었다. 요즘도 레이첼 헤르츠는 비슷한 냄새를 맡을 때마다 그 제품을 생각한다. 그녀에게 직업상의 진로를 열어주었던 일화다. 지금 레이첼 헤르츠는 세계에서 가장 유명한 향기 연구가 가운데 한 사람이다.

후각의 진화론적 의미

학생 시절 그녀는 사회심리학 과정을 들었는데, 그때 우연히 연구가들이 향기 두 가지를 이용해 실험 대상자들의 기분을 조종했던 연구를 접했다. 아몬드는 기분을 좋게 해주고, 식초는 기분을 나쁘게 한다는 내용의 연구였다. 당시 연구 책임자들은 향기가 감정과 밀접한 관계가 있으며, 여기에는 생물학적 · 진화론적 이유가 있다고 추측했다. 헤르츠는 박사논문에서 이 현상을 좀 더 깊이 연구해보기로 결심했다. 몇 년 후 그녀는 향기가 기억과 더불어 향수를 불러일으키는 이유를 알게 된다.

이미 고대부터 향기의 힘은 사람들을 매혹시켰다. 1895년 네덜란드 향기 연구가 헨드릭 츠바르데마커는 "자연에는 다양한 향기가 얼마나 많은지. 그 수많은 향기와 악취를 이렇게 확실하게 구분할 수 있다니!"라고 감탄했다. "파이프에서 나오는 물, 거리에 깔린 자갈, 사람이 살든 살지 않든 방에 떠다니는 공기, 그 모든 것은 특유의 냄새를 갖고 있다. 나무 종류와 금속, 석회, 돌, 아마포, 종이, 식료품과 음료수까지, 냄새가 나지 않는 것은 거의 없다." 영국 작가 러디어드 키플링은 "향기는 당신의 마음 깊은 곳을 움직이는 데 소리와 외모보다 더 확실한 효과가 있다"고 말했다.

이런 말들이 아름답기는 하지만 냄새를 맡는 것은 화학적인 과정일 뿐이다. 우리는 매일 약 2만 5,000번 숨을 들이쉬고 내쉰다. 우리가 흡입할 때 수백만 개의 향기 분자가 코로 들어온다. 양쪽 비강 위쪽 끝에 '후각상피'라는 후점막이 자리잡고 있다. 유로 동전만한 후점막은 약 1,000만 개의 후각 세포로 이루어져 있다. 후점막 표면에는 후각 수용기Olfactory receptoer가 있다. 'Olfactorius'는 라틴어로 냄새가 난다는 뜻이다. 분자가 이 수용기와 접촉하면 후각세포가 전기신호 형태로 전류를 생산한다. 이 신호가 신경섬유를 거쳐 후각 신경구bulbus olfactorius로 간다. 후각 신경구가 다시 정보를 해마와 대뇌변연계로 보낸다. 후각 신경구는 약 350개의 다른 유전자로 형성된다.

1991년 미국 학자 리처드 액셀과 린다 벅이 이런 사실을 발견했고, 그 결과 2004년 노벨의학상을 받았다. 이 유전자는 믿을 수 없을 정도로 다양한 일을 가능하게 한다. 인간은 1만 개까지 향기를 구별할 수 있는데, 세포들이 서로 협력해야 가능한 일이다. 이런 협력은 생명체의 행동에 엄청난 영향을 미칠 수 있다(하단 박스 참고).

신경생물학자인 마이클 머피와 제럴드 슈나이더는 이미 1970년대에 수컷 햄스터들이 자기네 우리에 들어온 낯선 수컷 경쟁자를 공격해 물어죽인다는 것을 알았다. 이 수컷들은 낯선 암컷에 대해서는 다르게 반응했다. 수컷들은 즉시 암컷에 올라타서 생식기를 삽입했다. 그러나 연구가들이 후각을 파괴하자 훨씬 더 소극적으로 행동했다. 수컷을 죽이지도 않았고, 암컷은 그냥 내버려두었다. 설치류의 행동은 후각의 통제를 받았다. 나폴레옹 보나파르트처럼. 나폴레옹은 아내 조세핀에게 편지를 보내 2주 후 다시 만날 때까지 목욕을 하지 말라고 부탁했다. 조세핀의 체취가 이 최고지휘관의 기억 속에 자리잡고 있었던 것이다.

냄새는 인간행동에도 엄청난 영향을 미친다

네덜란드 심리학자 마르테인 데 랑에는 2012년 철도 객차에서 레몬 향이 든 세정제를 뿌렸다. 향기가 나는 객차에서 승객들은 쓰레기를 훨씬 적게 버렸다. 브리검영 대학교의 캐티 릴젠퀴스트도 비슷한 결과에 도달했다. 그녀는 자발적 참가자들에게 모르는 사람 한 명과 12달러를 나누어 갖도록 했다. 공간에서 아무 향기도 나지 않을 때 참가자들은 평균적으로 2.81달러밖에 넘겨주지 않았다. 그러나 릴젠퀴스트가 미리 방에 감귤 향기를 뿌려놓자 그 액수는 5.33달러로 높아졌다. 사람들은 무의식 속에서 향기를 순수와 깨끗함, 정직과 연관시킨다. 그리고 그것은 행동에까지 영향을 준다.

후각 기억 현상은 19세기 말 독일 의사 프리드리히 토마스가 처음 언급했다. 그는 30년 전 베를린에서 공부를 할 때 도심에 있는 에베르트 다리를 지나 학교로 갔다. 어느 날 토마스가 다리를 건너는데 갑자기 작센에 있는 고향 생각이 났다. 하지만 시간이 촉박했던 그는 서둘러 다리를 건넜다. 다음날 토마스는 다리 위로 산책을 갔다. 거기서 다시 고향을 떠올렸다. 걸음을 멈추고 사방을 둘러보며 고향에 대한 기억이 떠오른 원인을 찾았다. 다리에 배 한 척이 묶여 있었는데, 그 배의 주인이 갈탄을 때고 있었다. 고향 사람들이 그랬던 것처럼. 토마스는 "이 갈탄 연기 냄새가 나에게 기억을 불러일으켰다"고 30년 후 논문에서 썼다. 이 경험은 그에게 깊은 인상을 주었다.

인간의 후각은 정말 훌륭하다. 후각은 우리가 태어나기 전에 이미 형성된다. 학자들은 태아가 이미 자궁에서 냄새를 인지한다고 확신한다. 미국 여성 생물심리학자 줄리 메넬라는 1994년 임신한 여성에게 마늘이 든 알약을 투여했다. 45분 후 임신한 여성들의 양수 샘플을 채취해보니 마늘 냄새가 났다.

몇 년 후 프랑스 연구가 베노아 샬은 24명의 예비 엄마를 두 그룹으로 나누었다. 한 그룹은 임신 기간 동안 자주 아니스를 먹었고, 다른 그룹은 먹지 않았다. 분만 후 그는 모든 아기에게 이 향료를 맡게 했다. 어머니가 아니스를 먹은 아기들은 이 향기에 친근감을 느꼈고, 다른 아기들은 무관심하거나 심지어 구역질을 하면서 외면했다. 다른 연구에서도 비슷한 결과가 나왔다. 태어난 지 2주밖에 안 된 아기조차 수유를 하는 다른 엄마의 냄새보다 자기 엄마의 가슴 냄새를 더 좋아한다는 사실이 확인되었다.

후각 기관의 독특함은 우리의 신체 구조에서도 나타난다. 후각은 문자 그대로 기억이나 감정과 밀접하게 연관되어 있다. 후각 신경구가 대뇌변연계 가까이에 있기 때문이다. 이미 살펴보았듯이 대뇌변연계는 정보를 감정과 결합하는 일을 담당한다. 후각은 다른 지각과 달리 특별한 위치를 차지하고 있다. 우리가 무언가를 보고 느끼고 맛보거나 들으면 먼저 시상이 이런 인상을 검사한다. 그런 다음에야 이 인상이 대뇌피질로 간다. 냄새는 그렇지 않다. 후각 신경구가 기억을 담당하는 해마 근처에 자리잡고 있기 때문에 냄새는 여과되지 않고 대뇌변연계에 도달한다. 비유적으로 말하면 냄새는 감정이나 기억과 직접 결합한다. 기억에 남을 수 있는 기회가 더 많은 셈이다.

그것은 진화론적으로 큰 의미가 있다. 부패한 고기의 악취는 우리 조상들로 하여금 자신들이 경험한 위장장애를 상기시켜 고기를 먹지 않도록 했다. 위험한 동물의 냄새는 갑작스러운 화재 경보처럼 도피 반사를 활성화시켰다. 파트너를 찾을 때도 코는 중요한 역할을 한다. 우리는 누군가의 냄새를 잘 맡거나 맡지 못한다. 그럼에도 후각 기억의 신체 구조는 오랫동안 전혀 알려지지 않았다.

1930년대 미국 심리학자 도널드 레어드는 냄새가 기억에서 중요한 역할을 한다고 생각했다. 그는 연구를 위해 250명과 대화를 나누었다. 그들 가운데 약 80퍼센트가 후각 기억을 언급했다. 나아가 여성의 76퍼센트와 남성의 절반은 후각 기억이 가장 생생한 기억이라고 주장했다. 따라서 레어드는 후각 기억이 거의 '믿기 힘든 힘'을 갖고 있을 거라고 확신했다.

냄새, 기억의 지원병

그러나 그 힘에 관한 체계적인 연구는 50년이 지나서야 이루어졌다. 1984년 기억력 연구가 데이비드 루빈은 150명의 자발적 참가자들에게 기억을 불러일으킬 단어나 사진을 보여주고 냄새도 맡게 했다. 여러 가지 감각에 어필한 것이다. 실험 결과 향기는 단어나 사진 못지 않은 영향력을 행사했다. 그럼에도 참가자들이 일상에서는 냄새를 가장 드물게 생각하고, 냄새에 관해서는 거의 말을 하지 않는다는 사실도 확인했다.

다른 감각과 달리 냄새에 관한 어휘가 별로 없다는 사실은 놀라운 일이 아니다. 맛은 공식적으로 다섯 가지 범주로 나뉜다. 초콜릿은 '달콤하고', 레몬은 '시고', 아스파라거스는 '쓰고', 정어리는 '짜다'. 몇 년 전 '감칠맛'이 추가되었는데, 이 맛은 글루타민산염 때문에 나는 것이며 주로 고기와 치즈, 간장에서 난다.

어떤 모습은 아름답거나 슬프거나 충격적이거나 놀랍다고 할 수 있다. 소리는 크거나 약하거나 높거나 낮거나 날카롭거나 부드럽다고 할 수 있다. 접촉은 기분 좋거나 부드럽거나 거칠거나 불친절하다고 느낄 수 있다. 그러나 향기는 대부분 '어떤 냄새' 또는 '무슨 냄새'가 난다고 한다. 휘발유 냄새, 장미 냄새, 계피 냄새가 난다고 하고 바나나, 오렌지, 금방 벤 풀 냄새가 난다고 표현한다.

후각 연구가 레이첼 헤르츠도 틀림없이 이런 특수성을 고려했을 것이다. 그래서 그녀는 첫 번째 연구에서 실험 대상자들에게 먼저 다양한 감각적 인상과 대면하게 했다. 그녀는 팝콘을 선택했다. 대상자들은 팝콘이 튀겨지는 소리를 듣고, 관련 사진을 보거나 팝콘 냄새를 맡았다. 여러분도 나와 같다면 팝콘 냄새를 맡는 것만으로도 어떤 자극이 일어날 것이다. 실험 대상자들의 경우 모든 감각적 인상 가운데 후각 기억이 가장 감정적이었다. 팝콘 냄새를 맡았을 때 감정에 대해 더 강렬하게 언급했다. 나아가 그들은 향기를 맡은 뒤 과거로 돌아간 느낌을 강하게 받았다.

내 경우에는 감기 연고 냄새가 남기는 감정이 특히 강했다. 어린시절 감기에 걸렸을 때 엄마는 내 가슴에 연고를 발라주었다. 요즘도 유칼립투스와 멘톨로 된 연고 냄새를 맡으면 금방 회상에 잠긴다. 내 앞에 펼쳐진 시간은 무한정하고 지나간 날들은 얼마 되지 않았던 그 당시를 생각한다. 연고 냄새는 엄마의 보살핌과 모든 것이 잘 될 것이라는 확신, 그런 날들에 대한 기억과 연결되는 것이다.

몇 년 전 헤르츠는 지원자 몇 명에게 특정 향기와 긍정적인 기억을 연관짓는지 물었다. 헤르츠가 나에게 물었다면 나는 곧바로 그녀에게 향기 한 가지를 말해주었을 것이다. 2001년 나는 튀니지에서 휴가

향기는 믿기 힘든 힘을 발휘한다. 막 베어낸 풀냄새를 맡을 때마다 저자는 어린시절
할아버지의 손길을 그리워하며 눈물짓는다.
향기가 지닌 마술이다.

를 보냈다. 당시의 내 여자친구는 '구치 러쉬' 향수를 사용했다. 2009년 친한 친구가 나에게 새 여자친구를 소개해줬다. 나는 그녀와 악수를 하면서 금방 그 향기를 알아보았다. 구치 러쉬. 튀니지 휴가 이후로 8년이 흘렀고, 나는 당시의 여자친구를 오래 전에 잊어버렸다. 그러나 그 향수 냄새를 맡자마자 그녀가 떠올랐다.

헤르츠의 실험 대상자들도 비슷했다. 그들은 긍정적인 기억을 내포하는 향기 몇 가지를 말했고, 헤르츠는 이 향수를 구입했다. 몇 주 후 헤르츠는 참가자들에게 향수병과 함께 향수를 주었다. 또 그들에게 그것과 대조할 수 있는 중립적인 향수 두 가지도 주었다. 그런 다음 그들에게 조용히 향수 냄새를 맡고 병을 들여다 보도록 했다. 그동안 헤르츠는 fMRI를 이용해 뇌 운동을 기록했다.

그 결과 실험 대상자들은 좋아하는 향기에 더 감정적으로 반응했다. 더 강렬하게 기억을 느꼈기 때문이다. 헤르츠는 이런 강도를 그들의 뇌에서도 생생하게 확인했다. 기억을 느끼는 동안 해마와 편도체가 엄청나게 활동적으로 바뀌었다. 향수에 젖게 하는 기분 좋은 냄새를 맡으면 대뇌변연계가 즉각 반응하는 것이다. 그것이 후각 기억의 효과를 특별하게 만든다. 헤르츠는 "후각 기억은 우리 뇌에서 일어나는 놀랍도록 감정적이고 감동적인 현상이다"라고 말한다.

물론 이런 반응은 사람마다 다르게 나타난다. 농장에서 자랐거나 부모와 함께 시골에서 휴가를 보낸 사람은 아마 쇠똥이나 거름 냄새를 맡으면 향수에 빠질 것이다. 그 냄새가 아름다운 기억과 연관되기 때문이다. 전형적인 도시 아이들은 그 냄새를 별로 유쾌하게 받아들이지 않을 것이다. 어릴 때부터 거칠게 간 보리죽을 즐겨 먹은 사람은 그 냄새만 맡아도 과거 시절로 여행을 떠난다.

향수를 불러일으키는 향기 유발 인자는 사람마다 다르다. 가령 인도에서 올라오는 따뜻한 여름비 냄새와 금방 베어낸 나무 냄새, 바다 공기 냄새는 그것이 긍정적인 경험과 연관되는지 또는 부정적인 경험과 연관되는지에 따라 효과가 다르게 나타난다.

전설적인 록밴드 비치 보이스는 1960년대 '프루스트 현상'으로부터 영감을 얻었다. 그들의 세계적인 히트곡 '굿 바이브레이션스Good Vibrations' 가사 중 첫 몇 줄은 후각 기억에 대한 진정한 송가다.

부드러운 말 소리가 들리네,

I hear the sound of a gentle word,

그녀의 향기를 실어오는 바람에서,

On the wind that lifts her perfume through the air,

이제는 많은 학자들이 냄새가 다른 감각적 인상보다 더 강력하게 기억 능력을 지원한다고 확신한다. 위트레흐트 대학교의 마리에테 토폴로는 2012년 80명의 여학생들을 세 개의 방으로 나누어 들여보냈다. 그곳에서 그들은 별로 재미없는 20분짜리 영화를 보았다. 더 정확히 말하면 영화는 잔인했다. 교통사고 혹은 르완다의 인종 학살

등에 관한 다큐멘터리였다. 심약한 사람들이 볼 것은 아니었다. A 그룹은 카시스 향기를 적당히 뿌려둔 방에 앉아 있었다. B 그룹은 네 가지 색깔이 교대로 비춰지는 작은 방에 앉아 있었으며 C 그룹은 잔잔한 배경음악에 귀를 기울였다.

영화가 끝난 직후 참가자들에게 영화를 어떻게 느꼈는지 말하도록 했다. 일주일 후 모든 그룹이 다시 실험실에 모였다. 그들에게 다시 향기와 불빛 또는 음악이라는 동일한 자극을 주었다. 그러면서 일주일 전의 비디오를 떠올리게 한 뒤 느낌을 말하도록 했다. 실험 결과 향기 그룹이 자신들의 기억을 더 자세하게 묘사했을 뿐만 아니라 그 영화를 더 신경에 거슬리고 불쾌한 것으로 느꼈다. 이러한 성향은 음악 그룹과 비교할 때도 두드러졌다. 따라서 토폴로는 냄새가 음악보다 훨씬 더 강한 기억을 남길 수 있다고 정리했다. 음악을 통한 시간 여행은 다음 장에서 다루겠다.

응답하라,
젊은날의 노래여!
음악이 기억을 일으키는 원리

헨리 드라이어는 건강이 좋지 않다. 92살의 이 미국인은 10여 년 전부터 양로원에서 살고 있다. 그는 하루 대부분을 머리는 숙이고, 눈은 반쯤 감은 채 휠체어에 가만히 앉아 있다. "안녕, 아빠!" 딸은 아버지를 찾아오면 이렇게 말하면서 손을 잡는다.

딸은 아직도 어린시절을 생생히 기억한다. 아버지는 대개 기분이 좋았다. 그녀와 장난치며 노는 것보다 아버지에게 더 큰 즐거움을 준 것은 딱 한 가지였다. 아버지는 음악, 특히 미국 재즈가수 캡 캘러웨이를 좋아했다. 딸과 산책을 갈 때면 그는 종종 큰 소리로 노래를 부르며 춤을 추었다. 지금 그녀 앞에 웅크리고 앉아 있는 이 노인이 예전의 활력 넘치고 쾌활하던 아버지라고 믿기가 힘들다.

"안녕, 아빠!"라고 불러도 아버지는 반응이 없다. "아빠, 몸은 어때?"라고 딸이 물어보자 헨리가 조용히 중얼거렸다. "괜찮아." 분명하지는 않지만 약간 완고한 어조다. "내가 누구야?" 딸이 묻자 아버지는 "몰라."라고 대답했다.

미국 다큐멘터리 영화 〈Alive Inside〉에서 나오는 장면이다. 이 영화를 위해 마이클 로사토 베넷 감독은 수 개월 동안 사회복지사 댄 코헨을 동행했다. 댄 코헨은 어느 날 자신의 만년을 양로원에서 보내면 어떨까 깊이 생각해보았다. 그럴 날은 아직 멀었지만 한 가지는 분명했다. 그는 분명히 좋아하는 음악을 가지고 갈 것이다. 음악이 그를 위로해주고, 약간의 즐거움을 줄 수 있을 것이다.

갑자기 코헨에게 아이디어가 떠올랐다. 그는 근처 노인 주거시설을 찾아가 노인들을 음악으로 기쁘게 해주고 싶다고 말했다. 몇 주 후 코헨은 노인들에게 MP3 플레이어와 그들이 개인적으로 좋아하는 노래를 나누어주었다. 효과는 대단했다. 헨리 드라이어 같은 알츠하이머 환자들도 마찬가지였다.

이 영화의 가장 아름다운 순간은 간호사들이 환자에게 헤드폰을 씌워주는 장면이다. 모든 노인들은 기억력 감퇴를 겪고 있고, 정도 차이는 있지만 감정이 메말랐으며, 정신이 나간 듯 행동하기 일쑤다. 그러나 음악을 듣자 모두가 달라진다. 가령 드라이어는 눈을 활짝 뜨더니, 팔을 휘젓고 머리까지 흔들면서 노래를 따라 부른다. 간호사가 그에게서 헤드폰을 다시 벗겼을 때에도 이런 효과는 지속된다.

"헨리, 음악 좋아해요?"

"나는 음악에 미쳤어!" 그가 크게 외친다.

"젊었을 때 음악 좋아했어요?"

"응, 많이 좋아했어!"

"좋아하는 음악이 뭐예요?"

"캡 캘러웨이야!"

"음악을 들으면 뭐가 좋아요?"

"음악은 나에게 사랑의 감정을 줘. 낭만의 감정을."

몇 분 전 자기 딸도 못 알아보던 남자가 그렇게 말하고 있다.

유명한 신경학자 올리버 색스가 이 다큐멘터리 영화를 학문적으로 감수했다. 그는 이 실험에 대해 열광했다.

"새로운 기술 덕에 우리에게 의미 있는 노래들을 성냥갑 크기만한 기계 하나에 모두 저장할 수 있다. 죽은 것과 진배없던 사람들이 음악에 의해 다시 돌아오고 있다. 그들의 기억과 삶의 이야기로."

이 감동적인 영화는 "음악이 거의 아무것도 기억할 수 없는 사람들에게도 향수를 불러일으킬 수 있다"는 사실을 알려준다.

음악은 마법과 같은 힘을 지녔다. 음악은 우리를 행복하게 하거나 깊은 생각에 잠기게 한다. 우리를 웃게 하거나 눈물 날 정도로 감동시킬 수도, 위로하거나 일으켜세울 수 있다. 멜로디와 음이 없었다면 우리 삶은 지금과 같지 않을 것이다.

우리가 기분을 전환하든 재미있게 시간을 보내든, 기운을 내든 긴장을 풀든, 음악은 언제나 감정을 고조시킨다. 음악을 통해 우리는 많은 감정을 더 강렬하게 체험한다. 음악을 들을 때 우리 뇌에서 일어나는 현상도 복잡하다. 그 현상은 학자들에게 흥미로운 분야가 아닐 수 없다.

왜 음악은 기분을 고양시킬까?

오늘날 우리는 언제 어디서나 음악을 들을 수 있다. 자동차와 부엌의 라디오에서도 흘러나오고, 스마트폰으로도 좋아하는 음악을 들을 수 있다. 음악은 인생의 수많은 정거장에서 우리와 함께 한다. 학생들은 졸업식에서 졸업장을 수여할 때 특별한 노래가 반주되기를 원한다. 연인들은 소파에 붙어앉아 낭만적인 노래를 들으며, 결혼식에서는 '그들만의 노래'를 울려퍼지게 한다.

음악이 기억의 중요한 일부라는 사실은 놀라운 게 아니다. 1995년 할아버지가 돌아가신 뒤, 14살인 내가 울면서 예배당에 앉아 있을 때 연주자 두 명이 요한 세바스티안 바흐의 아리아를 연주했다. 나는 지금도 그 음악을 들을 때마다 할아버지의 장례식을 생각한다.

그런데 우리는 왜 특정한 노래와 특정한 사람을 연결할까? 음악은 왜 우리를 향수에 젖게 만들까?

최근에야 심리학자와 뇌 연구자, 생물학자들이 이 질문에 대한 답변을 찾아냈다. 그들은 대답을 찾는 과정에서 우리가 좋아하는 음악과 감정이 해부학적으로 밀접하게 연결되어 있다는 것을 알게 되었다.

우선 음악은 아주 쉽게 기억에 자리잡을 수 있다. 그 이유는 음악의 복잡성에 있다. 우리가 음악을 들을 때는 뇌 전체가 관여한다. 뇌는 멜로디와 리듬, 빠르기뿐만 아니라 음의 높이도 처리해야 한다. 때때로 우리는 함께 노래를 부르거나 박자에 맞춰 춤을 추기도 한다. 노래는 기억 속에 고정될 수 있는 다양한 닻을 갖고 있는 셈이다.

물론 기억을 하기 위해서는 우리가 음악을 인지해야 한다. 물리학자에게 음은 진동으로 이루어져 있을 뿐이다. 음악이 기압을 변화시키기 때문에 음이 생긴다. 이런 진동이 귀를 통해 고막으로 들어와서, 내이內耳에 있는 청신경으로 간다. 청신경에서는 3,500개의 모발세포가 대기하고 있다. 이 모발세포가 음을 신경자극으로 변화시킨다. 이 신경자극이 이동해 청각센터인 청각 피질에 도달한다. 청각 피질은 측두엽의 일부로, 들어오는 정보를 해석한다. 물론 청각 피질은 과제를 나눈다. 뇌의 좌반구에 있는 청각센터는 리듬을 처리하고, 우반구에 있는 청각센터는 음과 소리를 처리하는 경향이 있다.

음악은 이제 청각센터로부터 다양한 뇌 부위로 분배된다. 여기서 다시 대뇌변연계가 개입하는데, 대략적으로 대뇌변연계는 어떤 노래가 우리 마음에 드는지 또는 그렇지 않은지에 대한 문제를 판단할 때 도움을 준다.

1991년 뉴캐슬 킬 대학교의 존 슬로보다는 응답자의 80퍼센트 이상이 음악을 들을 때 육체적으로 반응한다는 사실을 밝혀냈다. 어떤 사람들은 등에 식은땀을 흘렸고, 어떤 사람들은 웃거나 울거나 말 그대로 목이 메였다.

1998년 몬트리올 대학교의 이사벨 페레츠를 위시한 신경심리학자들은 음악이 우리 뇌에서 정확히 어떤 현상을 일으키는지에 대해 최초의 힌트를 제공했다. 그들은 40세의 한 여성을 세상에 공개했다. 그녀의 익명성을 지키기 위해 페레츠는 그녀에게 'I.R'이라는 가명을 만들어주었다.

그녀는 10년 전에 수술을 받았다. 뇌 동맥에 동맥류가 생겼기 때문이다. 수술은 최악의 경우 뇌출혈을 일으킬 수 있는 혈관 확장술이었다. 외과의사들이 수술에서 동맥류를 제거했다. 어려운 수술이었지만, 그녀는 잘 견디어냈다. 기억력 연습에서뿐만 아니라 지능 테스트에서도 좋은 결과를 얻었고, 정상적으로 말도 할 수 있었다.

그러나 후유증이 없지는 않았다. 이 환자는 음악과 관련해 문제가 생겼다. 그녀는 더 이상 멜로디를 인식할 수 없었다. 음악 작품을 구별할 수 없었다. 한 가지 이상의 음을 노래할 수 없었다.

페레츠는 컴퓨터 단층촬영을 해서 이 환자의 뇌를 검사한 뒤 다음과 같은 사실을 밝혀 냈다. 뇌의 양쪽 반구에서 측두엽의 일부, 즉 상측두회와 하전두회의 일부가 손상되었다. 이 하전두회의 신경세포가 소리를 들을 때 모종의 역할을 한다. 측두엽이 기억을 형성하고 일깨우는 것뿐만 아니라 음악도 재인식한다는 것을 시사하는 최초의 발견이었다.

그 이후 학자들은 건강한 사람들을 대상으로 한 연구에서 이런 추측을 뒷받침했다. 캐나다 신경학자 앤 블러드와 로버트 자토르는 2001년에 적어도 8년 동안 악기를 연주했던 20~30세 남녀 각 5명을 조사했다. 그들에게 자신이 좋아하는 음악을 실험실로 가지고 오라고 한 뒤 중립적인 노래와 번갈아가면서 이 멜로디에 귀를 기울였다. 그동안 연구자들은 그들의 맥박수와 호흡을 모니터링했다. 또 양전자방출 단층촬영술PET을 이용해 뇌를 관찰했다.

놀랍게도 좋아하는 음악을 들을 때 그들의 맥박수와 호흡이 더 빨라지고 뇌도 반응을 보였다. 특히 기분 좋은 감정과 깊은 관계가 있는 대뇌변연계가 활동적으로 바뀌었다. 학자들은 "음악이 뉴런의 보상 메커니즘과 감정 메커니즘을 이용한다"고 기술했다. 먹을 때와 섹스할 때, 마약을 복용할 때 활성화되는 메커니즘 말이다. 때문에 좋아하는 음악을 들을 때 우리는 기분 좋은 느낌에 빠진다. 주목할 만한 결과가 아닐 수 없다. 왜냐하면 음악은 엄격히 말해서 생물학적 생존을 위해서도, 번식을 위해서도 그다지 필요한 것이 아니기 때문이다. 약리작용이 있는 물질은 더더욱 아니다. 그럼에도 불구하고 우리 뇌는 특정한 음악에 격렬하게 반응하는 것 같다.

음악으로 촉발되는 향수 현상을 다룬 초기 연구 가운데 하나를 캘리포니아 대학교 데이비스 캠퍼스의 페트르 자나타가 몇 년 전 발표했다. 그는 먼저 음악이 과거로부터 어떤 감정을 불러일으키는지 밝혀내고자 했다. 이를 위해 18~20세의 대학생 329명에게 팝송을 들려주었다. 이 팝송은 참가자들이 7~19세였을 때 미국 팝 음반 인기순위에서 100위 안에 들던 노래였다. 노래는 1,515곡이었다.

참가자들에게 노래가 기억을 불러일으키는지 물었다. 의외의 결과는 아니었다. 96퍼센트가 적어도 노래 한 곡에서 기억을 떠올렸다. 그들이 노래를 들을 때 무엇을 느꼈는지도 평가하게 했다. 자나타는 그들에게 34가지의 감정이 적힌 목록을 건넨 뒤, 자신의 감정을 선택하게 했다. 첫 번째에는 "행복하다"가, 두 번째에는 "젊다" 그리고 세 번째에는 "향수에 젖다"가 꼽혔다.

향수에 빠지는 데는 노래 한 소절, 가사 한 구절만으로 충분할 때도 있다. 지난 세기 말에 인터넷에 접속하려는 사람은 모뎀의 거슬리는 소음을 참아야 했다. 핀란드의 이동 무선통신 대기업인 노키아의 고전적인 휴대전화 벨소리는 도처에서 울렸다. 이 벨소리는 스페인 기타리스트 프란시스코 타레가의 '대왈츠Gran Vals'에서 따온 것이었다. 40세 이상 된 사람들은 전화기의 다이얼이 드르륵 소리가 나고, 타자기의 키가 딱딱 소리를 내며, 전축의 바늘이 삑삑 소리를 내는 것을

ENDANGERED SOUNDS~

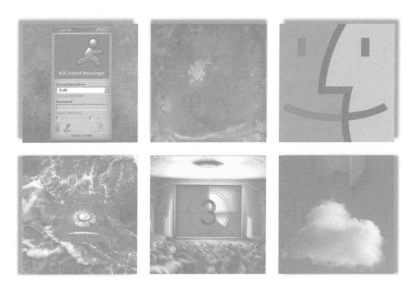

http://savethesounds.info/ 화면 캡쳐

한때 우리 일상을 이루던 소리들.

드르륵 드르륵 돌아가던 전화 다이얼 소리, 딱딱딱딱 타자기 자판 소리,

때로 신경을 거슬리게 하던 TV 화면의 백색소음까지….

이 모든 것이 이제는 우리 마음에 파장을 일으키는 추억이 되었다.

기억할 것이다.

이런 소리 가운데 많은 것은 이미 일상에서 사라졌다. 전화 벨소리는 때로 진동음으로, 전화기 다이얼은 터치스크린으로 교체되었다. 이런 상황에서 미국 대학생 셋이 음향보존 전문가로 나섰다. 2012년 초 그들은 웹사이트 Savethesounds.info에서 '사라질 위기에 처한 소리 박물관Museum of Endangered Sounds'을 열었다. 그곳에는 텔렉스와 도트 프린터, 비디오테이프 리코더, 디스크 드라이브처럼 우리 일상에서 사라진 제품 사진 30여 장이 있다. 사진을 클릭하면 그 제품의 소리가 울린다. 잠시 동안 이 사이트를 둘러보는 사람은 향수에 젖지 않을 수 없다.

이때 우리 뇌에서 어떤 일이 일어나고, 왜 기분 좋은 느낌이 드는지에 대해 페트르 자나타는 답변을 내놓았다. 그는 다시 피실험자들에게 그들의 젊은 시절 히트곡을 들려주었다. 이번에는 기능성자기공명단층촬영장치fMRT에서 좋아하는 노래를 들었다. 그들은 어떤 노래가 자신을 얼마나 기분 좋게 하는지, 그 노래가 기억을 불러일으키는지 등을 버튼을 통해 연구자들에게 알려주었다. 그 사이에 fMRI는 뇌의 어떤 부위가 반짝이는지를 기록했다. 그 결과 전전두피질, 특히 중앙 부분이 눈에 띄게 활성화되었다. 자나타는 "이 부분이 음악과 기억을 연결한다"고 말했다.

우리가 좋아하는 음악을 들으면 기분만 좋아지는 게 아니다. 음악은 동시에 기억을 불러일으키는 일종의 스위치다. 자나타에 따르면 이런 현상은 우리 이마 바로 안쪽에 있는 부위에서 일어난다. 앞에서 살펴본 헨리 드라이어가 마지막까지 캡 캘러웨이를 좋아할 수 있었던 이유도 여기에 있다. 알츠하이머 환자라도 바로 그 중앙 전전두피질은 지극히 온전하기 때문이다.

나이가 들어갈수록 아름다운 것이 있다. 몸은 더 이상 예전처럼 말을 듣지 않고 정신도 점점 희미해진다. 알츠하이머나 치매 같은 병이 오고 기억은 사라진다. 생명의 불빛이 희미해지면 더욱 그렇다. 로사토 베넷의 영화와 자나타의 실험은 우리의 기억력이 아무리 약해지더라도 음악이 언제든 우리를 과거로 보내준다는 것을 입증해준다.

물론 향수가 얼굴, 대화, 장소, 물건, 냄새, 소리 가운데 어떤 것에 의해 유발되든 아름다운 기억이라고 해서 꼭 완벽한 것은 아니다. 그 기억이 사실인지도 확신할 수 없다. 우리 기억력은 때로 원하는 대로 기억한다. 그러나 그것도 그렇게 나쁘지만은 않다.

기억이
당신을 속일지라도
기억의 왜곡은 어떻게 일어날까

아일린 프랭클린과 수잔 네이슨은 가장 친한 친구였다. 그들은 샌프란시스코에서 자동차로 30분 거리에 있는 작은 도시 포스터에 살았다. 1969년 9월 22일, 9번째 생일 5일 전에 수잔이 사라졌다. 2개월 후 경찰은 고향에서 서쪽으로 8킬로미터 떨어진 숲에서 그녀의 시신을 발견했다. 누군가 무거운 물건으로 그녀의 두개골을 내리쳤다. 20년 동안 이 살인사건은 미제로 남아 있었다.

29세가 된 아일린 프랭클린은 거실에 앉아 있었다. 그 사이에 그녀는 결혼을 했고, 두 아이를 둔 가정주부가 되었다. 아들 애런은 그녀의 무릎에 앉았고, 딸 제시카는 양탄자 위에서 친구 두 명과 놀고 있었다. 아일린은 바깥을 내다보았다. 태양이 비치고 있었다. 캘리포니아의 늦겨울 날이었다. 그녀는 아이들이 수영장에서 수영을 해도 될 정도로 날씨가 따뜻하다며 중얼거렸다. "엄마, 정말이야?" 제시카가 기뻐하면서 물었다. 햇빛으로 제시카의 적갈색 머리카락은 더욱 뚜렷해 보였고, 바닥에는 그림자가 섬세한 무늬를 그려놓았다. 아일린이 딸의 눈을 들여다보았을 때 그 기억이 떠올랐다.

아일린 프랭클린은 환영 속에서 친구 수잔 네이슨이 숲에 앉아 있는 것을 보았다. 한 남자가 손에 큰 돌을 들고 수잔 뒤에 서 있었다. 수잔은 몸을 돌렸다. 스스로를 보호하기 위해 손으로 머리를 감싸고 있었지만 겁을 먹고 어찌할 바를 모른 채 아일린을 바라보았다. 몇 초 후 그 돌이 수잔의 머리를 박살냈다. 아일린은 피부가 찢기고 뼈가 부서지는 소리를 듣지 않기 위해 귀를 막았다.

20년 동안 아일린은 잔인한 기억을 숨기고 있었는데, 이제 그 기억이 돌아온 것 같았다. 불현듯 그녀는 수잔이 살해되는 것을 자신이 보았다고 생각했다. 그 끔찍한 생각은 또 다른 충격적인 기억과 연결되어 있었다.

1969년 9월 22일 아일린의 아버지 조지는 뒷좌석에 매트리스가 있는 베이지색 작은 버스로 아일린과 여동생을 학교에 데려다주었다. 학교로 가는 동안 아일린은 길가에서 친구 수잔을 보았고, 아버지에게 수잔도 타고 가도 되는지 물어보았다. 조지는 멈춰서 수잔을 태웠다. 그런데 이상하게도 아버지는 아일린의 여동생에게 내리라고 했다. 그들이 마침내 학교 앞에 도착했을 때 아버지는 이 4학년 여학생

둘을 내려주지 않았다. 오늘은 학교를 빼먹으라고 했던 것이다.

그는 계속 달려서 한참 후 어느 숲에 도착했다. 아일린과 수잔은 작은 숲과 나무 사이에서 뛰어논 다음 자동차에 탔다. 그들은 매트리스에서 구르며 놀았고, 아버지도 같이 놀기 시작했다. 얼마 후 장난은 참혹한 결과로 이어졌다. 아일린은 아버지가 수잔 위로 올라가는 것을 보았다. 아버지는 수잔의 팔을 잡고, 치마를 위로 젖혔다. 두려움에 빠진 아일린은 구석에 웅크리고 앉아 있었다. 아버지의 그 짓이 끝났을 때 아일린과 수잔은 자동차에서 내렸다. 수잔은 울고 있었다. 수잔은 돌이 있는 데로 가서 주저앉았다.

아일린은 자동차 옆 땅바닥에서 나뭇잎을 주워들었다. 그녀가 고개를 들었을 때 나뭇가지와 나무 사이로 햇빛이 반짝이는 것이 보였고, 그림자가 바닥에 섬세한 무늬를 그려놓았다. 그 순간, 그녀의 아버지가 돌을 들고 수잔 뒤에 서 있었다. 그는 수잔의 머리를 내리쳤고, 아일린은 귀를 막았다.

아버지는 아일린을 붙잡아서 바닥에 내동댕이쳤다. 그녀의 얼굴을 땅바닥 나뭇잎 속으로 누르면서, 누군가에게 무슨 말이든 하면 죽이겠다고 위협했다. 아일린이 소리 지르는 것을 멈추자 그는 아일린을 무릎에 앉힌 뒤 지나간 일이니 모든 것을 잊어야 한다고 말했다. 그런 다음 아버지는 자동차에서 삽을 꺼내 구덩이를 파기 시작했다. 집에 돌아온 아일린은 금방 잠에 빠졌다.

아일린은 자기 아버지가 가장 친한 친구를 성폭행하고, 살해했다는 사실이 20년 후에 갑자기 떠오른다고 생각했다. 처음 몇 달 동안 그런 기억을 무시한 채 떨쳐버리려고 했다. 소용이 없었다. 그녀는 먼저 자신의 치료 전문가와 오빠, 세 자매 그리고 엄마에게 이 사실을 털어놓았다. 데자뷰 경험을 한 지 10개월이 지난 1989년 11월, 아일린은 남편에게 고백했다. 남편은 경찰을 부르자고 주장했다. 수 차례 대화를 한 이후 지방검사가 조사를 시작했고, 경찰 2명이 이 사건을 담당하게 되었다.

아일린은 1989년 11월 27일 그들에게 이야기를 들려주었다. 그녀는 색깔과 소리, 감정, 대화를 기억했다. 경찰은 그녀의 말을 확인하기 위해 상세하게 질문을 했다.

"범행 장소에 나무가 많았습니까?"

"숲은 빽빽했고, 가는 나무들이 지그재그로 서 있었습니다."

"길은 어떤 모습이었습니까?"

"포장이 되지 않은 들길이었습니다."

"경찰에게 반지에 대해 이야기하지 않았습니까?"

"했습니다. 수잔은 보석이 박힌 반지를 끼고 있었습니다."

경찰 두 명은 아일린 프랭클린이 진실을 말하고 있다고 확신했다. 3일 후 조지 프랭클린은 수잔 네이슨 살인죄로 체포되었다. 유일한 증거는 딸의 기억이었다.

1990년 여름에 미국 여성 심리학자 엘리자베스 로프터스는 전화한 통을 받았다. 전화를 건 사람은 조지 프랭클린의 변호사인 더그 혼그레이드였다. 그는 로프터스에게 전문가 자격으로 소송에 참석해 줄 것을 부탁했다. 로프터스는 당시 기억 문제, 정확히 말하면 기억의 오류 문제 분야에서 전문가였다. 1974년 그녀는 실험 대상자 100명에게 자동차 사고에 관한 영화를 보여주었다. 그런 다음 로프터스는 대상자 절반에게 "자동차가 '서로 충돌했을 때' 얼마나 빨리 달렸습니까?"라고 물었다. 다른 절반에게는 "자동차가 '서로 마주쳤을 때' 얼마나 빨리 달렸습니까?"라고 물었다.

이런 사소한 차이는 효과를 보였다. A 그룹은 속도를 시속 약 16킬로미터라고 생각했고, B 그룹은 시속 13킬로미터라고 생각했다. 일주일 후에 그녀는 실험 대상자 모두에게 사고 당시 깨진 유리를 보았는지 물었다. A 그룹에서는 B 그룹에서보다 2배나 많은 사람이 보았다고 대답했다. 그렇지만 사고 당시 유리는 깨지지 않았다.

로프터스는 당시 목격자의 기억은 추후의 정보에 의해 상당히 교란된다고 추측했다. 그녀는 프랭클린의 소송에서 배심원들에게 기억은 시간이 지나면서 퇴색하고 교란되기 쉽다는 점을 상세히 설명했다.

로프터스는 배심원들 앞에서 실험 참가자들에게 충격전 비디오를 보여주었던 과거의 실험에 대해 이야기했다. 비디오를 보고 난 다음 참가자들은 그 범죄와 관련해 연출해낸 텔레비전 뉴스를 보았다. 나중에 많은 실험 참가자들은 뉴스의 세부 내용을 혼동했다. 로프터스가 기억을 수정해주어도 잘못된 기억을 고집했다. 어쩌면 아일린 프랭클린에게도 그런 비슷한 일이 일어났을 수 있다는 게 로프터스의 설명이었다. 예전의 소송에서 그녀는 그런 설명으로 배심원들에게 깊은 인상을 남긴 적이 있다.

기억하고 싶지 않은 기억들

그러나 이번은 아니었다. 로프터스가 아일린 프랭클린의 기억에 관해 자세하게 아는 것이 없다는 사실을 인정해야 했기 때문이다. 1990년 11월 29일 배심원은 협의를 위해 퇴장했고, 하루 뒤에 판결을 내렸다. 배심원은 조지 프랭클린을 유죄라고 선언했다. 1991년 1월 그는 종신형을 받았다.

당시 미국의 모든 매체가 이 소송에 관해 보도했다. 판결이 나오자 이 사건에 대한 관심은 금방 사라졌다. 그러나 로프터스는 이 주제에서 벗어나지 못했다. 몇 달 후 그녀는 강의에서 학생들에게 대담한 계획을 말했다. 누군가에게 실제로 한 번도 일어나지 않았던 사건에 대한 기억을 굳게 믿도록 하는 데 성공한다면 매우 흥미로울 것이라고 생각했다.

실험을 진행하기 위한 미끼로 그녀는 실험에 응하는 학생의 최종 성적에 5점을 가산해준다고 제안했고, 제임스 코언이 그 미끼를 물었다. 이 학생은 한편으로는 보너스 점수를 잘 이용할 수 있을 것이라고, 다른 한편으로는 이 실험이 매우 흥미롭다고 생각했다. 그래서 그는 강의 후 동일한 얇은 공책 세 권을 만들었다. 한 권은 여동생, 한 권은 엄마, 다른 한 권은 남동생 크리스를 위한 것이었다.

표지에는 '나는 예전의 연구를 되풀이하고 싶다. 그때 참가자들은 어떤 다른 사람이 그들에게 얼마나 친절했는지 기억하고 있었다'라고 쓰여 있었다. 거짓말이었다. 그런 연구는 존재한 적이 없었다.

코언은 위쪽 가장자리에 있는 설명 부분을 제외하고 공책 대부분을 비워두었다. 공책에 그는 과거의 세 가지 상황을 적어둔 뒤 식구 3명에게 그 상황에 관해 쓰게 했다. 그 중 하나는 다음과 같다.

그때는 1981년 혹은 1982년이었다. 당시 나는 12살이었고, 크리스는 5살이었다. 우리는 같이 쇼핑센터에 갔다. 그런데 갑자기 크리스가 사라졌다. 잠시 후 우리는 크리스를 찾았다. 키가 크고 나이가 든 어떤 남자가 크리스를 데리고 쇼핑센터를 가로질러 갔다. 나는 그가 플란넬 셔츠를 입었으며, 울고 있는 크리스의 손을 잡고 있었다고 기억한다. 그 다음 그 남자가 크리스를 우연히 발견해서, 부모 찾는 것을 도와주고 있다고 우리에게 설명했다.

코언은 엄마와 여동생, 남동생에게 일주일 동안 매일 이 기억에 대해 무언가를 쓰도록 했다. 유감스럽게도 여동생은 약간 멍청하게 일을 처리했다. 그녀는 공책을 잘못 작성했고, 그래서 코언은 여동생의 진술을 이용할 수 없었다. 엄마 역시 아무것도 기억하지 못했다. 반면 남동생은 나이든 남자 모습이 어땠는지, 그 남자가 어디서 자신을 발견했는지 그리고 그가 무슨 말을 했는지 정확하게 쓰고 있었다. 코언은 1(매우 불명확)부터 11(지극히 분명함)까지 나눈 등급 중 그의 기억이 어느 정도인지 재차 질문했다. "대략 8이야." 크리스가 대답했다. 문제는 단순했다. 코언은 이 이야기를 꾸며냈던 것이다.

크리스는 세 가지 일화 가운데 하나는 사실이 아니라는 것을 알았다. 그러나 그는 거짓 일화를 찾아내는 데 실패했다. 그의 형이 그에게 해답을 알려주었을 때 그는 어리둥절해했다.

"정말이야? 나는 내가 길을 잃었고, 형을 찾으며 울고 있었고, 엄마가 나에게 와서 어디 있었는지 물었던 것을 정확하게 기억한다고 생각했는데. 그리고 엄마가 다시는 뛰어가지 말라고 했던 말도 기억하고 있다고 생각했어."

제임스 코언은 그를 진정시키며, 충분히 그럴 수 있다고 말했다. 크리스는 "재미있네, 나는 기억한다고 생각했어."라고 재차 말했다. 크리스는 평소 상상력이 풍부한 사람이 아니었다. 헛소리를 하는 부류도 아니었다. 단지 '오기억false memory' 현상에 빠졌던 것이다.

엘리자베스 로프터스와 수많은 심리학자들은 많은 실험으로부터 다음과 같은 사실을 밝혀냈다. 사람들 중 절반은 실제로 일어나지 않은 경험을 기억하고 있다고 믿는다는 것이다. 청년이든 노인이든, 어떤 병원 응급실에서 꾸며낸 사건이든 결혼식에서의 괴로운 경험이든 또는 놀이공원에 갔던 경험이든, 우리는 실제 정보를 많이 잊을 뿐만 아니라 틀린 정보도 믿게 된다.

　그리스 철학자 플라톤은 우리의 기억력을 밀랍 칠판과 비교한 적이 있다. 밀랍 칠판은 "어떤 경우에는 더 크고 어떤 경우에는 더 작으며, 어떤 경우에는 깨끗한 밀랍으로 되어 있고 어떤 경우에는 더러운 밀랍으로 되어 있다. 또 어떤 경우에는 단단한 밀랍으로 되어 있고 어떤 경우에는 부드러운 밀랍으로 되어 있다"는 것이다. 즉 어떤 사람은 다른 사람보다 선천적으로 더 많은 것을 기억할 수 있지만 원칙은 모두가 동일하다고 생각했다. "우리는 기억하고자 하는 것을 이 칠판에 눌러쓴다. 그리고 칠판에 새겨졌던 것을, 그 이미지가 칠판에 유지되는 동안 기억하고 인식한다."

　그러나 학자들은 이런 생각을 바꾸었다.

　"기억은 우리가 다시 끄집어내기를 참을성 있게 기다리면서 특정한 장소에 머무르는 것이 아니다. 기억은 우리의 머릿속을 돌아다닌다. 잡을 수 있는 형태라기보다는 오히려 구름이나 안개에 가깝다." 엘리자베스 로프터스는 이렇게 기록했다.

　무엇보다 우리 기억은 '재생reproductive'이 아니라 '복원reconstructive'되는 것이기 때문이다. 기억은 정보를 단순히 의식으로 끄집어내는 것이 아니다. 우리가 기억하는 것은 오히려 정보와 확신, 감정이 불명료하게 혼합된 결과이다. 우리의 기억은 데이터와 사실을 주도면밀하게 보관하는 하드 디스크처럼 작동하지 않는다. 그 대신 기억은 정기적으로 시스템 오류와 시스템 충돌을 일으키기도 한다.

영국 심리학자 프레드릭 바틀렛은 이미 1932년에 사전 지식이 기억에 얼마나 영향을 미치는지 보여주었다. 그는 영국 대학생들에게 인디언 동화인 〈유령들의 전쟁〉을 보여주었다.

이느 날 밤 에굴랙Egulac 출신의 젊은 남자 두 명이 바다 표범을 사냥하기 위해 강을 따라 내려갔다. 그들이 목적지에 도착했을 때는 안개가 자욱하고 조용했다. 갑자기 함성 소리가 들렸고, 그들은 '싸움이 일어날 것 같다'고 생각했다.

두 사람은 강가로 도망을 가서 나무 뒤에 숨었다. 그때 카누 몇 척이 다가왔고, 그들은 노 젓는 소리를 들었다. 카누 한 척이 그들에게로 다가왔다. 카누에는 남자 5명이 타고 있었다. "우리가 당신들을 데리고 강을 거슬러 올라가 사람들과 전쟁을 하리고 하는데, 어떻게 생각하시오?"

두 남자 가운데 한 명이 말했다. "나는 화살이 없소!"

"화살은 카누에 있소."

"나는 같이 가지 않겠소. 죽을 수도 있잖소. 게다가 내 친족들은 내가 어디로 갔는지도 모르잖소." 그러면서 그는 다른 젊은 남자에게 말했다. "자네는 같이 갈 수 있지."

그리하여 두 남자 중 한 명은 카누를 타고 갔고, 다른 남자는 집으로 돌아갔다. 전사들은 칼라마의 반대편에 있는 도시까지 강을 거슬러 올라갔다. 사람들이 물가로 내려왔고 전투가 시작되었다. 많은 사람들이 죽었다.

그런데 그 젊은 남자는 한 전사가 "빨리 집으로 가자, 저기 있는 인디언이 맞았어."라고 말하는 소리를 들었다. 그 순간 젊은 남자는 '이 전사들은 유령이구나'라고 생각했다. 그는 몸에 이상이 없었지만 전사들은 그가 화살에 맞았다고 말했다.

카누 여러 척이 다시 에굴랙으로 돌아갔다. 그 젊은 남자도 카누에서 내려 집으로 돌아가 불을 피웠다. 그는 모든 사람에게 자기 경험을 이야기해주었다.

"들어봐. 내가 유령들을 따라 전쟁터에 갔어. 우리 전우뿐만 아니라 적도 많이 죽었지. 그 유령들은 내가 화살에 맞았다고 말했는데, 내 몸은 전혀 이상이 없었어."

그는 모든 것을 말한 뒤 갑자기 침묵했다. 해가 떴을 때 그는 바닥에 쓰러졌다. 그의 입에서 검은 무언가가 흘러나왔다. 얼굴은 일그러졌고, 사람들은 놀라 펄쩍 뛰며 울었다. 그는 죽었다.

바틀렛의 학생들은 이 이야기를 두 번 읽었다. 그 뒤 바틀렛은 그들이 얼마나 그 상황에 대해 알고 있는지를 시간을 달리해 테스트했다. 가령 한 실험 대상자는 20시간 후에 두 남자에 관해 썼다. 그 학생의 기억력은 현저하게 쇠퇴했을 뿐 아니라 중요한 점에서 내용을 바꾸어놓았다. 그는 인디언 문화의 전형적인 어휘 대신 자신이 사용하는 표현을 썼다. 또 원래 이야기에서 초자연적인 힘을 암시하던 구절이 사라졌다. 이 학생만 특수한 건 아니었다. 나머지 학생 모두가 특별한 구절에서 눈에 띄는 실수를 했다. 그들은 자신에게 익숙한 부분은 기억하고 있었다. 그러나 인디언 및 신화와 관련된 부분은 잊어버리거나 자신에게 친숙한 개념으로 대체했다.

잘못된 기억을 낳는 심리학적 이유

이 실험을 통해 바틀렛은 '도식 이론'을 발전시켰다. 이 도식 이론은 잘못된 기억이 생기는 심리학적 이유를 설명해준다. 도식은 우리의 지식을 조직화하는 데 도움을 주는 이론적 구성이다. 도식은 우리가 어떤 정보를 인지하는가뿐만 아니라 어떤 정보를 저장하는가에도 영향을 미친다.

도식은 중요하지 않은 것으로부터 중요한 것을 여과한다. 우리 뇌가 비디오카메라처럼 작동한다면 그런 도식은 필요 없을 것이다. 그림과 소리는 완벽하게 기록될 테니까. 그러나 우리는 항상 단편만을 인지할 수 있다. 그리고 대부분 우리의 세계상, 즉 우리 도식에 어울리는 부분을 선택하게 된다. 그래서 틀린 기억이 나타난다.

휴가를 예로 들어보자. 당신은 새로 사귄 연인과 함께 간 첫 여행을 아직도 마음의 눈으로 볼 수 있을 것이다. 어디로 갔고, 호텔 이름이 무엇이며, 그곳에서 무엇을 했는지도. 그러나 개인적인 자세한 내용, 즉 휴가의 특정한 날에 어떻게 지냈고, 기분이 어땠으며, 매일 무엇을 했는지는 정확히 알지 못한다.

충분히 그럴 수 있다. 하나는 사실 기억과 관계가 있고, 다른 하나는 자서전적 기억과 관계가 있기 때문이다. 뇌의 오른쪽 반구에 있는 전두엽과 측두엽 부위는 사실 부분을 담당한다. 휴가를 스페인에서 보냈다고 가정해보자. 그런데 다른 한편으로 감정은 사건과 연계되어 있어서 같은 휴가를 보냈더라도 감정이 최상인 경우에는 휴가가 아름다웠다고, 감정이 그저 그런 경우에는 휴가가 아름답지 않았다고 기억한다. 감정에는 특히 대뇌변연계가 개입되어 있다. 따라서 아름다운 경험을 회상하는 사람은 감정과 사실을 뒤섞는다.

또 아름다운 기억에 대해서는 매우 즐겁게 곰곰이 생각하고 그에 관해 다른 사람들과 의견을 교환한다. 그러는 사이 그 기억은 우리에게 더 친숙해진다. 그러나 이런 친숙함이 틀린 해석을 초래하고 때로 실제가 아닌 무언가를 경험했다고 착각하게 만든다. 엘리자베스 로프터스는 한 인터뷰에서 "무언가를 기억하고 그 내용을 끄집어낼 때마다 기억은 거듭 변화한다. 우리가 지금 처한 기분이나 정보에 따라 그 내용은 달라진다"고 말했다. 우리가 기억하는 행위를 자주 하면 할수록 기억이 희미해질 개연성은 더 높아진다. 이는 증명된 사실이다.

캐나다 맥길 대학교 신경과학자 카림 네이더는 지난 수 년 동안 기억하는 행위를 할 때나 그 후에 어떤 일이 일어나는지에 대해 연구했다. 모든 것은 어찌 보면 단 하나의 질문 즉, "기억하는 행위가 기억 자체를 바꾸는 것이 가능한가?"에서 시작되었다.

그때까지 학자들은 이렇게 생각했다. 어떤 기억이 한 번 장기 기억에 자리잡으면 그 기억은 안정적이며 더 이상 바뀔 수 없다. 그 기억을 다시 *끄집어낼* 때도 마찬가지다. 그 기억은 응고되었기 때문에, 다시 말해 안정적인 형태로 저장되었기 때문이다.

이런 추측은 우리 기억력이 흰 벽과 비슷하며, 기억은 페인트 같다는 것을 시사한다. 붓으로 벽에 페인트를 칠한 직후에는 벽이 축축하다. 그래서 페인트를 지울 수 있다. 페인트가 마르면, 이제 더 이상 바뀌지 않는다. 적어도 뇌가 건강한 동안에는 그렇다. 우리가 그 위를 얼마나 자주 문질러대는지는 관계 없다.

그러나 네이더는 그 논리를 확신하지 못했다. 어쨌든 학자들은 1960년대 이미 실험실에서 동물에게 전기충격을 가하거나 특정한 약을 투여했을 때 기억이 약해졌다는 사실을 입증했다. 네이더는 새로운 기억이 형성될 때뿐 아니라 오래된 기억을 끄집어낼 때에도 시냅스에서 특정한 단백질이 만들어진다는 견해를 갖고 있었다. 그러나 다른 학자들은 그의 명제를 배척했다.

네이더는 도전받은 느낌이었다. 토론토 대학교에서 학위를 받은 그는 1996년 뉴욕 대학교의 유명한 신경학자 조지프 르두의 실험실로 갔다. 3년 후 그는 그곳에서 지금은 전설이 된 실험을 시작했다.

먼저 그는 쥐 네 마리에게 날카롭게 삐 소리가 난 다음에는 가벼운 전기충격이 따른다는 사실을 주입시켰다. 그러자 쥐들은 그 소리를 들으면 움직이지 않았다. 그 소리 뒤에는 충격이 따른다는 사실을 기억하기 때문이었다.

24시간 후 그는 다시 쥐들에게 그 소리를 들려주었다. 전기충격을 예상하며 두려워졌는지 다시 몸이 굳어졌다. 쥐들은 여전히 기억하고 있었던 것이다. 그 직후 그는 쥐의 뇌, 정확히 말하면 편도체 부위에 아미노마이신을 투여했다. 이 물질은 세포를 죽일 수 있기 때문에 과거에는 암 연구에 많이 이용되었다. 이 물질은 세포의 단백질 합성을 멈추게 하지만, 새로운 기억이 형성되는 전제조건이 되기도 한다.

옛날 의견이 옳다면 이런 성분을 투여해도 아무런 문제가 발생하지 않을 것이다. 기억이 실제로 단 한 번만 응고화되어 인출할 때 바뀌지 않는다면 아미노마이신이라는 약품은 아무런 효과가 없을 것이기 때문이다.

그러나 결과는 달랐다. 네이더가 다시 그 소리를 들려주었을 때 쥐는 더 이상 두려움으로 몸이 굳어지지 않았다. 쥐는 기억을 잃어버렸다. 네이더는 이에 대해 "재활성화reactivation는 이미 저장된 기억을 불안정한 상태로 바꿔놓는다"라고 설명했다. 다른 말로 하면 기억을 불러내는 행위는 기억된 것을 변하기 쉽게 만든다.

학자들은 이런 과정을 재응고화reconsolidation라고 부른다. 우리가 기억을 불러올 때 기억은 변형되기 쉽다. 또 기억이 다시 안정화되려면 새로운 단백질이 만들어져야 한다. 이런 과정이 중단되면 기억은 불안정해지고 극단적인 경우 정반대로 변할 수 있다. 자서전적 기억은 특히 변하기 쉽다.

기억은 물렁물렁하다

유명한 심리학자 대니얼 샥터는 이런 기억의 오류를 일곱 가지 죄악으로 부른다(아래 박스 참고). 그러나 그는 우리 기억이 다른 방식으로는 기능할 수 없다는 것을 알고 있다. 매일 너무나 많은 정보가 우리에게 쏟아져 들어온다. 우리는 그 정보를 모두 처리할 수 없다. 진화론적인 관점에서 보면 이런 취약성은 의미가 크다. 그 바람에 기억이 계속 유연하기 때문이다. 기억은 내장된 업그레이드 메커니즘을 포함하며 우리가 변화된 상황과 새로운 환경에 반응할 수 있도록 해준다.

네이더의 실험은 우리가 과거를 되돌아볼 때 장밋빛 안경을 쓰는 이유를 어느 정도 생화학적으로 설명해준다. 부정적인 경험은 나중에 생각하면 화가 반으로 줄어드는 반면 긍정적인 경험은 2배로 아름

•기억의 일곱 가지 죄악

1. **소멸의 죄**: 사건이 오래되면 될수록 기억은 더 나빠진다.
2. **정신 없음의 죄**: 전형적으로 열쇠가 어디 있는지 잊어버린다.
3. **막힘의 죄**: 때로 전혀 기억나지 않는다. "이름이 뭐였더라?"
4. **피암시성被暗示性의 죄**: 타인에 의해 무언가를 체험했다고 설득당한다.
5. **편향의 죄**: 현재 감정이 우리의 회상에 영향을 미친다.
6. **지속성의 죄**: 어떤 기억은 잊으려고 해도 계속 남아 있다.
7. **오귀인誤歸因의 죄**: 감각은 몽롱해질 수 있어서 실제로 일어나지 않았던 것을 진짜라고 여기게 한다.

다워진다. 과거 위에는 베일이 씌워져서 그 시절의 윤곽을 더 부드럽게 만들어준다. 젊은 시절 연인과의 만남보다 그것을 더 인상적으로 입증하는 것은 없다.

장담하건대 당신도 사춘기 시절 마음을 주었던 소년이나 소녀를 기억할 것이다. 그가 어떻게 되었는지 스스로에게 물어본 적 있는가? 지금 그를 만나면 어떨까? 내가 그것을 당신에게 알려주겠다.

내 나이 12살 때 꿈꾸던 소녀를 만났다. 우리는 같은 학교에 다녔다. 그녀는 8학년, 나는 7학년이었다. 그 나이에는 연상의 소녀를 만나는 것이 아주 큰 부담이었다. 그보다 더 큰 부담은 이 소녀가 백설공주 같다는 것이었다. 당시 그녀의 머리카락은 검고 길고 매끈했으며, 눈은 담청색으로 반짝였고, 피부도 매끄러웠으며, 몸은 귀여웠다. 아름다움에 1에서 10까지 등급을 매긴다면 나는 그 소녀에게 11을 주고도 남았을 것이다.

당시 나는 둥근 안경을 코 위에 걸치고 있었고, 좀 뚱뚱했다. 그녀는 마치 신이 보낸 것과 같은 모습이었다. 나는 금방 사랑에 빠져 미래까지 계획했다. 분명히 우리는 아이도 갖게 될 것이다.

우리는 전화 데이트를 했고, 영화관에 가려고 했다. 언젠가 그녀의 집으로 갔지만 만나지 못했다. 얼마 후 그녀가 전학을 갔고 우리는 연락이 끊겼다. 나는 당시 그녀가 나를 진지하게 여기지 않았다고 생각했다. 그러나 그것은 순전히 내 생각이었다.

어느 날 오후 나는 구글에서 그녀의 이름을 검색했다. 우리가 마지막으로 만난 지 18년 넘는 세월이 흘렀다. 이 사실은 일기장에 적어 놓은 메모를 보고 알게 되었다. 1994년 2월 12일 나는 일기장에 연필로 "내일은 그녀와 멋진 데이트를 한 지 4개월째 되는 날이다"라고 적어놓았다. 지금은 검색엔진이 0.36초 안에 2,490건의 결과를 나에게 보여준다. 내 어린시절의 소녀는 배우가 되어 있었다.

그녀를 다시 만나는 것은 멋진 일일까? 그녀는 나를 기억할까? 아니면 나를 미친 놈이라고 생각할까?

인터넷에서 그녀의 에이전시 사이트를 찾아 매니저에게 전화를 건 뒤 내 용건을 말했다. 스토커가 된 것 같은 느낌도 들었다. "나에게 이메일을 보내줄 수 있나요?" 그가 물었다. 말이 떨어지기 무섭게 이메일을 보냈다.

몇 시긴 후 그녀가 답장을 했다.

"안녕, 다니엘. 내 에이전트가 방금 너의 이메일을 보내줬어. 미안하지만 너를 기억하지 못하겠어. 우리가 어떤 학교를 같이 다녔지?"

아이구 이런.

2주 후 나는 루르 지방의 어느 레스토랑에 앉아 있었다. 이상하게도 나는 약간 신경질이 난 상태였다. 도대체 왜 그럴까? 나는 5년 전 결혼해서 행복하게 살고 있고, 위키피디아 사이트에 따르면 그녀도 마찬가지였다. 따라서 걱정할 이유가 없었다.

숨을 깊이 쉬고 난 뒤 나는 그녀를 바라보았다. 그녀는 가게 안을 들여다보았지만 나를 알아보지 못하고 그곳을 지나쳤다. 나는 뒤따라가면서 그녀 이름을 불렀다. 그녀가 돌아서서 나와 악수를 했을 때 나는 처음으로 놀랐다. 그녀의 악수는 굳세었고, 목소리는 낮았다. 내 기억 속의 그녀는 연약하고 천사와 같았다.

우리는 2시간 동안 그 시절에 관해 수다를 떨었다. 대단치 않은 사건들을 재구성해보려 했고, 당시의 선생님과 학교 친구들 그리고 현재 우리 삶에 관해 이야기를 나누었다. 성인 두 사람 간의 아주 정상적인 대화였다. 더도 덜도 아니었다.

그녀는 여전히 아름다웠다. 머리카락은 여전히 검고 길며, 눈도 파랗게 반짝이고, 몸도 우아했다. 그러나 무언가가 달랐다.

헤어지기 직전 우리는 거리에 서서 잠시 잡담을 나누었다. 그때 그녀가 말했다. "이리 와, 한번 안아보자." 우리는 잠시 서먹하게 안았다. 그때 나는 무엇이 변했는지 깨달았다. 내 소년 시절의 연인은 여전히 근사했지만, 그 시절 그녀가 내뿜던 매력은 사라졌다. 어떤 것은 멀리 떨어져서 봐야만 크게 보인다. 가까이 다가가면 그것은 점점 더 작아진다.

이런 딜레마는 아름다운 기억이든 나쁜 기억이든 모든 기억에 적용된다. 우리의 기억은 매우 불안정하다. 네덜란드 작가 세스 노터봄이 표현했던 것처럼 "기억은 원하는 곳에 드러누워 있는 개와 같다."

기억이 강렬한 경우에도 우리는 정신적 신기루에 빠질 위험이 있다. 우리는 한 번도 일어난 적 없는 그 무엇을 경험했다고 상상한다. 아일린 프랭클린처럼.

아일린의 아버지가 유죄 판결을 받고 7년이 지나서야 그녀의 진술에 대한 의혹이 제기됐다. 아일린은 진실을 말했다고 맹세했지만 1996년 7월 4일 조지 프랭클린은 석방되었다. 딸이 아버지에게 해를 가하기 위해 의식적으로 거짓말을 했는지, 아니면 진실을 말한다고 상상했는지는 지금까지 밝혀지지 않고 있다.

이 사건은 틀린 기억의 극단적인 사례다. 그러니 기억이 당신을 속이는 것은 얼마든지 가능하다.

그럼에도 불구하고 기억이 없는 것보다는 틀린 기억이라도 있는 쪽이 훨씬 더 좋다. 기억은 결코 완벽하게 정확하지는 않다. 이미 여러 해가 지났다면 더욱 그렇다. 그럼에도 기억은 생존에 중요하다. 현재를 잘 살아가기 위해 우리에게는 과거가 필요하다. 동시에 미래를 위해서도 과거는 필요하다. 어제에 대한 생각이 없으면 내일도 없을 것이다.

시간을 되돌리는
단 하나의 길

미래는 과거라는 토양 위에서 창조된다

16살이 될 때까지만 해도 그는 모든 것이 정상이었다. K. C.라는 이름의 이 남자는 토론토의 변두리에서 네 명의 형제와 함께 자랐다. 여름방학에 그는 돈을 조금 벌고 싶어서 몬트리올에 있는 고모 농장에서 일했다. 어느 날 건초 다발이 그의 머리 위로 떨어졌다. 그는 3일 동안 입원해 있었지만 그 사고를 잘 견뎌낸 것 같았다. 몇 년 후 다음 불행이 찾아왔다. K. C.는 경영학을 공부했고, 여가 시간에는 차를 조립했다. 어느 날 교외로 드라이브를 하다가 큰 자동차와 충돌했다. 그는 아래턱을 다쳤지만 그것 말고는 사고를 잘 이겨낸 것 같았다.

대학 졸업 후 그는 기계제작 공장에 취직해 물품 조달과 인수, 품질관리를 담당했다. 여가 시간에는 친구들과 바에 자주 갔으며 카드게임을 하거나 밴드에서 연주를 하며 인생을 즐겼다.

그러나 1981년 10월. 또 다른 불행이 덮치면서 그의 인생이 영원히 바뀌었다. 일터에서 돌아오는 길에 그는 오토바이와 함께 길에서 나가떨어져 심한 부상을 입었다. 병원에 도착했을 때는 이미 의식이 없었다. 의사들은 어렵겠다고 생각한 것 같다. 곧바로 그를 더 큰 병원으로 옮기게 했기 때문이다.

병원의 신경학자들은 K. C.가 얼마나 심각한 상태인지 금방 알아보았다. 그들은 뇌출혈을 멈추게 하는 수술을 했다. 수술은 성공적으로 이루어졌다. 그는 며칠 동안 의식이 몽롱한 상태였지만, 비교적 빨리 회복되었다. 사람들은 적어도 그렇게 생각했다.

한 달 후 그는 재활병원으로 갔다. 그를 간호하던 사람들은 그의 상태가 어느 정도 좋다고 생각했다. 읽을 수도 있고, 친구도 알아보는 것 같았다. 1982년 7월 그는 마침내 집으로 가게 되었다. 그러나 지인과 친척들은 그가 변했다는 것을 금방 알아챘다.

그는 수술 전과 마찬가지로 여전히 상냥하고 자유분방했다. 생각하고, 말하고, 읽고, 쓰고, 걸을 수 있었다. 여전히 오르간도 연주하고, 체스와 여러 가지 카드게임도 할 수 있었다. 그는 자기 생일과 가족이 처음 살았던 집의 주소, 예전에 다니던 학교 명칭과 예전 자동차의 색상도 알고 있었다. 부모님이 시골에 별장을 소유하고 있다는 것도 알았고, 지도상으로 어디쯤인지 표시도 할 수 있었다. 여기까지는 아주 정상이었다.

하지만 놀랍게도 다른 것이 있었다. 얼마나 중요한지, 얼마나 의미가 있는지와 상관없이 개인적인 경험이 그의 기억에서 모두 사라졌다. 누군가가 플러그를 뽑아서 자서전적 기억을 송두리째 삭제해버린 것 같았다. 그는 남동생이 몇 년 전에 비극적인 교통사고로 목숨을 잃었다는 사실을 알고 있었다. 그러나 사고 소식을 어디서 어떻게 들었는지, 그 소식에 어떻게 반응했는지는 기억하지 못했다. 장기 기억의 일부는 작동했지만 일화적 기억 시스템은 철저하게 파괴되었다. 이와 함께 개인적인 사건과 경험에 대한 기억도 모두 사라졌다.

불가능을 가능케 하는 기억의 마력

기억의 마력은 불가능한 것을 가능하게 만드는 특별한 능력에서 나온다. 우리는 기억 속에서 시간을 되돌릴 수 있지만 실제로는 불가능하다. '정신적 시간 여행'을 하는 이런 재능은 오직 인간에게만 있다고 엔델 털빙이 말했다. 털빙은 토론토 대학교의 퇴직한 심리학 교수로 뇌 연구 분야에서는 전설적인 존재다. 다른 생명체와 달리 인간은 '자기인지적 의식autonoetic awareness'을 갖고 있기 때문이라고 그는 말한다. 간단하게 말해 우리가 기억한다는 것은 그것을 의식하고 있다는 뜻이다. 과거로의 이런 정신적 여행은 현실을 경험하는 것과는 다른 느낌이 든다. 이런 인식은 K. C. 환자로부터 시작된다. 지금도 그 환자의 진짜 이름은 알려져 있지 않다. 학자들이 그를 보호하기 위해 신분을 비밀에 부치고 있다.

털빙의 동료는 1980년대 초 이 환자를 우연히 알게 되었다. 그의 학생 중 한 명이 장애인을 위한 일터에서 K. C.를 만난 것이다. 지난 수십 년 동안 그는 부모 동의 하에 수많은 테스트를 받았다. 이런 테스트에서 학자들은 헨리 몰래슨과의 유사점을 많이 발견했다. K. C.는 많은 테스트를 괜찮게 치러냈지만 개인적인 사건은 오직 현재에만 존재했다. 그가 다른 무언가를 생각할라 치면 개인적인 사건은 즉시 사라졌다.

그러나 K. C.는 우리 기억의 위상을 드높이는 데 기여했다. 그를 통해 학자는 내일의 계획을 세우기 위해서는 어제를 생각하는 것이 필요하다는 사실을 알았기 때문이나.

고대 그리스인들은 이미 우리 기억이 미래를 위해 중요한 역할을 한다고 생각했다. 그리스 신화에서 므네모시네는 기억의 여신일 뿐만 아니라 인간의 상상력에 중요한 뮤즈 9명의 어머니이기도 하다. 그러나 1985년이 되어서야 스웨덴 뇌 연구자 다비드 잉그바르가 〈미래를 위한 기억〉이라는 제목의 연구논문을 발표했다. 이 말은 모순처럼 들릴지 모르지만 과학자들은 현대적인 이미징 기법을 이용해 과거와 미래 사이의 해부학적 연결을 입증하는 데 성공했다.

간단한 생각 체조를 해보자. 여러분이 열대 바다의 해안가 백사장에서 휴가를 보낸다고 가정한 뒤 그 상황을 가능한 한 자세히 머릿

기억이라는 이름의 여행…,
시간을 되돌리는 유일한 길이자
미래로 건너가는 든든한 징검다리.

속으로 그려보자. 아마 당신은 태양이 뜨겁게 쏟아져 발 끝의 모래를 뜨겁게 하는 상황을 상상할 것이다. 파도 소리가 들리고 물은 파랗게 반짝인다. 미풍이 불고 야자수가 바람에 부드럽게 흔들린다. 모래사장 어딘가에는 웨이터가 시원한 칵테일을 서비스하는 바가 있을 것이다. 물 위에서는 고깃배가 흔들리고, 아이들은 모래성을 쌓는다. 상상력이 그다지 풍부하지 않더라도 이런 장면이 연상될 법하다.

유니버시티 칼리지 런던에 있는 신경학연구소 데미스 하사비의 실험 대상자들에게는 달랐다. 2007년 그는 연구를 위해 24~70세 남성 5명을 모았다. 그들은 해마가 완벽하게 기능하지 않는다는 공통점이 있었다. 사고 때문이 아니라 복합적인 바이러스 질환 때문이었다. 그럼에도 불구하고 그들은 어느 정도 잘 지냈고, IQ 테스트에서도 정상적인 결과를 얻었다. 하사비는 이 남성들에게 '해변에서 보내는 휴가' 같은 미래의 경험을 머릿속으로 그려보라고 부탁했다.

실험 대상자들에게는 그것이 불가능했다. "나는 파란 하늘을 제외하고는 아무것도 볼 수가 없어요"라고 한 남자가 말했다. "갈매기 소리가 들려요…, 음…, 내 발가락 사이의 모래알을 볼 수 있어요…, 음…, 뱃고동 소리가 들리고요…, 음…, 그것이 전부예요." 하사비는 재차 물었다. "그것이 정말 생생하게 보입니까?" 실험 대상자가 대답했다. "아닙니다. 내가 볼 수 있는 것은 오직 파란색뿐입니다." "둘러보면 무엇이 보입니까?" "정말 파란색 하늘과 흰 모래밖에 보이지 않아요." "그 외에는 아무것도 보이지 않나요?" "예, 마치 내가 떠다니는 것 같아요."

아무래도 일화적 기억을 담당하는 뇌 부위가 미래의 계획과 일반적인 상상력도 관장하는 것 같다.

과거와 미래는 어떻게 연결되는가

이 연구는 2007년 유명한 과학전문지 〈사이언스〉에 의해 가장 중요한 과학적 성과 10가지에 선정되었다. 그럼에도 불구하고 방법론을 비판하는 것은 쉽다. 어쨌든 실험 대상자들은 심각한 병을 앓고 있었고 또 다른 부위도 미래에 대한 생각에 중요할 수 있다고 반론할지 모른다. 하버드 대학교의 칼 쉬푸나르는 그래서 몇 개월 후 다른 접근 방식을 선택했다.

그는 실험을 위해 18~32세 남성 9명과 여성 12명, 총 21명을 모았다. 하사비의 실험에 참가한 사람들과 달리 그들은 모두 건강했다. 그들에게 10초 동안 과거나 미래의 개인적인 사건을 머릿속에 그려보도록 했다. 그동안 쉬푸나르는 fMRI로 그들의 뇌 운동을 기록했다. 그들이 어제를 생각하든 내일을 생각하든 관계없이 매번 동일한 부위가 활성화되었다. 같은 해 신경학자 대니얼 샥터도 비슷한 결과에 도달했다. 건강한 실험 대상자 14명에게 특정한 자극적인 말을 했다. 일주일과 일년 또는 20년의 시간차를 둔 단어들 중 24개는 과거의 말, 24개는 미래의 말이었다. 그들에게 어떤 사건이 떠오르면 즉시 버튼을 누르고, 20초 동안 집중해서 그것을 생각하도록 했다.

어떤 사람은 머릿속으로 5년 전 생일파티를 그렸다. 어떤 사람은 여동생이 5년 후 대학교를 졸업하는 상황을 가정한 뒤 졸업식에 참가하는 것을 상상했다. 시간적 관점에 따라 경험도 매우 다양했다. 그럼에도 불구하고 과거의 순간을 재구성할 때 활성화되었던 뇌 부위가 모두 미래의 사건에도 관여했다는 게 샥터의 결론이다. 확실히 기억력은 어제의 기억만 담당하는 것 같지는 않다. 기억력은 우리가 내일을 위해 계획할 수 있도록 해준다.

진화심리학의 관점에서도 이것은 매우 의미가 있다. 우리 조상들이 지난 겨울에 얼마나 추웠는지를 잊어버렸다면 다음 겨울을 위해 물품을 비축하지는 않았을 것이다. 기억은 인간이 미리 계획하도록 함으로씨 생존을 유지하게 했다.

실수에 대한 기억은 우리의 주의를 환기시켜 새롭고 더 나은 길로 나가도록 해준다. 2007년 스위스 작가 페터 폰 마트는 이렇게 썼다. "기억을 잃은 사람은 정신적으로 죽은 것이다. 그 사람은 더 이상 미래를 도모할 수 없다. 미래를 창조한다는 것은 과거를 소유하고 있다는 것을 전제로 한다."

마르셀 프루스트도 이 말에 적극 동의할 것이다. 그는 소설의 제7권에 〈되찾은 시간〉이라는 제목을 붙였다. 제1권이 나온 지 약 20년 후의 일이다. 이 책에서 주인공은 예전에 한 번 만났던 사람들을 다시 만난다. 주인공은 많은 사람들을 다시 알아보지 못하는 고통스러운 경험을 하게 된다. 반면 감각적 인상은, 이를 테면 돌에 걸려 비틀거리고 숟가락이 유리잔에서 달그락거리는 소리를 듣고 뻣뻣한 냅킨을 만지는 동안 비자발적 기억을 떠오르게 한다. 그 인상은 그의 창조성을 일깨운다. 그는 자신이 과거를 항상 지닌 채 돌아다니고 있으며, 과거를 되살리기 위해서는 우발적인 신호가 필요하다는 것을 깨닫는다. 잃어버린 시간을 찾는 것은 성공적이었다.

프루스트는 가족과 함께 프랑스 일리에서 종종 휴가를 보냈다. 일리에의 주변 환경이 그에게 가상의 장소 콩브레를 만들어내도록 영감을 주었다. 이 작품으로 그는 특정한 장소에 문학적인 업적을 남겼다. 1971년 프루스트 탄생 100주년을 맞아 일리에는 마을 이름을 바꾸었다. 그때부터 공식적인 지명이 일리에 콩브레가 된 것이다. 일리에 콩브레는 소설에서 이름을 따온 프랑스의 유일한 지명이자 그리움의 한 형태이다. 아름다운 기억이 상품이 된 것이다.

기업에 있는 똑똑한 사람들이 이를 재빨리 간파했다. 지금은 수많은 분야에서 향수를 자극해 이익을 얻고 있다. 실제로 향수는 지난 몇 년 동안 경제 분야에서 중요한 요인으로 발전했다.

그런데 왜 우리는 어린시절의 상표를 사고 싶어할까? 우리는 왜 복고풍 광고에 빠지는 걸까? 기업은 향수를 어떻게 이용할 수 있을까? 그것은 고객으로서의 우리, 인간으로서의 우리에 관해 무엇을 말해줄까?

카유 피사로, 크노케의 풍차(The Windmill at Knokke), 1894년

4장

추억을 판매합니다

향수는 고객들에게 좋은 감정과 충성심을 갖도록 만들고, 기업에게는 돈을 벌어다주었다. 향수가 우리의 지출 방식에 영향을 미친다는 증거는 점점 늘어나고 있다. 프란체스카 지노는 아름다운 기억이야말로 우리가 다른 사람들에게 아량을 베푸는 데 영향을 미친다는 사실을 보여주었다. 이런 메커니즘은 소비 분야에서도 작동한다.

소유물이
나 자신이다

물건에 담겨 있는 관념적 가치

우리가 어떤 생각을 갖고 있는지 간단한 실험을 해보자. 당신의 집에 불이 난다. 화염 속에서 물건을 갖고 나올 수 있는 시간은 몇 초밖에 없다. 이때 당신은 어떤 물건을 챙길까?

2011년 봄 미국인 포스터 헌팅턴이 스스로 이런 질문을 던졌다. 당시 22살이었던 그는 뉴욕의 랄프로렌 패션 브랜드에서 디자이너로 일하고 있었다. 학생 시절 그는 사진 찍는 것을 가장 좋아했다.

어느 날 저녁 헌팅턴은 친구 집에 식사 초대를 받았다. 그들은 인터넷으로 파트너를 찾는 사이트에 대해 이야기를 했고, 채팅 파트너에 관해 더 많은 것을 알아내기 위해 어떤 질문을 하는지 수다를 떨었다. 갑자기 헌팅턴에게 어떤 생각이 떠올랐다. 헌팅턴은 집에 화재가 발생하면 어떤 것을 구할 것인지 참석자들에게 물었다.

그는 이 질문을 개인적인 가치에 관해 토론할 수 있는 좋은 소재라고 생각했다. 친구들은 즉시 반응을 보였다. 여성 사진작가는 카메라와 사진 원판을 가능한 한 많이 들고 나올 것이라고 말했다. 음악가는 자신이 아끼는 기타와 자신의 최초 노래가 메모된 오래된 냅킨을, 여성 상담자는 할아버지가 돌아가시기 몇 달 전에 선물로 주셨던 소설 《분노의 열매》 초판을 택했다.

헌팅턴은 집으로 돌아와 오랫동안 이들의 답변에 대해 생각했다. 그는 이 답변들이 사람들의 관심사만 반영하는 것은 아니라고 생각했다. 거기에는 다른 사람과 공유하지 않는, 그들의 삶에 관한 세세하고도 은밀한 내용이 들어 있었다. 그후 친구들은 이메일을 주고받으며 자신들이 아끼는 물건의 목록을 보완했다. 그때 헌팅턴에게 또다시 어떤 생각이 떠올랐다.

자신은 이 경우 무엇을 구할지 다시 한 번 생각했다. 그러고는 해당 물건을 찾아 가지런히 늘어놓았다. 카메라를 들고, 자신이 모은 물건을 찍은 다음 친구들에게 자신을 따라하도록 부탁했다. 2011년 5월 10일 그는 사진 10장을 자기 인터넷사이트에 올렸다. 몇 시간 후 미국 매사추세츠 주 출신의 낯선 사람이 자신이 아끼는 물건의 사진을 헌팅턴에게 보냈다. 얼마 후 영국에서도 사진이 왔다. 4주 후에는 전 세계 사람들이 그에게 3,000장 이상의 사진을 보냈다.

헌팅턴은 모험적인 결정을 했다. 오로지 자신의 사진 프로젝트에

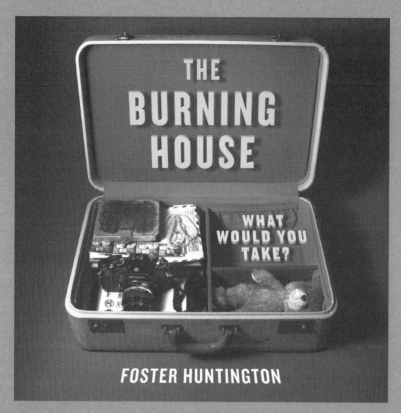

포스트 헌팅턴의 책 《Burning House》 표지

집에 불이 났다.
생사를 다투는 몇 초의 시간 속에서 당신은 무엇을 챙겨 나올까?
헌팅턴은 이 질문을 들고 미국 전역을 누비며 사람들을 만났다.
그 여정을 담은 이 책은 흡사 궁극의 추억 전시장을 방불케 한다.

전념하기 위해 랄프로렌을 사직했다. 그리고 작은 주방과 침대가 딸린 1978년산 폴크스바겐 버스를 구입해 미국 횡단여행을 시작했다. 그는 5개월 동안 자발적인 참가자들을 찾아 서해안과 록키산맥을 따라 여행했다. 대부분의 사람들이 자신이 좋아하는 물건 사진을 찍을 수 있도록 그를 자기 집에 초대했다. 일년 후 위험을 무릅쓴 헌팅턴의 용기는 보답을 받았다.

2012년 7월 그가 특별히 조사한 결과물이 출판되었다. 《불타는 집 _The Burning House_》이 바로 그것이다. 그는 머리말에서 "선진 공업국 국민들은 오늘날 예전보다 더 많이 소비한다. 이런 소비 문화 뒤에는 때로 소유물을 통해 스스로를 정의하려는 욕구가 숨어 있다"고 썼다. 그의 책이 바로 이 주제와 비슷했다.

"사람들은 쉽게 대체할 수 있는 다른 모든 것을 포기했다. 그 대신 그들은 자신에게 유일무이한 물건에 집중했다."

아이폰이든 맞춤양복이든 바이오 제품이든, 물건은 소유자에 관한 이야기를 들려준다. 브랜드를 우선시하는 테크놀로지의 팬으로서, 스타일리시한 유행 애호가로서, 환경을 생각하는 의식적인 소비자로서 우리가 스스로를 어떻게 보는지 또는 다른 사람들에게 어떻게 보이고 싶어하는지를 물건은 알려준다. 우리의 소유물은 우리를 현재 그대로의 사람 혹은 되고 싶어했던 사람으로 만든다.

나를 드러내는 확실한 방법

그렇기 때문에 이 책의 프로젝트 사진들은 인상적이다. 모든 사진이 소유자의 인격 일부를 드러내는 일종의 성격 연구서 같다. 그러나 촬영된 물건에는 또 다른 놀라운 무언가가 있다. 그 물건이 유럽인이나 미국인, 아시아인이나 아프라카인 중 누구의 것이든 상관없다. 소유자가 20대 초반이든 80대 말이든 그것도 상관없다. 때로 물건의 물질적 가치는 보잘것없지만 관념적 가치는 훨씬 더 컸다. 무엇보다 사람들이 그 물건에 얽힌 특별한 기억을 연관시킨다는 이유 때문에 그렇다.

거의 모든 사진에서 그런 물건이 적어도 하나는 등장한다. 브리즈번 출신의 로라는 오랫동안 보관해온 테디 베어를 내놓았고, 브라질 출신의 리카르도는 아버지 시계를 내놓았다. 뉴욕 출신의 에리카는 어린시절부터 복에 걸고 있는 목설이를 절대 포기하시 못했다.

누구에게나 비슷한 이유로 자신이 구하고 싶은 물건이 적어도 하나는 생각날 것이다. 부모님이 우리 요람에 놓아두었던 플러시로 만든 동물. 할머니가 떠주신 양모 양말. 고등학교 졸업시험 때 선물받았던 만년필. 어느 친척이 유품으로 남겨준 반지나 목걸이. 그리고 고전적인 사진들. 이 모든 것은 돈으로 살 수 없는 기억을 간직하고 있다. 그래서, 말 그대로 우리에게 매우 소중하다.

심리학자 윌리엄 제임스도 일찍이 이렇게 썼다.

한 사람의 자아는 그가 자신의 것이라고 여기는 것을 모두 합한 것이다. 거기에는 육체와 정신적인 힘뿐만 아니라 옷과 집, 아이들, 조상, 친구, 직업, 일, 국가, 요트, 은행계좌도 포함된다. 이 모든 물건이 동일한 감정을 선사한다. 이것들이 성장하고 번성하면 그는 성공적이라고 느낀다. 그러나 쪼그라들고 점점 사라지면 의기소침해진다. 모든 물건이 똑같은 강도의 느낌을 주는 건 아니지만 모종의 감정을 남긴다는 사실은 변함이 없다.

제임스는 우리의 자존감과 소유물이 밀접하게 연관되어 있다는 사실을 강조한다. 이런 연관성이 단절되면 우리는 괴로워한다. 캐나다 슐릭 비즈니스 스쿨의 미국인 마케팅 교수 러셀 벨크는 "의식적이든 무의식적이든, 의도했든 의도하지 않았든 우리는 소유물을 우리 자신의 일부로 간주한다"고 썼다. 그는 수십 년 전부터 인간이 왜 물건을 소유하려고 하는지를 학문적으로 연구해왔는데 물건은 '확장된 자아'의 일부라는 명제를 내세웠다. 다소 난해하게 들리지만 가택 침입을 당한 희생자는 이 말에 동감할 것이다. 그런 일이 다시 일어날 수 있다는 두려움만 남는 건 아니기 때문이다. 비싼 보석이나 돈이 없다는 절망. 낯선 사람이 우리 옷장과 서랍을 뒤졌고, 우리의 개인 공간을 침입했다는 분노. 도둑이 돈으로 가치를 환산할 수 없는 소중한 물건을 가져갔다는 것에 대한 실망. 이런 손실을 절대 회복할 수 없다는 씁쓸한 인식 외에 우리에게 남는 건 없다.

도둑질을 당해서든 화재나 홍수 때문이든 상관없다. 당신의 모든 소유물이 사라졌다고 생각해보자. 당신은 무엇을 더 아쉬워할까? 텔레비전인가 사진 앨범인가? 100유로인가 오래된 애완동물인가? 텔레비전과 돈도 재정적으로 큰 손실이지만 대체 가능하다. 반면 사진 앨범과 애완동물은 다르다. 그것들이 사라지면 우리의 일부가 없는 셈이다. 그리고 또 다른 한 가지 이유 때문이다.

1977년 미하이 칙센트미하이라는 특이한 이름을 가진 미국 심리학자가 82가구의 미국인 315명에게 개인적인 소유물에 대해 물었다. 조부모와 부모, 어린이들이 대상이었다. 참가자들은 중요한 물건으로 약 1,700개를 말했는데, 한 사람당 약 5개였다. 칙센트미하이는 이 물건을 범주별로 분류했다. 가구와 그림, 사진이 가장 빈번하게 등장했다. 응답자들이 왜 그 물건을 중요하게 여기는지 알고 싶었다. 가장 많이 나온 설명은 그 물건이 경험이나 다른 사람들에 대한 기억과 연관되기 때문이었다.

영원히 내 곁에 남을 물건

당신도 그런 물건을 알고 있을 것이다. 나는 일년에 두 번 정도 옷장을 정리한다. 그럴 때마다 온갖 잡동사니를 보며, '아직도 이것을 갖고 있네!' 생각하곤 한다. 옷 몇 가지는 이미 낡았지만, 그럼에도 불구하고 간직하고 있다. 이를 테면 고등학교 졸업식 때 입었던 양복, 젊은 시절 테니스를 칠 때 입었던, 지금은 누렇게 변한 흰색 운동복 바지, 이제는 더 이상 나에게 맞지 않는 예전 청바지. 더 이상 쓸모없이 옷장에서 공간만 차지한다. 얼른 추려내는 것이 합리적일 테지만 나는 감정적으로 항상 그 반대의 결정을 내린다. 그런 옷이 다시 유행하지는 않을 것이며 내가 다시 사춘기 때처럼 날씬해질 일은 절대 없을 것이다. 그렇다고 애정 결핍에 대한 보상으로 이런 물건을 갖고 있는 것도 아니다. 정확히 말하면 이런 물건이 나의 과거와 이어주는 다리 역할을 한다. 나를 향수에 젖게 한다.

우리 소유물 중 많은 것에 그런 능력이 있는데, 그 뒤에 숨은 동기는 매우 다양하다. 학위와 성적증명서는 과거 성취를 서류상으로 보여주는 증거다. 편지와 일기장은 우리가 어제 생각하고 느끼고 말하고 경험했던 것의 기록이다. 식사도구와 도자기, 가구나 보석 같은 상속 물품은 우리를 조상들과 연결해준다. 사진앨범은 그 당시의 이야기를 들려준다. 꿈처럼 달콤한 휴가를 갔을 때 썼던 비행기표, 휴가지에서 가져온 조개껍질, 우리에게 첫사랑을 선물했던 반지, 좋아했던 예술가의 공연 입장권 같은 물건은 개인적인 기억을 불러일으킨다. 프랑크푸르트 심리학자 틸만 하버마스는 "기념품은 과거를 현재로 가져오고, 과거를 감각적으로 경험할 수 있게 해준다"고 썼다.

여기서 우리는 17세기 바젤의 의사 요하네스 호퍼의 요법을 다시 발견한다. 호퍼는 향수병 환자를 집으로 돌려보내야 한다고 주장했다. 기억하고 있는 물건을 보면, 적어도 정신적으로는 집으로 돌아가는 것과 같은 일이 일어난다. 이런 물건은 우리의 정신을 과거로 데려가 준다. 아주 평범한 물건조차 기억으로 인해 가치가 치솟는다. 그것이 우리에게 안정감을 주기 때문이다.

영국 정신분석가 도널드 위니코트는 1950년대 '이행 대상'이라는 개념을 만들었다. 테디 베어나 보들보들한 이불은 어린 아기에게 안정감을 주고, 어머니와의 분리를 극복하는 데 도움을 준다. 안정감에 대한 이런 욕구는 성인들에게도 있다. 단지 이런 욕구를 더 이상 플러시로 만든 동물인형에 의지하지 않을 뿐이다. 이는 몇 년 전 시장조사기관 IPsos가 밝힌 것처럼 성인들이 물건을 수집하고 싶어하는 이유를 설명해준다(아래 박스 참조).

당신은 무엇을 수집하고 싶습니까?

1. 가족, 친구, 동료의 사진	89%
2. 오래된 레코드 판과 테이프, 영화, 비디오	67%
3. 그림엽서와 휴가 선물	56%
4. 나에게 필요하지는 않지만 상속받은 물건	51%
5. 연애편지와 가족 및 친구들에게 받은 편지	49%
6. 바느질 재료와 수공예 재료: 단추와 장식용 못, 천	46%
7. 아이들의 물건: 최초의 곱슬머리, 치아	38%
8. 더 이상 맞지 않고, 유행에 뒤진 옷	31%
9. 잡지와 신문, 찢어진 신문기사	31%
10. 우표, 모형 철도	21%

물건들이 부여하는 부수적인 효과는 매우 크다. 이런 수집품은 우리의 위상을 높여줄 수 있다. 고가구와 유명한 화가의 그림, 조각상이나 유명인의 사인은 명성을 선사하고, 가치 있는 상속 물품은 전통을 상징한다. 러셀 벨크는 "우리의 소유물은 과거를 상징하고, 우리가 누구이며, 어디에서 왔고, 또 어디로 가는지를 말해준다"면서 "이런 물건이 없으면 우리 기억은 꽃처럼 허무할 것이다. 그러나 기념품과 기억으로 가득한 금고 덕분에 이런 꽃이 계속해서 다시 피어날 수 있다"고 말했다.

이런 멋진 표현 뒤에는 향수의 또 다른 효과가 숨어 있다. 그것은 우리의 생각과 대화뿐만 아니라 소비 결정에도 영향을 미친다. 내 장인은 열렬한 모형 철도광이다. 미니어처 기차는 어린시절부터 장인의 마음을 사로잡았지만 당시에는 그런 것을 즐길 수가 없었다. 사람들은 그들 과거의 일부인 물건으로 둘러싸여 살고 싶어한다. 그 물건을 통해 어제와 그제로 돌아가 생각에 잠기면서 행복감에 빠진다. 틸만 하버마스는 "향수 어린 물건은 고향과 근원, 순수의 신화, 즉 현재 세계로부터 분리되어 그 자체로 완성된 세계를 상징한다. 향수 서린 물건은 우리를 현재 세계로부터 꿈꾸듯이 탈출하게 해준다"라고 썼다. 이런 탈출을 위해 우리는 일상에서 기꺼이 돈을 지불한다.

불후의 명곡이
탄생하는 순간

영원히 변치 않을 추억을 건드려라

1987년 여름. 미국 마케팅 교수 모리스 홀브룩에게 친구이자 동료인 로버트 쉰들러가 찾아왔다. 쉰들러는 당시 시카고 대학교에 재직하고 있었는데, 뉴저지에 사는 친척을 방문하러 가는 길에 뉴욕 홀브룩의 집을 잠시 들렀다. 두 사람 모두 소비를 연구했으며, 매운 음식과 칵테일을 열광적으로 좋아했다. 그들은 저녁에 홀브룩이 좋아하는 맨해튼의 멕시코 음식점으로 갔다. 이 음식점은 특히 마르가리타로 유명했다.

식사 후 칵테일을 홀짝거리며 젊은 시절 좋아했던 음악 이야기를 나눴다. 거기서 그들은 서로 다른 음악적 취향을 갖고 있음을 발견했다. 1949년생인 쉰들러는 비틀스와 롤링스톤스, 사이먼 앤 가펑클을 좋아했다. 1943년생인 홀브룩은 여전히 베니 굿맨과 빌리 홀리데이, 냇 킹 콜 같은 재즈 음악가들을 좋아했다. 나이 차가 몇 살밖에 나지 않았음에도 두 사람의 음악적 취향은 완전히 달랐다. 왜 그럴까?

마르가리타를 몇 잔 마신 후 그들은 추측해보았다. 어떤 사람의 삶에서 특정 제품을 특별히 좋아하게 되는 시기가 있을까? 그 사람이 평생 동안 이런 취향에 충실할 수 있을까? 이처럼 선호하는 것이 달라지려면 몇 년의 나이 차가 필요할까? 저녁식사가 끝날 무렵 그들은 이런 추측을 학문적으로 실험하기로 결심했다.

그 다음 주 홀브룩과 쉰들러는 음악 기록보관실을 뒤졌다. 그곳에서 그들은 아카펠라 그룹 밀스 브라더스의 'Smoke Rings'(1932)에서 시작해 애니멀스의 'The House of the Rising Sun'(1964)을 거쳐 피터 가브리엘의 'Sledgehammer'(1986)에 이르기까지 지난 50년간 미국 음반 인기순위표에 있던 28곡의 노래를 가져왔다.

그들은 이 곡을 108명에게 들려주었다. 가능한 한 다양한 구성원에게 질문하기 위해 서로 다른 세대와 계층의 남녀를 모집했다. 실험 대상자들의 나이는 16살부터 86살까지였다. 어떤 사람은 지역 럭비 클럽 출신이었고, 어떤 사람들은 교회 신자였으며, 또 다른 사람들은 학교 자문위원회 회원들이었다.

참가자들은 각각의 노래를 30초 동안 들었다. 이어서 그 노래들이 얼마나 마음에 들었는지 1(전혀 마음에 들지 않음)부터 10(매우 좋음)까지 x표를 하도록 했다. 홀브룩과 쉰들러는 노래 제목이 순위에 있을 때 실험 대상자들이 몇 살이었는지, 그들이 매긴 점수와 연관관계가 있는지에 집중했다. 계속된 연구를 통해 홀브룩은 "데이터는 분명한 경향을 보여주었다"고 밝혔다. 이 경향은 작은 언덕 형태를 띠었다. 참가자들이 태어나기 훨씬 이전 순위에 있었던 노래는 점수를 적게 받았다. 참가자들은 자신의 성장기와 맞물려 나온 노래에 대해 점점 더 높은 점수를 주다가 어느 시점에 언덕의 정점에 도달했다.

응답자들은 자신이 젊은 시절에 들었던 음악을 가장 선호했다. 그들이 가장 좋아하는 노래가 발표되었을 당시 그들의 나이는 약 23.5세였다. 그 나이 이후 나온 노래에 대한 선호도는 다시 줄어들었다.

이 연구를 통해 취향은 젊은 시절에 형성된다는 사실이 처음으로 드러났다. 또 우리가 이런 편애를 평생 간직한다는 사실도 보여주었다. 어쨌든 참가들의 나이는 평균 54살이었고, 약 60퍼센트가 50살이 넘었다. 그들이 남성이든 여성이든, 종교가 있든 없든, 대학 교육을 받았든 아니든 관계없이 모두가 젊은 시절에 들었던 노래에 가장 후한 점수를 주었다.

이를 통해 홀브룩과 쉰들러는 '에버그린evergreen 원칙'을 발견했다. 발표된 지 수십 년이 지나서도 라디오에서 흘러나오는 노래들은 록이든 팝이든 대중가요든 재즈든 관계없이 여전히 오래된 팬을 갖고 있으며, 새로운 팬을 확보하면서 다른 예술가들에 의해 계속 리메이크된다. 시대는 변해도 노래는 남는다. 특히 세계적인 히트곡은 그렇다. 언젠가 독일의 대학 중퇴자 한 사람도 그런 노래 두 곡을 썼다.

취향은 언제 생긴 것일까

2012년 크리스마스 직전 베를린의 추운 겨울날. 번화가에서는 행인들이 이리저리 밀려다니고, 버스와 전철은 관광객들로 넘쳐났다. 도로에는 자동차들이 천천히 기어가고 있었다. 그러나 도시 외곽의 고급 주택가에서는 소음도, 스트레스도, 분주함도 느낄 수 없었다. 얼어붙은 인도에는 아무도 보이지 않았고, 도로에서 차가 오가는 소리조차 들리지 않았다. 많은 집에는 감시카메라가 달려 있었고, 표지판에는 개를 조심하라는 경고 문구가 쓰여 있었다.

교외 전철 정류장을 나와 잠시 걷던 나는 감시카메라가 없는 어느 집 앞에 섰다. 초인종을 눌렀고, 잠시 후 개 짖는 소리가 들렸다. "개를 무서워하나요?" 어떤 목소리가 외쳤다. "론야!" 경비견만큼 크고 애완견처럼 순한 잡종개가 느릿느릿 내 곁을 스쳐 지나갔다. 나는 입구로 올라갔고, 론야의 주인이 문 앞에 서 있었다. "안녕하세요, 내가 마리안입니다."

마리안의 예전 이름은 하르트비히 쉬어바움이었는데, 1980년대에 예술가 이름으로 개명했다. 새 이름을 갖게 되면 사람들의 관심을 끌수 있다고 생각했기 때문이다. 그는 전형적인 대중가요 가수에게 어떤 이름이 어울릴지 고심한 끝에 '마리안 골드'로 결정했다.

이 이야기를 할 때면 그는 어린아이처럼 즐거워한다. 잠시 그와 대화를 해본 사람은 곧 그가 스트레스를 별로 받지 않으며 살아가고 있다고 확신한다. 왜 아니겠는가? 그는 1980년대에 세계적인 히트곡 2 곡을 썼는데, 그 수입으로 지금도 넉넉하게 살 수 있다. 마리안 골드는 독일 팝그룹 알파빌의 창단멤버이자 보컬이다.

이 그룹에 관한 기사는 대부분 그들이 1980년대에 가장 큰 성공을 거두었다고 소개한다. 그러나 사실이 아니다. 이 그룹의 가장 큰 성과는, 오늘날에도 여전히 성공을 거두고 있다는 점이다. 그것은 물론 향수와 깊은 관계가 있다.

이 모든 일은 원래 이름이 하르트비히 쉬어바움이었던 마리안 골드가 베를린으로 가면서 시작되었다. 그는 예술대학에서 그림을 공부했지만 3학기를 마친 후 1977년 공부를 중단했다. 그의 꿈은 음악을 만드는 것이었다. 이 꿈을 실현하고 싶었다. 그는 친구 베른트 괴슬링(예명 베른트 로이드), 프랑크 메르텐스와 마찬가지로 악기를 연주하지는 못했다. 그러나 당시에는 신스팝(테크노팝으로 알려진, 1970년 말~1980년대 세계적으로 유행한 팝음악 스타일)이 유행했다. 이 팝은 가수들의 예술적 능력보다는 전자악기에 의존했다. 1984년 알파빌의 최초 히트곡 'Big in Japan'이 발표되었다. 얼마 후 또 다른 대히트곡이 나왔다. 향수라는 이름의 나라가 있다면 이 노래가 그 나라의 국가가 되었을 것이다. 제목은 'Forever Young'이었다.

마리안 골드는 이 노래에 대해 심드렁했다. "나는 처음에 이 가사가 매우 끔찍하고 유치하다고 생각했어요. 그런데 베른트는 멋지다고 생각했죠." 그는 식탁에서 커피를 마시며 이렇게 이야기하지만 지금은 이 곡에 매우 감사해한다. 사람들은 자기 인생에서 언제 한 번 세계적인 히트곡을 쓸까? 음악 연구가들의 말을 믿는다면 히트곡은 무엇보다 단순한 가사와 따라 부르기 쉬운 멜로디로 이루어져야 한다. 'Forever Young'은 이런 기준을 충족시킨다. 이 노래는 네 개의 화음으로 구성되어 있으며, 부지불식간에 향수에 젖게 만드는 가사로 이루어졌다. 2절 가사는 다음과 같다.

어떤 것은 물과 같고, 어떤 것은 불과 같아.
어떤 것은 멜로디이고, 어떤 것은 리듬이지.
어느 틈엔가 모든 것이 지나갔다.
왜 그것들은 젊음을 유지하지 못할까?
허망하게 늙어가는 것은 슬프지.
나는 노쇠한 말처럼 사라지고 싶지는 않아.
젊음은 반짝이는 다이아몬드야.
그리고 다이아몬드는 영원하지.
이루어지지 않았던 많은 모험들.
우리가 연주하는 것을 잊어버렸던 많은 노래들.
우리 앞에 성큼 다가온 많은 꿈들.
우리는 그 꿈을 실현할 거야.
나는 영원히 젊고 싶어, 영원히!
당신도 진정 영원히 살고 싶은가, 영원히…?

하르트비히 쉬어바움이 마리안 골드라는 이름으로 이 가사를 썼을 때 그는 아직 서른도 안 된 나이였다. 어떻게 이 가사를 쓰게 되었을까? 이를 이해하기 위해서는 이 트리오의 이름이 1980년대 초에는 'Forever Young'이었다는 사실을 알아야 한다. 그는 몇 년 후에 프랑스 감독 장 뤽 고다르의 영화 제목을 따라 '알파빌'로 그룹 이름을 바꾸었다. 그러니까 향수는 이 밴드가 지닌 DNA의 중요한 부분이었다. 'Forever Yong'은 그 개념 자체로 향수를 불러일으킨다는 게 마리안 골드의 생각이다. "물론 그것은 꿈 같은 희망이죠. 영원한 젊음, 영원한 삶이라는 한 가닥의 희망, 그것은 환상이에요. 이 노래를 만들 당시 나는 이런 환상에 빠져 있었지요."

이 노래가 발표된 이후 많은 사람들, 지금도 콘서트를 찾는 밴드의 팬뿐만 아니라 다른 예술가들도 이 곡으로부터 영감을 얻었다.

골드는 'Forever Yong' 알파빌 버전으로만 약 600만 장의 싱글이 판매되었다고 추정한다. 리메이크를 포함하면 2,500만 장이 판매되었을 것이라고 그는 예상한다. 이 노래는 팝과 하드록에서 테크노와 레게에 이르기까지, 약 50가지의 리메이크 버전이 나와 있다. 2009년에도 독일 래퍼 부시도가 가수 카렐 고트와 함께 리메이크 버전을 발표했다. 그는 후렴에서 다음과 같이 노래했다.

영원한 젊음, 영원한 젊음, 아름다운 시절을 기억해야 해.
영원한 것은 아무것도 없기 때문이야.

2011년 알파빌은 미국 음악저작권 관리기관인 방송음악협회 Broadcast Music Incorporated, BMI로부터 상을 받았다. 미국 슈퍼스타 제이지가 이 노래를 리메이크했는데, 그해 미국 라디오와 텔레비전에서 가장 많이 틀어준 노래로 뽑힐 만큼 인기를 끈 것이다. 이 노래는 미국에서 2011년 총 300만 번 이상 재생되었으며 그때마다 골드는 원작자로서 돈을 벌었다.

물론 그는 오래 전에 은퇴할 수도 있었다. 그러나 그는 전혀 은퇴를 고려하지 않는다. 그동안 그는 새로운 멤버를 영입해 '노키아의 밤Nokia night of Proms'처럼 향수를 건드리는 행사에서 연주했으며, 2010년에는 여섯 번째 앨범을 발표했다. 그러나 팬 대부분은 향수를 불러일으키는 히트곡 'Forever Young'을 듣고 싶어한다. 골드도 이 사실을 알고 있다. 그래서 콘서트에서 항상 이 노래를 앵콜 곡으로 연주한다.

알파빌의 성공은 사람들이 오늘날에도 여전히 예전의 물건을 소비하고 싶어한다는 사실을 증명해준다. 이것이 바로 모리스 홀브룩과 로버트 쉰들러가 1980년대 말 공동 연구에서 시사했던 내용이다.

애착의 각인 효과

물론 그들의 연구에 문제가 없는 것은 아니다. 첫째, 그 연구 대상은 소비 세계의 일부 분야, 즉 음악에 국한되었다. 둘째, 실험 대상자들이 그룹을 지어 노래를 들었기 때문에 다른 참가자들로부터 영향을 받을 수 있었다. 셋째, 홀브룩과 쉰들러는 개인적인 생활환경을 고려하지 않았다. 대학을 다녔던 사람은 학업을 중단한 사람과는 다른 전제조건을 지닌다. 기숙사에 살았던 사람은 오랫동안 집에서 살았던 사람과는 경험이 달랐다. 남성과 여성의 취향도 아마 다를 것이다. 따라서 이 연구는 공격받기 쉬웠다.

이 연구가 대표적인 사례가 될 수 있을까? 이 연구는 반복될 수 있었을까? 이 연구가 다른 소비 분야에도 적용될까? 이듬해 두 연구자는 추가 연구에 돌입했다. 결과를 미리 말하자면 결과는 항상 비슷했다. 영화든 연극이든 광고든 관계없이 응답자들은 항상 젊은 시절 본 것에 가장 높은 점수를 주었다. 따라서 어떤 제품에 대한 애착은 젊은 시절에 형성되어, 평생 동안 지속된다. 왜 그럴까?

홀브룩은 이에 대한 답변이 오스트리아 동물학자의 인식과 매우 깊은 관계가 있다고 생각한다. 전설적인 동물학자 콘라트 로렌츠는 1930년대에 자연적인 환경에서 거위와 오리를 관찰했다. 그는 이 동물들에게서 그들의 생존을 보장하는 행동패턴을 발견했다. 가령 새끼들은 선천적으로 항상 어미 근처에 있으려 한다는 것이다. 로렌츠는 이런 과정을 '각인'이라고 불렀다. 그러나 더 재미있는 것은 로렌츠가 새끼에게서 어미를 떼어내고, 직접 어미인 체했을 때 새끼들이 그를 각인해 계속 뒤뚱거리며 따라다녔다는 점이다.

홀브룩은 이런 각인이 인간과 인간의 애착에도 적용된다고 생각했다. 그는 인간이 특정한 행동방식을 받아들이는 중요한 시기가 있다고 말한다. 젊은 시절에 시간의 창문이 열리는데, 이 창문에서 사람들이 선호하는 것이 만들어진다는 논리다. 그러므로 이 시기에 특정한 제품과 접촉해 만족한 사람은 평생 이 제품에 충성한다.

모리스 홀브룩과 로버트 쉰들러는 향수의 또 다른 정의를 도출해냈다. 다시 말해 그들은 향수를 '더 젊은 시절에 널리 사용된 물건에 대한 애착'이라고 이해했다. 그들은 사회학자 프레드 데이비스와 그의 저서 《어제에 대한 동경》을 그 증거자료로 제시했다. 프레드 데이비스가 향수는 삶의 특정 단계들을 이어주는 데 도움이 된다고 시사했기 때문이다. 물론 홀브룩과 쉰들러는 향수를 훨씬 더 포괄적이고 긍정적으로 해석했다. 향수에는 시간을 되돌릴 수 없다는 괴롭고, 달콤쓸쓸하고, 감상적인 인식 이상이 들어 있기 때문이다. 그들에 따르면 향수는 과거의 모든 대상에 대한 애착이다. 이런 대상은 상품과 서비스 그리고 음악, 영화 같은 문화상품 등 여러 분야가 될 수 있다.

홀브룩은 "향수는 어린시절과 젊은 시절에 시작되어 평생 지속되는 하나의 현상이다"라고 생각한다. 때로 우리는 가판점에서 감초 휠젤리나 자루가 달린 둥근 사탕을 샀고, 때로는 부모님과 조부모님이 레고나 플레이모빌 장난감을 사주었다. 우리가 이런 제품들과 어떻게 대면하게 되었는지는 상관없다.

제품이 당시에 행복과 만족, 안정감, 따뜻함 같은 감정을 불러일으켰다면 이런 관계는 지속된다. 그 결과 우리는 성장기와 젊은 시절에 소비했던 것을 지금도 가장 구매하고 소비하고 싶어한다.

설문조사에서도 많은 성인들이 이미 오랫동안 사용하고 있거나 부모님 혹은 조부모님을 통해 알게 된 브랜드를 매우 신뢰하는 것으로 나타났다. 어릴 때 아빠의 파사트 콤비를 탔던 사람은 지금도 그 차를 타면 안전하다는 느낌을 받는다. 학생 시절에 카마 카카오를 마셨던 사람은 여전히 그 음료수를 찾는다. 할머니는 수프에 마기(짙은 갈색의 액체 조미료)를 넣었고, 엄마는 아플 때 브란트 회사의 구운 빵을 주셨다. 그 때문에 상표는 경험과 사람에 대한 향수 어린 기억을 담고 있다. 나아가 우리는 그런 상품을 남에게도 권장한다. 향수가 중요한 경제 요인으로 꼽히는 것은 그 때문이다.

좋았던 옛 시절을 그리워하는 사람들은 항상 존재했다. 성경의 〈시편〉 137편에서도 이런 감정을 다루고 있다. 기원전 586년 바빌로니아 사람들은 통치자 네부카드네자르 2세 치하에서 예루살렘을 정복해 대부분 파괴했다. 유대인들은 그들의 신성한 도시와 시온을 떠나 바빌론 유수에 올라야 했다. 그곳에서 그들은 고향을 그리워했다.

"바빌론 강변 언덕에 앉아, 시몬을 기억하며 우리는 울었도다."

당신의 성서 지식이 만족스럽지 않더라도 이 문장을 영어로는 알고 있을 것이다.

By the rivers of Babylon, there we sat down.

Yeah we wept, when we remembered Zion.

〈시편〉 137편 구절을 그림과 함께 수록한 12세기의 성경. 트리니티 칼리지 소장.

〈시편〉의 첫 네 구절은 지난 수십 년간 팝 음악의 관심을 받았다. 'Rivers of Babylon'은 원래 멜로디언의 곡이었는데, 1978년 독일 디스코그룹 보니 엠이 이 노래를 리메이크했다. 이 노래는 음악 역사상 가장 성공한 곡 가운데 하나였다. 향수를 이용해 돈을 벌 수 있다는 확실한 증거가 아닐 수 없다. 향수가 오늘날의 소비환경 어디에서나 존재하고, 도구화된다는 사실은 놀랍지 않다. 기업은 고객이 추억에 잠기는 것을 좋아한다는 사실을 알아차렸다. 최고의 마케팅 대상이 될 수 있는 욕구인 셈이다.

우울할 때는 추억을 사라

〈슈피겔〉은 1973년 1월 29일 '향수를 이용한 사업'이라는 제목을 달고, 그 기사에서 흥미로운 점을 보도했다.

오늘날의 문화적 분위기는 향수라고 불린다. 그것은 어제에서 온 것이다. 유행과 음악, 영화, 문학은 1920~1950년대에 인기 있었던 것을 부활시키거나 새롭게 만들고 있으며, 산업은 지나간 것에 대한 동경에서 이득을 얻고 있다. 그러나 이 같은 감상적인 회고는 동시에 현재로부터 도피하는 것이다.

이런 경향은 예전보다 현재에 더 유효하다. 스위스 문화학자 발터

라임그루버는 이를 확신하는 사람 중 하나다. 그는 그 원인이 무엇보다 전후 수십 년 동안 이루어진 진보에 대한 믿음이라고 생각한다. 그는 일찍이 "환경이 빨리 변하면 변할수록 고정된 기준점을 원하는 욕구는 그만큼 더 커진다"고 말했다.

고트리프 두트바일러 연구소의 여성 경제학자 카린 프리크가 이를 잘 정리했다.

우리는 늙어가는 사회에 살고, 이런 사회에서 기억과 향수는 점점 더 중요해진다. 젊은 사람들은 앞을 바라보고, 이상과 진보에 열광한다. 반면 나이가 들면 변화하려는 마음이 줄어든다. 이렇게 안주하려는 마음은 익숙한 것을 소비하는 것에서도 나타난다.

이런 소비는 심지어 치료효과도 있다. 심리치료사 하비 캐플런은 이미 1980년대에 이런 가치에 주목했다. 어떤 환자는 젊은 시절 우상인 슈퍼맨을 보며 기분이 좋아졌고, 어떤 환자는 은막의 스타 에롤 플린을 보고 기분이 밝아졌다.

향수는 심리적으로 문제가 있는 사람뿐만 아니라 건강한 사람에게서도 치료효과를 발휘한다. 우리는 우울할수록 아름다운 기억과 관련 있는 제품을 더 많이 사용한다. 그렇게 하면 기분이 좋아지기 때문이다.

기억,
험한 세상 건너는 정신의 다리
고향의 모든 것이 좋지는 않더라도…

바실리카타는 이탈리아에서 가장 아름다운 지역 중 하나다. 훼손되지 않은 풍경에다 지형 변화가 많은 곳이다. 안쪽 구릉지대에는 숲이 무성하고, 남쪽으로는 가파른 해안과 모래 해변이 유리처럼 맑은 이오니아 해까지 이어진다. 기원전 8세기에 이 해안에 자리를 잡았던 그리스인들도 그 아름다움에 매혹됐다. 수많은 고고학적 발굴지와 폐허, 성, 요새 그리고 사원이 이를 증명한다. 그러나 영광스러운 역사와 목가적인 환경에도 불구하고 이곳은 항상 가난했다.

패기와 공명심이 넘치는 젊은이들은 더 부유한 북쪽으로 갔다. 바실리카타에는 대규모 고용주가 거의 없었고, 사람들은 다른 지방으로 휴가를 떠났다. 그들은 바실리카타 주의 주도인 마테라 인근 '사시'를 자주 찾았다. '사시'는 1만 년 전부터 가파른 암벽에 세워진 동굴 주거지로, 현재는 박물관과 레스토랑이 들어서 있다. 유네스코는 1993년 이 특별한 건축물을 세계문화유산으로 지정했다. 마테라에서 차로 남쪽을 향해 약 40분을 가면 작은 언덕에 도달한다. 이 언덕 꼭대기에 베르날다라는 작은 마을이 있다.

옛날에 이 마을의 토착민 한 사람이 위대한 여행을 떠났다. 아고스틴 코폴라는 재능은 있었지만 고향에서 성공하지 못했다. 아버지는 올리브 나무를 재배했지만 44살 때 폐렴으로 사망했다. 아버지는 아내와 아들 4명을 남겨두었고, 그들은 방 한 칸에서 함께 살았다. 아고스틴은 지역 수공업자에게서 기계를 운전하기 위한 도제수업을 받았다. 그러나 자신의 미래가 어딘가 다른 곳에 있다고 생각했다. 1904년 그는 남동생 3명과 함께 미국으로 건너갔다.

그는 미국에서 결혼해 아들 7명을 낳았다. 뛰어난 이야기꾼인 그는 아이들에게 이야기를 즐겨 들려주었다. 특히 고향에 대해 이야기하는 것을 좋아했던 그는 고향을 항상 '베르날다 벨라'라고 불렀다. 이 가족은 미국에서도 고향 요리를 해먹었다. 그 중에는 흔치 않은 양파인 람파시오나 매콤한 소시지 살시치아가 있었다. 이렇게 해서 그의 손자들에게까지 이탈리아 작은 산촌마을에 관한 이야기가 전해졌다. 그 손자들 중 하나가 바로 위대한 영화 〈대부〉를 감독한 프란시스 포드 코폴라였다.

코폴라가 1962년 두브로브니크에서 일을 하게 되었다. 그는 그곳에서 페리호를 타고 아드리아 해를 지나 할아버지 고향을 방문했다. 마을 한가운데에서 그는 팔라조 마르게리타Palazzo Margherita와 마주쳤다. 1892년 어느 부유한 가족이 지은 화려한 저택이다. 그후 이 가족은 이사를 갔고, 아주 가끔 대저택을 이용할 뿐이었다.

코폴라 감독이 고향 저택을 사들인 까닭

미국으로 돌아온 코폴라는 친척들에게 '베르날다 벨라' 이야기를 들려주었다. 그는 몇 년에 한 번씩 고향으로 돌아왔고, 아이들과 손자들도 그를 따라 했다. 자신들의 뿌리로 여행을 한 것이다. 그리고 코폴라 감독은 그 뿌리의 일부를 사들이기로 결정했다. 할아버지가 길을 떠난 지 정확히 100년 후인 2004년. 그는 팔라조 마르게리타를 손에 넣었고 이듬해 대저택을 개조했다. 프랑스 인테리어 디자이너에게 의뢰해 9개의 특실을 갖춘 호텔로 바꾸도록 한 것이다. 코폴라는 이미 1990년대부터 호텔 경영자였다. 벨리즈에 호화 호텔을 열었고, 부에노스아이레스와 과테말라에도 호텔을 소유했다.

그러나 베르날다 프로젝트만큼 향수의 직접적 영향을 받은 프로젝트는 없다. 2011년 코폴라의 딸 소피아가 베르날다에서 결혼식을 올렸다. 그녀도 유명한 여성 감독이다. 호텔을 연고 몇 달 지난 뒤 코폴라는 당시 95살인 삼촌 안톤과 87살인 숙모 알메린다를 베르날다로

팔라조 마르게리타

할아버지가 떠나왔던 고향 땅의 저택을 100년 후, 나이든 손자가 사들였다.
이 호화로운 호텔은 가족을 향한 코폴라 감독의 사랑이자 향수의 오마주이다.

모시고 왔다.

"그분들에게 고향과 대저택을 보여주면 남은 생애 동안 잊을 수 없는 사건이 될 것이라고 생각했다."

코폴라는 이렇게 말했다. 그들은 생가를 방문하고, 호텔 정원을 거닐고, 주민들이 손님들과 즐겁게 대화를 나누는 치네치타 바에 앉아 차를 마셨다. 그때 갑자기 프란시스 포드 코폴라는 98살인 삼촌 미키가 여행을 떠나기 전에 들려주었던 이야기를 떠올렸다.

아고스틴 코폴라는 상당한 바람둥이였다. 그가 바람을 피운 수많은 여자 중 하나가 베르날다의 부유한 가정에서 일했던 팔메타라는 가정부였다. 그는 주로 저녁에 애인을 찾아갔다. 그러나 문에서 초인종을 누를 수 없었기 때문에 무언가 다른 방법을 찾아야 했다. 다행히 팔메타의 방은 작은 계단으로 이어지는 지붕 아래 채광창과 잇닿아 있었다. 그래서 아고스틴은 항상 지붕으로 기어올라가 그녀에게 다가갔다.

100년 이상이 지난 지금 프란시스 포드 코폴라에게 특별한 것이 눈에 들어왔다. 팔라조 마르게리타의 5호실에 작은 계단이 있는데, 이 계단이 지붕 근처 작은 인부 방으로 이어졌다.

안톤이 그에게 말했다.

"팔라조 마르게리타가 네게 왜 그리 감상적인 프로젝트인지 이제 이해하겠군. 이 프로젝트는 우리 가족에 대한 사랑의 표현이야."

코폴라는 향수 때문에 이 건물을 구입했던 것이다.

모리스 홀브룩과 로버트 쉰들러는 향수가 항상 젊은 시절의 특정 시기와 연관되는 것은 아니라고 생각했다. 2009년 사망한 미국 러트 거스 대학교의 마케팅 교수 바버라 스턴은 일찍이 두 종류를 구별했다. 그녀는 역사적 향수를 자기가 태어나기 이전의 시대에 대한 애착으로 이해했다. 반면 개인적인 향수는 우리가 직접 경험한 과거를 찬미한다. 코폴라가 호텔을 구입한 것은 이 두 가지가 혼합되어 있다. 하나는 어린시절 할아버지 이야기를 통해서 '베르날다 벨라'를 알게 되었다는 것이고, 다른 하나는 이 작은 마을이 가족사의 일부였다는 것이다. 조부모의 고향에 있는 수백 년 된 부동산을 구입할 정도로 돈이 많은 사람은 소수에 불과하지만 그 효과는 여러 사람에게 영향을 미친다. 여러 가지 면에서.

향수는 그만큼 강력하다. 우리는 입증된 것과 알고 있는 것에 기대고 싶어하기 때문이다. 이를 통해 복잡함을 줄이고 불확실성을 감소시키며 정신적인 긴장을 누그러뜨리고 실망의 위험성을 낮추기 때문이다. 사실 현재를 살아가는 것 자체도 충분히 부담이 되지 않는가. 그런 우리에게 이미 알고 있는 상표와 제품은 신뢰와 안정감, 방향성을 제공하는데, 그것들이 감정 또는 아름다운 기억과 연결되어 있으면 특히 더 그렇다. 심지어 향수의 치료효과는 정량화할 수도 있다.

캐나다 HEC 몬트리올 경영대학교 조교수인 캐서린 러브랜드는 몇 년 전 수백 명의 참가자들은 컴퓨터 앞에 앉혀두고 여러 가지 실험을 했다. 실험에서 참가자들을 사이버볼이라는 게임에 참가했다. 미국 사회심리학자 팀이 개발한 게임이다.

규칙은 간단하다. 실험 대상자들에게 게임상에서 서로를 향해 공을 던지도록 한다. 실제로 존재하는 다른 사람들과 함께 옛날 학교 운동장에서 했던 것을 지금은 컴퓨터 앞에서 하는 셈이다. 물론 하이라이트는 게임을 같이 하는 사람들이 실제로는 존재하지 않는다는 점이다. 학자들은 이 게임을 두 가지 다른 종류로 사전에 조작해놓았다. 한 그룹은 가상의 게임에서 공이 각 라운드마다 비교적 공평하게 분배된다. 모두에게 차례가 돌아가기 때문에 불이익을 받았다고 느끼는 사람은 아무도 없다.

그러나 두 번째 그룹에 속한 사람들은 공을 아주 드물게 받았다. 그들은 다른 사람이 공을 주고받는 모습을 그저 바라만 보아야 하기 때문에, 배제되어 있다는 느낌을 받는다. 이미 게임 개발자들은 수많은 연구를 통해 이런 미묘한 조작이 통칭 아웃사이더 그룹에게 영향을 미친다는 사실을 보여주었다. 공을 드물게 받으면 받을수록 그들은 의기소침하고 무기력해지며 고독하다는 느낌을 갖는다. 러브랜드의 실험 대상자들도 마찬가지였다. 그러나 그것이 전부가 아니었다.

두 번째 실험에서 러브랜드는 그들에게 동일한 상품군 중 서로 다른 제품 두 가지를 보여주었다. 하나는 과거에도 인기가 있었고 지금도 여선히 인기 있는 향수 어린 제품이었다. 다른 하나는 줄시된 지 얼마 되지 않았다. 이제 모두 참가자들에게 좋아하는 제품을 결정하도록 했다. 때로 그들은 니베아의 샤워젤과 도브의 샤워젤 중에서 선택했고, 때로는 크노아 수프와 우녹스 수프 중에서 선택했으며, 때로는 VW 비틀과 스마트 중에서 선택했다. 이 실험을 통해 러브랜드는 앞서 실시한 컴퓨터 게임 조작이 이들의 결정에 적잖은 영향을 미쳤다는 사실을 깨달았다. 아웃사이더 그룹의 실험 대상자들은 대부분 향수 어린 제품을 선택했는데, 그 빈도는 비교 그룹보다 거의 2배 정도 높았다. 러브랜드의 결론은 분명했다. 소속감에 대한 요구가 강하면 강할수록 자동차든 영화든, 텔레비전 방송이든 과자든 향수 어린 제품을 선택하는 빈도가 더 높았다.

이 실험에서는 오직 가상 속에서의 결정만 다루었다. 또 다른 실험에서는 실험 대상자들에게 실제로 향수를 불러일으키는 상표의 과자와 현대적인 과자 중에서 선택하도록 했다. 여기서도 아웃사이더 그룹은 향수를 불러일으키는 과자를 훨씬 더 자주 선택했다. 마지막으로 러브랜드는 모두에게 그들의 정신적인 상태가 어떤지 물었다. 향수를 불러일으키는 과자를 먹은 사람은 소속감에 대한 욕구를 훨씬 덜 느꼈다. 그 과자가 정신적인 고통을 완화하고, 기분을 좋게 만든 것이 틀림없다.

전설적인 사회심리학자 에이브러험 매슬로는 인간에게 중요한 몇 가지 욕구가 있다는 것을 확신했다. 호흡하고 먹고 잠자는 것과 같은 생리적 욕구는 무엇보다 중요하다. 이런 욕구가 충족되면 우리는 안전과 접촉을 갈망한다. 우리는 삶을 혼자 보내기 위해 태어난 것이 아니다. 사회적 존재로 존중받고 사랑받고 싶어한다. 러브랜드의 연구는 소속감에 대한 욕구가 향수를 불러일으키는 제품 소비를 통해 충족된다는 것을 시사한다.

향수를 불러일으키는 기억에 관한 한 다른 사람들, 즉 예전에 우리와 친했거나 지금도 가까운 사람들과 함께 한 경험이 중요하다는 점은 이미 살펴보았다. 향수 어린 제품을 사용하는 것은 이런 기억과 연결해주는 정신적 다리를 건설하는 셈이다. 우리가 소외당하거나 거부당한다는 느낌이 강하면 강할수록 이런 갈망은 더 커진다.

킬의 크리스티안 알브레히트 대학교 마케팅 교수 울리히 오르트도 이런 사실을 입증했다. "소비자들은 긍정적인 감정을 '구입한다.' 따라서 아름다운 기억이 소비 결정에 영향을 미친다." 오르트 역시 여러 연구를 통해 참가자들이 기분 조작에 어떻게 반응하는지 테스트했다. 가령 그는 연구를 위해 5명의 제품 매니저에게 다른 브랜드 42개의 사진을 모으도록 했다. 객관적인 선택을 보장하려 한 것이다. 실무자들은 예를 들면 크림21과 1970년대의 화장품 브랜드처럼 여러 가지 향수를 불러일으키는 제품, 이와 달리 향수를 불러일으키지 않는 현대의 브랜드를 모았다.

실험실에서 오르트는 실험 대상자들에게 여러 가지 음악을 들려주었다. 한 그룹에게는 슬픈 음악을 들려주었고, 다른 그룹에게는 즐거운 음악을 들려주었다. 이것이 기분에 엄청난 영향을 끼쳤다. 어떤 사람은 심지어 슬픈 음악을 들을 때 울기까지 했다. 그런 다음 참가자들에게 여러 브랜드를 보여주었다.

그 결과 향수를 불러일으키는 브랜드가 슬픈 실험 대상자들의 기분을 좋아지게 했고, 그들은 바로 그 제품을 구입하겠다고 말했다.

울리히 오르트에게 기분은 원인이자 결과다. 기분이 나쁠 때 소비자들의 손은 향수를 불러일으키는 제품으로 향하고, 이런 구매가 기분을 좋아지게 한다. 이런 메커니즘은 성별에 상관없이 작용했다. 이 과정은 대부분 무의식적으로 진행되기 때문이다. 슬픈 음악은 반사적으로 우울함과 침울함, 슬픔을 남긴다. 소외감을 느끼는 사람은 다시 그 집단에 소속되고 싶어한다. 그럴 때 아름다운 기억과 관련이 있는 제품을 구입하면 감정이 완화된다. 20년 전부터 한 독일 잡지가 이런 메커니즘을 이용해 이익을 얻고 있다.

향수를 건드려 살아남은 잡지

2011년 4월 베를린의 호화호텔 아들론에 수많은 동독 저명인사들이 모였다. 이 가운데는 전직 권투선수 헨리 마스케와 피겨스케이팅 스타 카타리나 비트도 있었다. 이들이 모인 건 최고의 위치에서 20여 년을 보낸 후 은퇴하는 어느 편집장의 퇴임식 자리였기 때문이었다. 당시 브란덴부르크 주지사인 마티아스 플라체크도 이 행사에 귀빈으로 참석했다. "그는 고향 소식을 전해주었습니다. 점점 더 빨리 돌아가는 세상에서 이것은 아주 중요한 일입니다." 플라체크는 퇴직하는 저널리스트에게 이렇게 말했다.

통일 직전 뮌헨 부르다 출판사의 경영자는 아이디어를 하나 갖고 있었다. 동독의 최후는 이미 예견된 상태였고, 저널리즘 측면에서 동쪽은 서독 출판사들에게는 미지의 영역이었다. 그들은 특별히 이 지역을 위한 잡지를 구상했다. 통일 6주 전인 1990년 8월 23일 제1판이 간행되었다. 시험 구독료는 50페니히였다. 처음 일년 동안 잡지는 당초 계획에 따라 표지에 고객층의 흥미를 끄는 문구를 넣었다. '섹스 — 새로운 방법. 침대에서도 자유를' 같은 타이틀이었다. 그러나 일년 후 이 잡지는 침실 관련 내용을 이렇게 소개했다. '성생활 — 동부 여성들 모든 금기를 깨다.'

편집부는 처음에 에로티시즘이라는 연못을 뒤졌고, 웬만큼 성과도 있었다. 바이에른 태생의 요헨 볼프는 1991년부터 〈수퍼일루*SuperIllu*〉의 편집부를 맡아 20년 동안 일했다. 급변하는 분야에서 아주 오랜 기간 재임한 것이다. 그가 그렇게 오랫동안 자리를 차지하고 있었던 것은 취임 직후 잡지의 방향을 새로 설정한 것과 관계가 있다.

그는 향수의 변형된 형태를 이용하였는데, 이름하여 동쪽Ost과 향수를 합쳐, OstalgiaOst+Nostalgia라고 표현했다.

볼프가 편집장이 된 지 몇 주 지난 무렵이었다. 당시 잡지 기사에 악의 없어 보이는 문장이 들어 있었다. "그녀는 음침한 조립식 건물에서 자랐다"는 표현이었다. 그런데 분노한 독자들에게서 수십 통의 편지가 날아들었다.

동쪽에 있는 사람들은 그들의 조립식 건물을 좋아하고, 그것을 음침하다고 느끼지 않았습니다. 오히려 조립식 건물에 살았던 사람은 일종의 사회적 특권을 누렸습니다. 그런 집에는 난방장치와 욕실도 있었습니다. 그리고 서독 출신의 누군가가 이를 평가절하한다면 동독인들은 모욕을 당했다고 생각합니다.

볼프는 〈SZ 매거진〉에서 이런 편지 내용을 언급한 적이 있다. 그때 그는 독자들의 마음에 좀 더 주의를 기울여야 한다는 것을 배웠다. 그는 표지에 동독 스타를 더 많이 실었고, 1995년 동독 방송국 MDR과 RBB와 공동으로 '동독 미디어상'인 'Goldene Henne(황금닭)'를 만들었다. 1991년에 사망한, 암탉이라는 별명을 갖고 있던 여성 엔터테이너 헬가 하네만을 추모해 만든 상이다. 매년 〈수퍼일루〉독자들은 수상자를 함께 결정할 수 있다. 수상자 가운데는 윌스니츠 출신 여성 가수 슈테파니 헤르텔과 오버비젠탈 출신 전직 스키점프 선수 옌스 바이스플로크, 드레스덴 출신 전직 축구 트레이너 에두아르트 가이어가 있다.

물론 누군가는 그것을 재미있거나 이상하다고 생각할지 모른다. 특히 서독 미디어에서 이 잡지는 여전히 비웃음을 받는다. 유력지 〈쥐트도이체 차이퉁〉은 이 잡지를 '동독 사람들의 심리치료사'라고, 좌파 성향의 〈타게스 차이퉁〉은 '마케팅꾼에 의해 어설프게 만들어진, 동독 감정을 위한 부르다의 중앙기관지'라고 평가했다.

그러나 이런 적의에 찬 말과 조롱이 잡지에 해가 되지는 않았다. 오히려 반대였다. 2013년 1분기 '독일 광고매체 보급협회'의 데이터에 따르면 이 잡지는 매주 약 34만 7,000부가 판매됐다. 이 잡지의 독자는 약 300만 명, 구서독 뉴스 잡지 〈슈피겔〉과 〈포커스〉 〈슈테른〉 독자를 합친 것보다 많은 수치다. 특히 동쪽에서는 이 잡지가 가장 많이 팔렸는데, 1.7유로라는 저렴한 가격 때문만은 아니다. 진짜 이유는 매주 조금이라도 고향 소식을 전해줌으로써 충실한 고정 독자를 확보하고 있기 때문이다.

이런 특별한 향수를 지금은 로베르트 슈나이더가 담당하고 있다. 2011년 4월 그는 빠르고 가파른 출세의 정점에 올라섰다. 〈수퍼일루〉의 편집장이 된 것이다. 그의 35번째 생일이 몇 주 지났을 때였다.

슈나이더는 사람들이 젊은 경영인을 비판적으로 바라본다는 것을 잘 안다. 전임자가 20년 동안 성공적으로 일했다면 더욱 그럴 것이다. 그래서 전통과 혁신 사이에서 조심스럽게 균형을 잡고자 했다. 그는 잡지를 조금 개혁해서 탐방기사를 더 많이 실었고, 활자체도 바꾸었다. 2012년 7월 편집부는 자체 애플리케이션인 쌍방향 발트해 여행 안내서를 출시했다.

잡지를 발행하는 출판사는 인터넷에서 독자들의 미식가적인 관심사에도 신경을 쓰고 있다. 한 온라인 상점에서는 온갖 동독 유물을 판매하는데, 그 가운데는 29.99유로짜리 '고급 동독 식료품 패키지'가 있다. 이 패키지 안에는 베르더의 토마토 케첩과 부르첸 땅콩과자,

신호등에 그려진 남자 모양의 과일껌이 들어 있다.

로베르트 슈나이더는 전임자인 요헨 볼프에게 가해졌던 적대감은 별로 개의치 않았다.

"내 전임자의 신조는 구동독 출신 사람들의 성과를 인정하는 것이었고, 그건 나도 마찬가지다. 바이에른 사람들은 그들에게 일종의 'Mia san-mia(우리는 우리다)'라는 감정이 있다고 주장한다. 나는 동독에도 이런 감정이 있다고 확신한다. 비슷한 경험과 기억은 수백만 동독 사람들을 서로 연결해주는 요소다."

그는 〈슈퍼일루〉에서 자기 고향을 종합적으로 관찰하고 재발견하며 새로 알아갈 수 있는 일종의 역사 여행으로서 자신의 지위를 누렸다. 그럴 때는 이 젊은 편집장도 향수에 젖어든다. 2012년 크리스마스 호에 그는 눈 덮인 에르츠 산맥의 사진을 실었다.

"그곳의 사진을 보면 내 어린시절이 떠오른다. 강림절에는 우리 방을 천사와 담배 피우는 남자 인형, 피라미드, 아치형 촛대와 직접 만든 물건으로 화려하게 장식했다. 할아버지와 나는 실톱으로 수작업하는 것을 좋아했다."

슈나이더는 이렇게 사진 설명을 썼다. 이 얼마나 아름다운가.

21세기의 미디어 위기는 이 잡지도 비켜 가지 않았다. 몇 년 전부터 발행 부수가 줄고 있다. 독자층의 평균 나이는 약 54세, 41퍼센트가 60세 이상이다. 그럼에도 불구하고 슈나이더는 〈슈퍼일루〉를 정상적으로 운영해나갈 수 있다고 확신한다. 그 증거로 그는 여성 직원에게 문서보관실에서 기사 하나를 찾아오도록 했다.

편집자인 게랄트 프라슐은 2012년 8월, 동독 출신 베아트리체 렘브케와 잔드로 디 슈프리히에 관한 기사를 3페이지에 걸쳐 썼다. 이 두 사람은 1980년대 엘베강 근처에 있는 되르미츠에 살았던 학급 친구였다. 잔드로는 지금 니더작센에서 사진작가로 살고, 베아트리체는 고향에 남아 가정주부가 되었다.

어느 날 두 사람은 페이스북에서 연락이 닿았다. 이들은 "너는 알고 있니?"라는 문장으로 서로 소식을 주고받았다. 잔드로는 베아트리체에게 장난감 사진과 같은 오래된 사진을 보냈다. 그들은 어느 순간 분명히 같은 뜻을 가진 사람들이 있을 거라고 생각했다. 2011년 7월 그들은 '동독 아이들'이라는 페이스북 그룹을 만들었다. 2012년 8월 이 그룹의 회원은 10만 명이 되었다. 2013년 9월에는 24만 명을 넘었다.

이용자들은 이곳에 오래된 제품의 사진을 올리거나 푸디스^{Puhdys} 같은 예전 음악 스타의 비디오를 링크한다. 동독을 찬미하거나 되찾고 싶어하는 사람은 아무도 없다. 모든 사람들이 그냥 기억에 심취해 슈프레발트의 오이 피클과 쾨니히스베르거 클룹세(독일의 대표적인 고전 요리로, 케이퍼와 화이트소스를 곁들인 고기 경단)에 관해 이야기하면서 어제로 돌아가는 것을 즐겼다. 슈테피 E라는 이름의 한 이용자는 "그렇다고 우리가 장벽을 다시 세우려는, 민주주의를 가장한 공산주의자들은 아니다"라고 썼다. 이것이 바로 많은 동독인들이 〈슈퍼일루〉를 읽는 이유다.

사람들은 통일로 인해 그들의 고향을 잃어버렸다. 고향의 모든 것
이 좋은 건 아니다. 오히려 그 반대다. 그럼에도 불구하고 잃어버린
고향과 자신들을 연결해주는 유명인사나 제품은 닻과 같은 작용을
한다. 프레드 데이비스가《어제에 대한 동경》에서 내린 결론이 얼마
나 선지적이 있었는지를 보여주는 또 다른 증거다. 이 사회학자는 책
에서 특히 경험이 통렬할 때, 다시 말해 경험이 안정된 삶을 뒤흔들
어놓을 때 향수에 대한 욕구가 상승한다는 것을 시사했다. 〈슈퍼일
루〉는 바로 그런 경험을 통해 이익을 얻는다. 이 잡지는 따뜻함과 안
전, 지속성에 대한 욕구를 충족시킨다. 다른 분야 기업들도 이용하고
있는 그 욕구를.

불안한 시대에는
복고풍 광고를 하라
오래된 것을 찾는 심리적 배경

　　　　　　광고업계야말로 대중의 정서적 심지를 가장 발빠르게 찾아내는 사람들이다. 향수의 위력을 가장 적극적으로 활용한 곳도 바로 광고 분야었다.

　가령 미국 식료품 회사 마스가 그렇게 했다. 이미 1970년대에 이 기업은 "마스는 활력을 준다"라는 카피로 광고를 했다. 그 이후 광고업자는 "계속 나아가자"부터 "거기에는 무언가가 있다"를 거쳐 "마스를 먹고, 스피드를 내자"에 이르기까지 카피를 계속 바꾸었다. 2010년 이 그룹은 마침내 새로운 광고 스팟을 만들어, 옛날의 대표적 고전으로 돌아왔다.

　거대 보험회사인 알리안츠가 2012년 새로운 캠페인을 시작했을 때

이 회사는 전직 포뮬러1 드라이버인 크리스티안 단너를 섭외했다. 그는 TV 스팟에서 자신의 어린시절 기억에 관해 이야기하면서 아버지도 예전에 사고 조사관으로 '알리안츠 기술센터'에서 일했다는 사실을 언급했다. 향수를 불러일으키는 스팟의 마지막에 또 다른 고전적 광고카피가 등장했다. "제발 알리안츠가 보장해주기를." 10년 전에 인기를 끌었던 이 카피가 컴백한 이유는, 회사의 시장조사에서 바로 그 카피가 소비자들의 기억에 가장 확실하게 남아 있다는 사실이 밝혀졌기 때문이다.

그런가 하면 2008년 맥도날드는 광고 스팟을 새로 내놓았다. 빅맥 40주년 기념일에 이 회사는 고객들에게 1974년의 광고 가사에 새로 곡을 붙이도록 했다. 코카콜라는 다이어트 콜라를 위해 1982년에 사용했던 카피를 다시 꺼내들었다. 미국 식료품 제조회사 제너럴 밀스는 향수를 불러일으키는 포장으로 아침식사 제품을 판매했다. 이런 사례는 소위 복고풍 마케팅이 몇 년 전부터 다시 유행하고 있다는 사실을 입증한다.

'새로운 생각이 떠오르지 않으면 옛날에 사용했던 것을 이용한다"라는 모토를 따르는 현상에 대해 누군가는 창의력 부재 탓이라고 말할지 모른다. 돈이 부족해 광고 예산을 축소한 탓으로 돌릴 수도 있다. 소비자들에게서 얼마나 호평을 받을지도 모르는 새로운 캠페인을 위해 거액을 지불하기보다는 차라리 과거에 효과가 있었던 것을 이용한다는 의미에서 말이다. 이런 논거는 분명히 근거가 있다. 그러나 진실의 일부일 뿐이다.

기업들이 엄청난 도전에 직면해 있다는 사실은 의심할 여지가 없다. 광고예산은 줄어들고, 소비자들은 수많은 제품 중에서 하나를 선택한다. 또 소비자들은 어떤 매체든 광고 내용에 휘둘리고 싶어하지 않는다. 텔레비전 시청자들은 중간광고 시간에는 채널을 돌리고, 신문 독자들도 광고 페이지는 건너뛴다. 인터넷 이용자들 역시 배너 창을 서둘러 닫는다. 그만큼 고객들의 주의를 끄는 것은 어려워졌다. 따라서 좋은 광고가 갈수록 중요해진다. 고객들에게 감정적으로 호소하고, 구매를 자극하는 광고가 필요한 것이다. 또한 광고는 사회적 환경에 적합해야 한다. 위기가 재정적 · 정치적 · 경제적 · 사회적 성격 중 어느 것에 기인하든 기업들은 위기의 시대를 맞아 사람들을 보호하고, 안심시키려 한다. 이런 갈등 상황 속에서 기업들은 향수를 이용해 경쟁자들보다 자신을 가장 돋보이게 할 수 있다.

요즘의 젊은이들도 여러 면에서 옛날이 더 좋았다는 느낌을 갖고 있다. 그러나 사실은 이렇다. 대부분의 회사원들은 더 높은 급여를 받고, 업무환경은 좋아졌고, 휘발유는 더 싸졌으며, 사회 안정성은 높아졌다. 나이든 사람들은 이것을 더 잘 이해한다. 그들은 지난 시대를 직접 경험했기 때문이다.

그럼에도 사람들은 과거가 더 좋았다고 느낀다. 이런 맥락에서 볼 때 복고풍 광고는 다양한 세대를 아우르는 데 있어 가장 강력한 두구다.

프랑크 도파이데도 똑같은 생각을 했다. 그는 2011년 독립하기 전까지 광고 에이전시 그레이 월드와이드를 이끌었다. 도파이데는 이 분야에서 향수를 이용하는 경향을 두고 '감정적 재인식'의 가치가 크기 때문이라고 생각했다.

"많은 기업들은 고객과의 첫 번째 접촉이 결정적이라는 사실을 과소평가한다. 이 첫 번째 접촉에서 브랜드에 대한 인상이 모든 감각과 감정으로 영원히 굳어져버린다."

도파이데의 말이다. 가장 전형적인 예가 코카콜라다. 수많은 맛 평가에서 항상 펩시가 더 좋은 결과를 얻는다. 하지만 "엄마, 펩시를 마셔도 돼?"라고 묻는 아이는 단 한 명도 없다. 모든 아이들이 "콜라 마셔도 돼?"라고 묻는다.

어린시절에는 도파이데도 똑같았다. 부모님은 그가 원하는 것을 대부분 거절했고, 특별한 계기가 있을 때만 코카콜라를 마실 수 있었다. 아마 아이들 모두 이 순간을 알고 있을 것이다. 잠시 동안이라도 기분 좋고, 순수한 행복을 느끼는 순간을. 도파이데는 이렇게 말한다.

"오늘날 30~50세의 구매력 있는 고객들은 젊은 시절에 많은 제품과 광고 카피를 접했다. 그 시절에 우리는 처음 사랑에 빠졌고, 운전면허증을 취득했으며, 처음 담배를 피웠고, 집을 떠났다. 바로 그렇기 때문에 복고풍 광고가 먹히는 것이다. 복고풍 광고는 이런 정서를 이용하기 때문이다. 기업이 이런 장점을 이용하지 않는다면 그 기업은 제정신이 아닐 것이다."

재정적인 이유에서도 마찬가지다. 지금은 감정을 특정 브랜드와 새롭게 연결시키는 데 막대한 돈이 든다. 따라서 가능하다면 언제든지 기업들은 이 결합을 유지하거나 다시 끄집어내 사용해야 한다. 광고전문가 도파이데는 캠페인 하나를 독일 전역에 전파하기 위해 한 기업이 약 1억 유로를 지출한다고 추정한다. 운도 따라주어야 한다. 메시지가 확실하게 정착할 수 있을지 알 수 없을 뿐 아니라 소비자들 머리는 이미 다른 것으로 가득 차 있기 때문이다.

몇 년 전 실케 밤바우어 작세(프라이부르 대학교)와 헤리베르트 기를(아우크스부르크 대학교)도 이런 인식에 동의했다. 두 가지 연구에서 그들은 대학생과 회사원, 연금 생활자로 구성된 약 1,000명의 참가자들에게 푸딩과 비스킷, 초콜릿, 세제, 얼굴 크림 같은 여러 가지 제품 광고를 보여주었다. 물론 서로 다른 광고, 즉 옛날 광고와 현재 광고를 보여준 것이다. 그 뒤 모든 실험 대상자에게 광고와 제품에 대한 그들의 생각이 어떤지, 그 제품을 구입할 것인지, 광고가 그들의 머릿속에서 어떤 이미지를 불러일으켰는지를 물었다. 그 결과 향수를 불러일으키는 광고가 위에 언급한 세 가지 범주 모두에서 가장 좋은 결과를 얻었다. 옛날 광고가 현대의 캠페인보다 더 긍정적인 감정과 강렬한 이미지를 불러냈다.

두 학자는 "이 이미지는 브랜드와 제품에 대한 소비자들의 생각뿐만 아니라 구매 의도에도 영향을 미친다"고 썼다.

확실히 우리의 심리적 면역체계는 이런 현상에 관여한다. 다니엘 길베르트가 언젠가 보여주었듯이 심리적 면역체계는 기억을 아름답게 물들인다. 광고가 미화된 과거를 인위적으로 일깨우면 그로 인해 긍정적인 감정이 들고 제품에 감정을 이입해 구매 욕구가 생긴다. 이 것을 고도 뢰벤만큼 잘 이해한 사람도 없다.

특이한 성을 가진 이 남자는 올덴부르크 근교 브라케 출신이다. 그는 1995년 경영학 공부를 마친 후 고향에 있는 약 10개 중견기업에 지원을 했다. 그의 동창생들은 이를 이상하게 생각했다. 다들 대기업에서 경력을 쌓으려고 했기 때문이다. 그러나 뢰벤은 가족기업에 매력을 느꼈다. 지역 도축회사의 제품 관리자 응모에 지원서를 제출한 그는 면접을 보게 되었다. 그러나 면접에서 뢰벤은 이 회사에 마케팅 부서가 없다는 사실을 확인하고 놀랐다.

다른 지원자였으면 아마 불안감을 느껴 일찌감치 입사를 포기했을 것이다. 뢰벤은 달랐다. 그는 침착했고 사장은 이 젊은 졸업생을 마케팅 책임자로 채용했다.

오늘도 뢰벤은 전화기를 붙잡고 기분 좋게 "좋은 아침!"이라고 인사를 한다. 그러나 그가 입사할 때는 상황이 그리 좋지 않았다. 당시에는 회사명이 칼 뮐러였고, 북부 독일에서 30개의 정육점을 운영하고 있었다. 그 사이 이 회사는 이름을 뤼겐발더 뮐러로 바꾸었다. 2012년 이 회사의 판매액은 약 1억 7,400만 유로나 되었다.

1834년 칼 뮐러는 포메른 지방의 뤼겐발트에 정육점을 열었다. 그는 자신의 조리법에 따라 만든 제품을 판매했다. 1903년 그의 손자 칼 뮐러 3세가 생소시지를 생각해냈다. 사람들이 오후에 차를 마시면서 이 소시지를 먹는 것을 좋아해 '차 소시지'라고도 불렸다. 곧 그 지역의 모든 도축업자들이 이 제품을 복제해 내놓았고, 뮐러는 자신의 진품을 모방품과 구별하고 싶었다. 하지만 어떻게?

그의 경쟁자 칼 쉬프만의 소시지에는 배가 화려하게 장식되어 있었다. "우리 이름이 뮐러니까 우리 소시지에는 풍차를 그려넣어요(뮐러와 풍차는 발음이 비슷하다)." 그의 아내 알비네가 말했다. 아내는 풍차를 소시지에 직접 그려넣었다. 그 사이 이 회사는 니더작센의 본사 근처에 이 풍차를 만들기까지 했다.

이 가족은 2차대전 후 니더작센으로 도피했다. 여기서 창립자의 증손녀이자 당시 사장 딸인 루트 뮐러는 쿠르트 라우푸스를 만났다. 교육받은 시계 제조공이었던 그는 곧 사장의 신임을 얻었다. 1952년 두 사람은 결혼했고, 같은 해 라우푸스가 이 회사에 입사했다. 12년 후 그는 이 회사를 맡았고, 1980년부터는 그의 아들 크리스티안이 대표이사를 역임하고 있다. 그가 1996년 고도 뢰벤을 채용한 것이다.

당시 두 사람은 오랜 전통을 가진 가족기업의 경영모델이 시대에 뒤처져 있다는 네 동의했다. 1990년대의 소시지 제품은 광우병 스캔들이 터지고 건강에 대한 인식이 높아지면서 시류에 맞지 않는 것처럼 보였다. 당시 이 회사가 약 400개나 되는 제품을 취급한 것도 전혀 도움이 되지 않았다. 라우푸스와 뢰벤은 품목을 확 줄였다. 그때부터 뤼겐발더 차 소시지에 집중했다. 2년 후 포메른 간ㅐ 소시지가 추가되었다. 회사 수뇌부는 이런 전략적 변화를 텔레비전을 통해 알리고자 했다.

그때 뢰벤이 처음으로 향수를 이용했다. 1996년 만든 홍보 영상에는 파란 눈에 금발인 기사 한 명이 정육점에서 아는 사람들에게 줄 제품을 전부 주문하고 사람들은 기사가 집에 도착할 때 합창으로 노래를 했다.

"아주 맛있고, 품질도 최고네, 우리는 배불리 먹네!"

2년 후에는 내용을 이렇게 바꾸었다.

"프레데리케 할머니 집에서 건초를 수확할 때 가장 좋았던 것은 마침내 하루 일이 끝났을 때야!"

뢰벤은 그 시절을 회고하며 껄껄 웃었다.

"전적으로 직감에 의지했는데, 훗날 옳은 것으로 밝혀졌지요."

그러나 그는 직감에만 기대지 않았다. 직감의 한계를 잘 알고 있는 그는 몇 년 전 시장조사 회사에 포괄적인 연구를 위임했다. 뢰벤은 무엇보다 소비자들이 뤼겐발더 뮐레와 어떤 가치 및 감정으로 연결되어 있는지를 알고 싶었다. 연구를 통해 몇 가지 사실이 확인됐다. 이 회사는 우호적이고 전통적이며 인공적이지 않다고 사람들이 느끼고 있었다. 소비자들은 제품을 통해 좋았던 옛 시절의 일부를 되돌려 받는다고 생각했다. 사람들에게 든든함과 고향의 느낌을 전해준다는

니더작센 뤼겐발더 뮐레 본사에 서 있는 풍차

좋았던 지난 시절이 현재 삶의 먹구름을 당장 몰아내지는 못한다 하더라도
그것은, 언젠가 다시 태양이 비추어 화창해질 것이라는 사실을 환기시킨다.

사실도 알게 됐다.

뢰벤은 광고 스팟을 통해 새로운 제품인 '뮐레 저민 돼지고기 소시지'를 알리는 데 이런 감정에 호소하고 싶었다. 제품명이 특별히 낭만적이거나 향수를 불러일으키는 것은 아니다. 최종적으로 텔레비전에 방송된 스팟은 그래서 더 주목할 만하다.

먼저 호숫가에 일몰 장면이 나타난다. 젊은이 두 명이 수영복을 입고 판자다리에 앉아 물 속에서 발을 흔들고 있다. 그들은 미소를 짓는다. 배경으로 저음의 남자 목소리가 서서히 울려퍼진다.

"뤼겐발더 뮐레는 내 젊은 시절 최상의 먹는 즐거움을 떠올리게 한다."

카메라는 정원에서 양파를 잘라 저민 돼지고기와 섞는 여성을 잡는다. 그러고는 다시 그 목소리가 울린다.

"엄마가 직접 만든 뮐레의 저민 돼지고기. 여기에 곁들여 나오는 갓 구운 빵."

카메라는 다시 갓 구운 빵을 오븐에서 꺼내는 아버지를 잡는다. 두 젊은이가 그림 속으로 뛰어 들어간다.

"따뜻한 빵 위에 뮐레의 신선한 저민 돼지고기를 얹어 먹어보세요. 나는 그 맛을 절대 잊지 못해요."

다시 그 목소리가 울린다. 두 젊은이는 발을 물에 담그고, 입에는 소시지 빵을 넣은 채 다시 호숫가의 판자다리 위에 앉아 있다.

뢰벤은 이 광고 스팟 촬영을 지금도 선명히 기억하고 있다. 현상 작업에만 약 40만 유로가 들었다. 뢰벤은 "30초짜리 광고 영상을 위해 이틀간 촬영했다"고 말한다. 그러나 충분히 그 값어치를 하고도 남았다. 광고가 나간 후 일년 만에 뤼겐발더는 이 분야 시장을 주도하는 기업이 되었고, 그후 단 한 번도 다른 기업에 1위를 넘겨주지 않았다. 회사는 매년 뮐레 저민 돼지고기를 1,000만 팩 이상 판매했다.

뢰벤은 "나중에 생각해보니 제품을 출시할 때 어린시절의 기억에 기댄 것은 정말 옳았다. 우리는 무엇보다 소비자들의 감정을 깨우려 했기 때문이다"라고 말했다.

2010년 치즈 제조회사 에델바이스가 추구했던 전략도 같다.

"그래, 이게 바로 어린시절에 먹던 맛이야. 신선한 야채와 냉반죽, 작은 램긴…. 그 제품이 다시 나왔네…. 브레소 트라디치오넬레bresso traditionelle로."

주인공 마르셀은 스팟 광고에서 이렇게 말한다.

고도 뢰벤은 지난 몇 년 동안 뤼겐발더 뮐레의 광고를 바꾼 사실을 인정한다. 소비자들의 우선순위가 변했기 때문이다. 소비자들은 고기의 품질과 내용물 성분 및 영양가에 세심한 주의를 기울인다. 그래서 이 회사도 스팟 광고에서 여기에 초점을 맞추어, 유명이사이 텔레비전 사회자 외르크 필라바와 계약했다. 그럼에도 불구하고 향수라는 모티프가 완전히 사라진 것은 아니다. 광고영상에서 필라바는 보트를 타고 노를 저어 호수를 건너면서 어릴 때 이 소시지를 즐겨 먹었다고 이야기한다. 이를 통해 회사는 합리적인 논거와 감정적인 논거를 결합했다. 뢰벤은 "그렇게 해서 우리는 제품의 품질에 주의를 기울이는 소비자뿐만 아니라 아름다운 기억에 영향을 받는 소비자들도 얻게 되었다"고 말한다.

그렇다면 마케팅 전문가들은 그저 문서 보관실을 뒤져서 예전에 사용했던 광고를 꺼내기만 하면 될까? 예전 주인공을 복귀시키기만 하면 될까? 그렇게 간단하지가 않다.

복고풍 광고는 기회이다. 그러나 모든 기회는 실패의 위험성을 내포한다. 가장 큰 위험은 의사소통 차원에서 자책골을 넣을 수 있다는 것이다. 다시 말하면 소비자들이 어떤 제품이나 브랜드를 낡고 시대에 뒤처져 진부하다고 평가해 구매나 소비를 단념하는 경우다.

따라서 좋은 복고풍 광고는 세 가지 조건을 충족시켜야 한다고 워싱턴 대학교 마케팅 전문가 알타프 머천트는 말한다. 첫째, 소비자들이 개인적인 과거 기억을 일깨울 수 있어야 한다. 둘째, 고객들이 스스로 행동하고 싶게 만들어야 한다. 셋째, 이런 기억과 감정이 고객들로 하여금 광고 브랜드와 더 친밀하다는 느낌을 갖도록 유도해야 한다는 것이다.

어떻게 하면 이런 기준을 충족시키는지를 음료회사 펩시가 제대로 보여주었다. 2009년 펩시는 복고풍 캔을 출시했다. 1970~1980년대에서 가져온 디자인이었다. 원래 펩시는 이 기발한 광고를 한시적으로 이용하려 했다. 회사도 이런 사실을 숨기지 않았다. 마케팅 책임자 프랭크 쿠퍼는 "항상 그런 것은 아니지만 더 단순했던 과거를 동경하는 것이 우리의 주제다"라고 〈뉴욕 타임스〉에 말했다. 이런 조치는 성공적이었다. 무엇보다 젊은 소비자들에게서. 이는 그 자체로 흥미롭다. 이들은 1980년대에는 너무 어리거나 아직 태어나지도 않았던, 따라서 십중팔구 펩시 제품을 사지 않았던 세대이기 때문이다. 그럼에도 불구하고 이 회사는 수백 통의 열광적인 이메일을 받았고, SNS상에서 이용자들은 캔에 관해 열띤 토론을 했다. 회사는 즉시 반응을 보이며 페이스북에서 경합을 시작했다. 이용자들에게 어린시절의 제품과 펩시 캔을 조합시킨 그들의 사진을 보내달라고 부탁했다. 몇 개월 만에 이 사이트는 약 15만 명의 팬을 확보했다.

펩시에서 디지털 전략을 담당하는 쉬브 싱은 〈마케팅 데일리〉와 가진 인터뷰에서 PR 활동의 성과에 관해 별로 놀랍지 않다고 말했다.

20살 전후의 젊은이들은 복고풍을 멋지다고 생각합니다. 더 단순하고, 더 청결하며, 더 신뢰할 만한 삶을 사는 것이 그들의 욕구와 부합하기 때문입니다. 그들은 자기 정체성을 찾기 위해 페이스북이나 인스타그램, 트위터 같은 서비스를 이용합니다. 그리고 향수는 자신을 더 두드러져 보이게 만드는 좋은 방법입니다.

이 활동은 목표치 이상을 달성했다. 다른 제품 판매까지 촉진시키며 회사에 새로운 고객을 창출해주었다. 마침내 펩시는 2011년 이 캔을 정규 품목에 넣기로 결정했다.

향수가 마케팅이나 PR에서 얼마나 좋은 효과를 창출할 수 있는지를 보여주는 멋진 증거다. 향수는 고객들에게 좋은 감정과 충성심을 갖도록 만들고, 기업에게는 돈을 벌어다주었다. 향수가 우리의 지출 방식에 영향을 미친다는 증거는 점점 늘어나고 있다. 프란체스카 지노는 아름다운 기억이야말로 우리가 다른 사람들에게 아량을 베푸는 데 영향을 미친다는 사실을 보여주었다. 이런 메커니즘은 소비 분야에서도 작동한다.

기억하라.
그리고 새로워져라
기억의 주인은 우리들 각자다

향수는 소비 환경에서 항상 존재한다. 모든 분야와 국가를 막론해서. 대기업과 자영업, 도로와 인터넷에도 존재한다. 오래 전에 잊혀진 듯했던 브랜드가 돌아오고, 사업모델 전체가 아름다운 기억의 힘을 기초로 삼는다.

미국인 데비와 마크 메일리는 nostalgiccandy.com에서 옛날 사탕을 판매하는데, 그 중에는 비행기 모양 플라스틱 박스에 든 PEZ 봉봉이라는 캔디도 있다. 컴퓨터 팬들은 웹사이트 retrogamer.com에서 추억에 젖어 '팩 맨' '소닉 더 헤지혹' 같은 게임을 한다. 뉴질랜드 관광산업은 2000년대 초부터 작가 J. R. R. 톨킨이 1950년대에 쓴 소설을 기초로 제작한 영화 〈반지의 제왕〉으로 수익을 올리고 있다.

상하이에서는 2010년 복고풍 제품을 위한 쇼핑센터 중화노포상성 Zhonghua Laozihao Shangcheng이 문을 열었다. 대충 번역하면 '오랜 전통이 있는 중국 브랜드 쇼핑센터'라는 뜻이다. 5층에는 100개 이상의 기업이 제품을 전시하고 있는데, 그 중에는 화장품과 시계, 옷, 자전거도 있다. 거의 모든 브랜드가 100년 이상 되었다. 거기에는 시에푸춘의 제품도 있다. 중국 최초의 화장품 회사인 시에푸춘은 1830년 중국 동부 양저우에서 설립되어 특히 세 가지 제품, 즉 파우더와 머리기름, 비누로 유명해졌다. 이 제품을 사용한 사람 중에는 1912년까지 중국을 지배했던 청나라 왕족도 있었다.

독일에서도 수많은 분야가 향수로 이익을 얻고 있다. 예를 들면 2012년 4월 독일 출판사 에그몬트 에아파가 어린이 청소년 잡지 〈입스Yps〉를 다시 발간한다고 공표했다. 이 잡지가 열광적인 인기를 끈 것은 무엇보다 표지에 붙어 있는 장난감 때문이었다. 이런 기믹(눈길을 끌기 위한 선전광고용 고안)은 2012년 10월 다시 발간할 때도 없어서는 안 되는 것이었다. 이 잡지는 구매자들을 위해 인기 있는 바다 새우를 끼워주었다. 권당 5.9유로나 했지만 높은 가격 때문에 팬들이 잡지를 구입하지 않는 것은 아니었다. 며칠 만에 12만 부가 모두 판매되었다. 그후 이 출판사는 계획을 바꾸었다. 원래 출판사는 잡지를 일년에 두 번만 간행하려고 했지만 발행 횟수를 4회로 늘렸다.

제조업도 아름다운 기억의 힘을 이용한다. 1931년의 아프리 콜라, 1907년에 처음으로 판매되었던 시날코, 1952년에 설립된 음료 브랜드 블루나도 다시 돌아왔다. 사람들은 1980년대식 파티에서 춤을 추고, 플립 플롭(엄지발가락과 둘째 발가락 사이에 끈을 끼워서 신는 샌들)을 신으며, 부모들은 코끼리 신을 구입하고, 어린이들은 아호이 브라우제(사탕의 일종)를 물잔에 쏟아넣는다.

이 복고 물결이 어떻게 실현되고, 이 물결 위에서 어떤 브랜드가 헤엄칠 수 있을까. 북아일랜드 얼스터 대학교의 마케팅 교수 스티브 브라운이 연구하고 있는 게 바로 이런 문제다. 그는 소비 분야에서 향수가 갖는 가치를 확신하고 있는데, 몇 년 전에는 한 연구에서 '복고 마케팅 혁명'에 관해 쓰기도 했다.

브라운은 한편으로는 이런 혁명을 인구 변화의 부수적 현상이라고 생각한다. 나이든 사람들의 비율이 높아지면 더 많은 사람들이 젊은 시절에 사용했던 제품을 기억하게 된다. 특히 출생률이 높고, 구매력이 있는 베이비부머 세대가 그렇다. 그들은 1946~1964년 사이에 태어났다. 경제기적과 성장, 완전고용을 포함해 좋은 뉴스가 많던 시기이다. 따라서 브라운은 이 시기야말로 감상적으로 되돌아보기에 안성맞춤이라고 생각한다. 이 무렵에 태어난 사람들은 당시에 사용한 제품을 포함해 소위 더 단순하고, 더 좋았던 시절을 동경한다. 예전에는 대량생산된 값싼 제품이나 모방된 가짜 제품이 없었다. 이 때문에 과거의 물건과 색채, 형태에는 매우 믿을 만하고, 고급스럽다는 평판이 따라다녔다. 따라서 복고 혁명은 기분 좋은 환상과 인구통계학적 · 경제적 · 사회적 · 심리적 요인이 만났을 때 일어난다.

"사람들은 과거를 찾아가고 싶어하지만 그곳에서 살고 싶어하지는 않는다. 따라서 복고는 최상의 과거와 최상의 현재를 결합해 이를 하나의 매력적인 마케팅 패키지로 묶는다." 브라운의 결론이다.

미국 마케팅 교수 필립 코틀러도 향수를 연구했다.

"재유행과 복고 제품은 모든 것이 더 평온했다고 생각되는 시대에 대한 동경을 구체화한다."고 그는 말한다.

코틀러는 디지털 텔레비전과 인터넷, 핸드폰 등 점점 더 복잡해지는 기술혁신 환경도 한 원인이라고 생각한다. 엄청난 양의 데이터와 사실, 정보, 인상이 감각을 압도하고 가치와 소망에 영향을 미친다.

"심오한 의미가 없는, 수명이 짧은 즐거움의 자리를 방향성과 신뢰성, 전통에 대한 모색이 대신한다"고 코틀러는 썼다. 현대성은 감정적 구멍을 남기는데, 향수를 불러일으키는 제품이 이 구멍을 가장 잘 메워준다고 본 것이다. 그런 제품은 순수성, 안전, 신뢰, 따뜻함처럼 이제는 사라져버린 듯한 이상과 특성을 구현하기 때문이다.

복고의 외피를 두른 최첨단 산업

그러나 지금 인기 있는 향수 물결은 예전의 향수 물결과는 다르다. 제품은 때로 예전 모습으로 다시 등장하지만 자세히 관찰해보면 새로운 것이 눈에 띈다. 코틀러는 "그런 제품은 향수를 불러일으키는 기억의 보고로 기능한다. 복고적인 디자인의 표면 아래에는 대부분

최첨단 기술이 숨어 있지만 말이다"라고 썼다.

명백한 증거가 매일 도로 위를 돌아다닌다. 소비 분야에서 향수의 영향이 자동차만큼 분명하게 나타나는 제품도 없다. 또 자동차만큼 기억의 힘이 얼마나 예민하게 기능하는지를 보여주는 제품도 없다.

BMW의 미니나 폴크스바겐의 뉴비틀, 포드의 무스탕, 크라이슬러의 PT, 메르세데스 스포츠카 SLS AMG 등 무엇이어도 상관없다. 성공을 거둔 많은 신차는 과거의 선행 모델을 떠오르게 한다. 향수를 불러일으키는 디자인으로 마감한 현대적인 자동차는 고객들에게 호평을 받기 때문이다.

피아트 500의 성공이 이를 여실히 보여준다. 이 이탈리아 자동차 회사는 1957년 피아트의 최초 모델을 시장에 선보였는데, 정확히 50년 후 최초 모델을 개량한 제품을 내놓았다. 개성적인 둥근 헤드라이트와 가파르게 경사진 후미, 크롬 도금된 계기판을 사용함으로써 의식적으로 1960년대 모델을 따랐다.

그러나 오래된 보닛 아래에는 최첨단 기술이 숨어 있다. 이 자동차는 MP3 플레이어와 블루투스, USB 연결장치를 포함해 새로운 기술을 모두 갖추고 있다. 어린시절부터 자동차광이었고, 2002년부터 쾰른 전문학교 디자인연구소 교수를 역임하고 있는 파올로 투미넬리는 이렇게 확신한다.

"실제로 지금까지 성공을 거둔 많은 자동차는 리메이크였다."

고객은 약간의 향수를 구매하거나 다른 신차들의 획일적인 디자인

피아트 500 1957년 모델(상)과 2007년 모델(하)

50년의 시차를 두고 생산된 두 모델은 거의 비슷한 외양이다.

에서 벗어나 대안을 찾는다고 이탈리아 토박이인 파올로는 말한다. 디자인 경향은 언제나 사회적인 흐름을 반영했다. 예를 들면 1980년 대는 보수적인 것으로 전환하는 시기였다. 미국에서는 공화주의자 로널드 레이건이 대통령 선거에서 승리했고, 영국에서는 보수당의 마 거릿 대처가 총리로 선출되었으며, 독일에서는 CDU 정치가 헬무트 콜이 연방 총리가 되었다. 오일 위기와 히피 문화, 테러로 얼룩졌던 불안한 시기에 사람들은 안전과 질서를 동경했다.

자동차 디자이너들은 이런 동경을 그들의 디자인에 반영했다. 튼 튼하고 안전한, 보수적인 노치백 세단이 돌아온 것이다. 클래식 카 운동이 일어났다고 보면 된다.

왜 복고풍 디자인은 고객들에게서 호평을 받을까? 투미넬리에 따 르면 그런 디자인이 사람들의 취향을 충족시킨다는 것이다. 소위 의 인화에도 그 원인이 있다고 본다. 간단하게 말해 우리는 물건에 인간 석인 특성을 부여하는 경향이 있나. 그러민 감정적인 관계를 구축하 는 게 더 쉬워진다. 자동차의 경우 사람들은 각이 진 형태보다 둥근 형태를 더 좋아하고, 날카로운 모서리보다 아치형 평면을 더 좋아한 다. 투미넬리는 "황금의 1950년대를 이상화하기 위해 복고풍 디자인 은 부드러운 형태에 대한 인간의 동경을 이용한다"고 말한다. 이 말 은 그 자신에게도 해당된다. 그는 30년 전부터 좋아하는 피아트 판다 를 운전하고 다닌다

하지만 폴크스바겐의 뉴비틀이 보여주듯 복고풍 디자인이 항상 상

업적으로 성공한다는 뜻은 아니다. 뉴비틀이 시장에 출시됐을 때 비교적 적은 돈으로 좋은 폴크스바겐 딱정벌레를 구입하는 것이 가능했다. 그래서 향수에 젖은 고객들은 진품을 사들일 수 있었다.

하지만 다른 한편으로 딱정벌레는 독일에서는 말 그대로 국민차였고, 미니나 피아트 500처럼 이국적이지 않았다. 또 뉴비틀은 골프와도 경쟁했다. 확신이 들지 않을 경우 고객들은 골프를 선호했다. 가격은 비슷했지만 품질 면에서 골프가 더 뛰어났기 때문이다. 그래서 새로운 딱정벌레는 독일에서 실패했다. 향수가 만병통치약은 아니라는 사실을 보여주는 사례다. 무언가를 부활시켜 놓고, 고객들이 새로운 호스에 든 옛날 포도주를 기꺼이 마셔주기를 바라는 것으로는 충분하지 않다. 옛날 제품의 매력과 긍정적인 이미지가 성공의 조건이 될지언정 그것이 성공을 보장하지는 못한다.

여기에는 미세한 차이가 있다. 기업이나 제품, 브랜드는 시대에 뒤떨어진 인상을 주지 않으면서 신뢰할 만하고 호감이 가야 한다. 그 때문에 향수라는 상자는 제대로 된 계획에 따라 사용해야 하고, 고객들의 희망사항과 생각을 분석하는 것이 선행돼야 한다. 그 이름이 얼마나 알려져 있는가? 사람들은 그 이름과 어떤 것을 결부시키고 결부시키지 않는가?

전통과 명성은 축복이지만 자칫 잘못하면 저주로 돌변할 수도 있다. 명성과 성공에 대한 집착이 잘못된 결정을 내리도록 유혹하기 때문이다.

어떤 대가를 치르더라도 시류를 따르지 않으려는 사람은 때로 브랜드 본질을 경시하고, 결국 제품에 해를 끼친다는 것이다.

따라서 전통과 혁신을 적절히 결합하면서 독특한 셀링포인트를 제시하는 것이 중요하다. 그런 연후에 복고풍 박스를 사용하면 효과를 발휘할 수 있다. 재정적으로도 마찬가지다. 베를린 문화학자 토마스 뒬로는 언젠가 "옛 것과 새 것이 혼합되어 있을 때 소비자는 양쪽을 연결할 수 있는 상품을 원하고, 그런 상품을 위해 돈을 지불한다"고 말했다.

그것을 토마스 호프보다 더 잘 아는 사람은 없다. 전직 독일 녹색당 정치가였던 그는 1989년 향수를 불러일으키는 제품의 통신판매사인 마누팍툼Manufactum을 설립했다. 15년이 지난 후 이 회사는 직원이 300명 넘는 회사로 성장했고, 2007년 말 호프는 마누팍툼을 오토그룹에 매각했다.

사업모델은 지금도 그대로다. 공식적인 슬로건은 "아직 좋은 물건이 있다." 물론 거기에 "그리고 무엇보다 비싼 물건이 있다"라는 말을 붙여야 하겠지만 말이다. 아닌 게 아니라 마누팍툼은 180유로짜리 구리 냄비나 5,130유로 주철 오븐, 590유로의 올림피아(@와 € 자판이 있는) 타자기, 5,400유로 기계식 벽시계, 350유로 전축, 3,500유로의 장작 난로가 달린 알루미늄 욕조를 판매한다.

향수는 마음을 따뜻하게 할 뿐만 아니라 지갑도 열어준다. 2012년 미네소타 대학교 여성 심리학자 제닌 라살레타도 이런 인식에 도달했다. 5가지 실험에서 라살레타는 약 500명을 두 그룹으로 나누어 어떤 사람들에게는 의식적으로 향수를 느끼도록 했다. 예를 들면 한 그룹에는 특별한 경험을 떠올리게 하고 추억을 불러일으키는 광고를 보여주거나 그들이 향수를 느꼈던 사건에 관해 쓰도록 했다. 그와 달리 두 번째 그룹에게는 미래 혹은 대수롭잖은 사건을 생각하도록 했다. 그 다음 두 그룹에게 동일한 과제를 주었다. 자동차와 평면 TV, 스웨터, 열쇠고리 같은 제품에 얼마나 지불할 것인지 진술하도록 하거나 낯선 사람과 얼마의 돈을 나누어가질 것인지 결정하도록 했다.

결과는 어땠을까? 모든 실험에서 향수 그룹이 훨씬 더 인심이 후했다. 그러니까 향수가 돈과의 관계를 변화시킨 것이다.

라살레타는 이런 결과를 '보편적 인간 가치 이론'으로 설명한다. 이 이론은 1990년대에 사회심리학자 살롬 슈와르츠가 만들었다. 그는 모든 인간은 자신에게 중요한 특정 가치를 지닌다고 보았다. 자기 결정과 안전, 성공, 권력, 즐거움 등이 그런 가치에 속한다. 그러나 이 가치들이 서로 모순된다는 것은 딜레마다. 특히 인생을 즐기려는 사람은 반드시 출세해야 할 필요가 없다. 직업적인 안전을 추구하는 사람은 자기 사업을 할 수 없다. 권력을 갈망하는 사람은 모든 사람을 고려할 수 없다. 오히려 그 반대다.

라살레타는 향수를 느끼는 사람이 자신의 인생을 더 본질적으로 지각한다고 생각했다. 이런 정신 상태에서는 부와 행복 같은 이기적인 동기가 덜 중요해진다. 따라서 향수는 돈의 의미를 축소하고, 우리를 더 후하게 만든다. 그러면 우리는 다른 사람들을 위해서뿐만 아니라 제품을 위해서도 더 많은 돈을 지출할 준비를 하게 된다. 그러므로 향수는 정말 귀중한 감정이다. 제품과 브랜드를 광고하는 카피라이터와 기업의 마케팅 전문가들은 이를 이용할 줄 알아야 한다. 많은 음악가들도 이를 통해 이익을 얻고 있다.

아주 오래 전 일이지만 나는 지금도 기억할 수 있어요,

a long, long time ago I can still remember,

그 음악이 얼마나 나를 미소 짓게 했는지.

 how that music used to make me smile.

1971년 미국 가수 돈 맥클린은 〈아메리칸 파이〉에서 이렇게 노래했다. 2000년 마돈나가 이 노래를 리메이크해서 성공을 거두었다.

2009년 쾰른의 밴드 브링스가 'Superjeile Zick'을 노래했다. 후렴은 이런 뜻이다. "아니야, 예전은 아주 멋진 시절이었지, 나는 때로 눈물을 머금고 과거를 돌아보네." 2012년에는 디 토텐 호젠Die Toten Hosen이 결코 잊히지 않을 '과거의 열정altes Fieber'을 노래불렀다.

우리가 잃을 것이 아무것도 없었다고 믿었던 날들은 어디 있나?

우리는 오래된 상자를 열어 우리 이야기를 꺼낸다.

먼지에 뒤덮인 오래된 종이 뭉치. 우리는 옛날 음악을 듣고,

빛 바랜 사진을 보며, 그때의 일을 기억한다.

그 노래는 언제나 시간이 멈춰 있는 것 같은 느낌을 주네.

아, 그때는 아름다웠지. 좋았던 옛 시절은.

YOLO, You only live once!

2012년 랑엔샤이트 출판사는 두문자어 'YOLO'를 올해의 청소년 단어로 선정했다. YOLO는 "You only live once"의 약자로, 인생은 한 번뿐이라는 뜻이다. 물론 그 이면에는 자명한 이치가 숨어 있다. 그런데 이 자명한 이치를 일상에서 염두에 두고 살아가는 사람은 거의 없다. 우리는 '지금 여기'에서 너무나 자주 스트레스와 구속을 받는다. 우리는 나중에야 그때가 얼마나 아름다웠는지를 깨닫는다. 과거를 회상하면, 지난 경험을 생각하면, 우리는 마법처럼 얼굴에 짧은 미소를 띤다.

그러니까 현재를 위한 정신적 힘을 보충하려고 과거의 기억을 이용하는 것이다. 그렇게 향수는 우리가 힘차게 미래를 향해 나아가는 데 도움을 준다. 우디 앨런의 영화 〈미드나잇 인 파리〉의 주인공 길 펜더처럼.

펜더는 약혼녀 이네즈와 그녀의 부모를 동반해 파리로 여행을 간다. 이네즈는 쇼핑부터 한 뒤 식사를 하고 싶어했고, 펜더는 소설을 쓰려는 자신의 큰 꿈을 위해 영감을 받고 싶어했다. 어느 날 저녁 펜더는 혼자 시내를 산책했다. 그때 갑자기 1920년대 자동차 한 대가 펜더 앞에 멈췄다. 문이 열리고, 차에 있던 사람들이 펜더를 초대했다. 자동차는 어느 레스토랑 앞에서 멈췄고, 그곳에서 펜더는 문학적으로 동경하던 스콧 피츠제럴드와 어니스트 헤밍웨이를 만난다. 과거로 시간여행을 한 것이다. 그것도 1920년대의 파리로.

다음날 아침 그는 약혼녀에게 자신의 경험을 이야기했지만 약혼녀는 그를 약간 미쳤다고 생각한다. 그날 저녁 그 자동차가 같은 장소로 그를 마중 나온다. 이후 며칠 동안 그는 전설적인 여성작가이자 출판인인 거트루드 스타인을 만난다. 펜더는 스타인에게 자신의 소설 원고를 읽어달라고 제안했고, 그녀는 그의 재능을 인정한다.

펜더는 아름답고 매혹적인 프랑스 여성 아드리아나를 만나 그녀에게 반한다. 어느 날 저녁 두 사람은 다시 과거에 와 있었다. 갑자기 마차 한 대가 그들 옆에 멈춰서더니 그들을 벨 에포크, 즉 19~20세기 초로 데리고 갔다. 그들은 유명한 물랭루즈에 앉아서 화가 앙리 드 툴루즈 로트레크와 폴 고갱, 에드가 드가를 만났다.

아드리아나는 이곳에 그냥 남아 있자고 열정적으로 펜더를 설득했다. 그 시대에 살고 싶다고 펜더에게 고백하면서. 그런데 그 화가들도 다른 시대, 즉 르네상스 시대를 더 좋아한다고 이야기하는 게 아닌가. 펜더는 사람들이 항상 과거를 동경한다는 것을 명백히 깨달았다. 현재를 받아들이고, 자기 꿈을 실현하는 것이 중요하다. 다음날 그는 용기를 내어 약혼녀에게 작별을 고한다. 과거로의 여행이 그에게 용기를 준 것이다. 말 그대로 향수가 그의 눈을 뜨게 해주었다.

"울지 마라. 경험했으니 미소를 지어라"

물론 파라켈수스의 오래된 격언은 아직도 유효하다. "오직 총량이 독성을 결정한다"라고 15세기 스위스 의사 파라켈수스는 썼다.

과거는 결코 우리 인생을 지배하지 못한다. 우리는 과거가 돌아오지 않는다는 사실을 의식해야 한다. 우리는 현재의 도전에 대비해야 한다. 미래가 기회를 준비해놓고 기다린다는 사실을 인식해야 한다. 기억에 도취되는 것이 결코 우리가 존재하는 유일한 목표가 되어서는 안 된다. 정신적인 창문으로 밖을 내다볼 용기가 없는 사람은 비에 젖지는 않겠지만 햇빛도 받지 못한다. 그러나 양만 적절히 조절하면 향수는 비할 바 없이 좋은 기회가 된다.

향수는 우리 삶 도처에 존재하고, 우리 생각과 대화를 형성하고, 결정과 행동에 영향을 미친다. 우리는 향수를 거부하거나 위험한 것으로 매도할 것이 아니라 감사해야 한다. 그 누구든 세상을 살아가는 동안 정점과 바닥, 만남과 장소를 '경험'한다. 물론 매일매일이 똑같지는 않다. 모든 사람이 당신을 좋게 생각하는 것도 아니고 모든 장소가 당신을 매혹시키는 것도 아니다. 그러나 새로운 날과 만남, 경험은 모두 기억의 일부가 된다.

과거를 기억할 수 있다는 것은 이중으로 즐거운 일이다. 우리는 아름다운 기억에 감사하고, 아름답지 않은 기억으로 위로받을 수 있다. 그 시절을 잘 극복했기 때문이다. 과거가 어떤 기억으로 남든, 그건 전적으로 우리 몫이다. 일찍이 노벨문학상 수상자인 가브리엘 가르시아 마르케스만큼 그것을 적절하게 표현한 사람도 없다.

"지나갔다고 울지 마라. 경험했으니 미소를 지어라."

| 참고문헌 |

Achilles Rose, *Napoleon's Campaign in Russia Anno 1812*, Tredition 2011

Alexandra Bröhm and Balz Ruchti, 좋았던 옛 시절, In: Beobachter 2012, http://www.beoachter.ch/home/artikel/nostalgie_die—gute—alte—zeit

Alfred Lewis Castleman, *The Amry of the Potomac*, Strickland & Co. 1863

Altaf Merchant et al, *Development and Validation of a Scale to Measure Personal Nostalgia Evoked by Advertisements*. In: Journal of Advertising Research, 미출간

Andreas Staehlin, *바젤 대학교의 역사 1632-1818*, Helbing and Lichtenhahn 1957

Anne Blood and Robert Zatorre (2001), *Intensely Pleasurable Responses to Music Correlate with Activity in Brain Regions Implicated in Reward and Emotion*, In: Proceedings of the National Academy of Sciences, Volume 98, Number 20, page 11818—11823

Anonym (1864). *Discussion of Nostalgia. In: Medical and Surgical Reporter*, volume 11, page 150—152

Associated Press, *Man Released after Being Held 6 Years in Repressed Memory Case*. http://articles.latimes.com/1996—07—04/news/mn—21160_1_san—mateo—county—superior—court

Aurora LePort et al. (2012). *Behavioral and Neuroanatomical Investigation of Highly Superior Autobiographical Memory (HSAM). In: Neurobiology of Learning and Memory*, Volume 98, edition 1, page 78—92

Barbara Stern (1992), *Nostalgia in Advertising Text: Romancing the Past. In: Advances in Consumer Research*, Volume 19, Number 1, page 338—389

Ben Koevoet. *The Effects of Adding Nostalgia to Life Review Therapy on Well-Being in Nursing Home Elderly*. 미출간

Benedict Carey, H.M., *An Unforgettable Amnesiac, Dies at 82. In*: 2008년 12월 4 일자 *New York Times*

Benjamin Franklin (1748), *Advice to a Young Tradesman. In: Franklin: The Autobiography and Other Writings on Politics*, Economics, and Virtue, hg. Von Alan Houston, Cambridge University Press 2004, page 200−202

Benoist Schaal, Luc Marlier and Robert Soussignan (2000), *Human Foetuses Learn Odours from Their Pregnant Mother's Diet. In: Chemical Senses*, Volume 25, Number 6, page 729−737

Bistum Regensburg, *Maria Theresia von Jesu Karolina Gerhardinger*, In: The American Archivist, volume 67, Number 1, page 86−106

Brenda Milner (1962), *Physiologie de l'Hippocampe. In: Centre National de la Recherche Scientifique*, page 257−272

Brian Burke, Andy Martens and Erik Faucher (2010), *Two Decades of Terror Management Theory: A Meta-Analysis of Mortality Salience Research. In: Personality and Social Psychology Review*, Volume 14, Number 2, page 155−195

Bronnie Ware, 죽어가는 사람들이 가장 후회하는 5가지, Arkana 2013

Caroline Miles (1895), *A Study of Individual Psychology. In: The American Journal of Psychology*, Volume 6, Number 4, page 534−588

Carolyn Kiser Anspach (1934), *Medical Dissertation on Nostalgia. In: Bulletin of the Institute of the History of Medicine*, number 2, page 376−391

Carrington Macfarlane, *Reminiscences of an Army Surgeon*, Lake City Print Shop 1912

Cees Nooteboom, 의식(儀式), Suhrkamp 1995

Charles Dickens, 크리스마스 캐롤, http://gutenberg.spiegel.de/buch/3423/1

Chuck Palahniuk, 마지막 조서, Manhattan 2007

Clay Routledge et al. (2008), *A Blast from the Past: The Terror Management Function of Nostalgia. In: Journal of Experimental Social Psychology*, Volume 44, page 132−140

Constantine Sedikides et al. (2004), *Nostalgia: Conceptual Issues and Existential*

Functions. In: Handbook of Experimental Existential Psychology, Jeff Greenberg 발행, Sander Koole and Rom Pyszczynski, page 200−214

Constantine Sedikides et al. (2008), *Nostalgia: Past, Present, and Future. In: Current Directions in Psychological Science*, Volume 17, Number 5, page 304−307

Daniel Gilbert et al. (1998). *Immune Neglect: A Source of Durability Bias in Affective Forecasting. In: Journal of Personality and Social Psychology*, Volume 17, Number 3, page 617−638

Daniel Schacter. *The Seven Sins of Memory*. Mariner Books 2002; Bridget Murray (2003). *The Seven Sins of Memory. In: Monitor on Psychology*, Volume 34, Number 9, page 28

David B. Pillemer, *Momentous Events, Vivid Memories*, Harvard University Press 2000

David Holmes (1970). *Differential Change in Affective Intensity and the Forgetting of Unpleasant Personal Experiences. In: Journal of Personality and Social Psychology*, Volume 15, Number 3, page 234−239

David Ingvar (1985), *Memory of the Future: An Essay on the Temporal Organization of Conscious Awareness. In: Human Neurobiology*, Volume 4, Number 3, page 127−136

David Lowentha, *The Past is a Foreign Country*, Cambridge University Press 1985

David Rubin (2000), *The Distribution of Early Childhood Memories. In: Memory*, Volume 8, Number 4, page 265−269

David Rubin and Amy Wenzel (1996). *One Handred Years of Forgetting: A Quantitative Description of Retention. In: Psychological Review*, Volume 103, Number 4, page 734−760

David Rubin and Dorthe Berntsen (2009). *The Frequency of Voluntary and Involuntary Autobiographical Memories across the Life Span. In: Memory & Cognition*, Volume 37, Number 5, page 679−688

David Rubin, Elisabeth Groth and Debra Goldsmith (1984), *Olfactory Cuing of Autobiographical Memory. In: The American Journal of Psychology*, Volume

97, Number 4, page 493—507

David Rubin, Scott Wetzler and Robert Nebes (1986), *Autobiographical Memory across the Adult Lifespan. In: Autobiographical Memory*, David Rubin, page 202—221

David Snowdon. *Aging with Grace*, Bantam 2002

Deborah Danner, David Snowdon and Wallace Friesen (2001), *Positive Emotions in Early Life and Longevity: Findings from the Nun Study. In: Journal of Personality and Social Psychology*, Volume 80, Number 5, page 804—813

Demis Hassabis et al. (2007), *Patients with Hippocampal Amnesia Cannot Imagine New Experiences. In: Proceedings of the National Academy of Sciences*, Volume 104, Number 5, 1726—1731

Dominique J. Larrey. *래리의 외과 의학 논문*, Hartknoch 1824

Donald Laird (1935), *What Can You Do with Your Nose? In: Scientific Monthly*, Volume 41, page 126—130

Donna Rose Addis, Alana Wong and Daniel Schacter (2007). *Remembering the Past and Imagining the Future: Common and Distinct Neural Substrates during Event Construction and Elaboration. In: Neuropsychologia*, Volume 45, page 1363—1377

Dorthe Berntsen and David Rubin. *Anderstanding Autobiographical Memory*, Cambridge University Press 2012

Dorthe Berntsen and Nicoline Marie Hall (2004). *The Episodic Nature of Involuntary Autobiographical Memories. In: Memory & Cognition*, Volume 32, Number 5, page 789—803

Dorthe Berntsen, *Involuntary Autobiographical Memories: An Introduction to the Unbidden Past*, Cambridge University Press 2009

Dorthe Berntsen. *Involuntary Autobiographical Memories (1996). In: Applied Cognitive Psychology*, volume 10, Number 5, page 435—454

Elizabeth Loftus and John Palmer (1974), *Reconstruction of Auto Mobile Destruction: An Example of the Interaction between Language and Memory. In: Journal of Verbal Learning and Verbal Behaviour*, Volume 13, page

585−589

Elizabeth Loftus and Katherine Ketcham, *The Myth of Repressed Memory*, St. Martin's Griffin 1996

Elizabeth Loftus and Katherine Ketcham, *The Myth of Repressed Memory: False Memories*. St. Martin's Griffin 1996

Elizabeth Parker, Larry Cahill and James McGaugh (2006). *A Case of Unusual Autobiographical Remembering. In: Neurocase*, Volume 12, Number 1, page 35−49

Elizabeth Phelps (2004). *Human Emotion and Memory: Interactions of the Amygdala and Hippocampal Complex. In: Current Opinion in Neurobiology*, Volume 14, Number 2, page 198−202

Elke Geraerts et al. (2008), *Lasting False Beliefs and Their Behavioral Consequences. In: Psychological Science*, Volume 19, Number 8, page 749−753

E−Mail−Interview with Jeff Greenberg

Endel Tulving (2002): *Episodic Memory. In: Annual Review of Psychology*, Volume 53, page 1−25

Endel Tulving, Gordon Hayman and Carol Macdonald(1991). *Long-Lasting Perceptual Priming and Semantic Learning in Amnesia: A Case Experiment. In: Journal of Experimental Psychology: Learning, Memory & Cognition*, Volume 17, Number 4, page 595−617

Ernest Becker, 죽음에 대한 공포의 극복, Bertelsmann 1976

Foster Huntington, *The Burning House*, It Books 2012

Frances Clarke (2007), *So Lonesome I Could Die: Nostalgia and Debates Over Emotional Control in the Civil War North. In: Journal of Social History*, Volume 41, Number 2, page 253−282

Francesca Gino and Sreedhari Desai (2012), *Memory Land and Morality: How Childhood Memories Promote Prosocial Behavior. In: Journal of Personality and Social Psychology*, Volume 102, Number 4, page 743−758

Francis Ford Coppola. *Back to Bernalda*. In: 2012년 11월 15일의 *New York*

Times Style Magazine ; Video with Coppola: http://www.youtube.com/watch?v=clzISfXUXz4

Franz Xaver Hoeherl, 요한 야콥 쇼이흐처, T. Ackermann 1901

Fred Bryant et al. (2005), *Using the Past to Enhance the Present: Boosting Happiness through Positive Reminiscence. In: Journal of Happiness Studies*, Volume 6, Number 3, page 227-260

Fred Davis (1959), *The Cabdriver and his Fare: Facets of a Fleeting Relationship. In: American Journal of Sociology*, Volume 65, Number 2, page 158-165

Fred Davis (1974). *Stories and Sociology. In: Journal of Contemporary Ethnography*, Volume 3, Page 310-316

Fred Davis, *Fashion, Culture, and Identity*, University of Chicago Press 1994

Fred Davis, *On Youth Subcultures: The Hippie Variant*, General Learning Press 1971

Fred Davis, *Passage Through Crisis: Polio Victims and Their Families*, Transaction Publishers 1963

Fred Davis, *Yearning for Yesterday: A Sociology of Nostalgia*, Free Press 1979

Frederic Bartlett, *Remembering: A Study in Experimental and Social Psychology*, Cambridge University Press 2010

Frederick Winslow Taylor, 과학적 경영 관리의 원칙, Beltz 1977

Friedrich Thomas(1896). 무의식적 매개항으로서의 후각에 의한 연상의 또 다른 보기. *In:* 심리학과 감각 기관 생리학 잡지, Volume12, page 60-61

Fritz Ernst. 고향병에 관해. Fretz & Wasmuth 1949

Gabrielle Simcock and Harlene Hayne (2002), *Breaking the Barrier? Children Fale to Translate Their Preverbal Memories into Language. In: Psychological Science*, Volume 13, Number 3, page 225-231

George Stratton (1919). *Retroactive Hyperamnesia and Other Emotional Effects on Memory. In: Psychological Review*, Volume 26, Number 6, page 474-486

Gerald Praschl, 우리는 여기에서 클릭을 해 어제로 간다, In: SuperIllu 35/2012

Gordon Hayman, Carol Macdonald and Endel Tulving (1993). *The Role of Repetition and Associative Interference in New Semantic Learning in*

Amnesia: A Case Experiment. In: Journal of Cognitive Neuroscience, Volume 5, Number 4, page 375−89

Guy Everson. Far, *Far From Home*, Oxford University Press 1994

Hand Gross, 범죄 심리학, Leuschner & Lubensky 1898

Hans Joachim Markowitsch et al.(1994). *The Amygdala's Contribution to Memory−a Study on two Patients with Urbach-Wiethe Disease. In: Neuroreport*, volume 27, number 5, page 1349−1352

Hans Joachim Markowitsch(2009). 기억의 흔적: 자서전적 기억의 신경 심리학. *In:* 자서전적 기억, Johannes Schröder & Frank G. Brecht, page 9−25

Hans Joachim Markowitsch, 기억의 흔적, Primus 2002

Hape Kerkeling, 그 길에서 나를 만나다, Piper 2009

Harvey Kaplan (1987), *The Psychopathology of Nostalgia. In: Psychoanalytic Review*, Volume 74, Number 4, page 456−486

Hendrik Zwaardemaker, 냄새의 심리학, W. Englemann 1895

Hermann Ebbinghaus, 기억에 관해, Von Duncker and Humbolt 1885

http://de.statista.com/statistik/daten/studie/217850/umfrage/identifikation−von−fussballfans−mit−ihrem−lieblingsverein/

http://psychcentral.com/blog/archives/2012/08/09/qa−with−taylor−jones−foander−author−of−dear−photograph/

http://www.abcnews.go.com/US/dear−photograph−blog−fuses−past−present/story?id=14152968#.UEi1SqR6−Gt

http://www.complex.com/pop−culture/2012/05/interview−taylor−jones−dear−photograph

http://www.findagrave.com/cgi−bin−fg.cgi?page=gr&GRid=58710928

http://www.nunstudy.org

http://www.roi−president.com/bio/bio−faittestament+de+napoleon+ier+1821.html

http://www.yourube.com/watch?v=fyZQf0p73QM#dptj>Alive Inside<에서 발췌

Hulsey Cason (1932). *The Learning and Retention of Pleasant and Unpleasant*

Activities. In: Archives of Psychology, Volume 134, page 1–96

Immauel Kant, 실용적 관점에서 본 인간학, Reclam 1986

Ira Hyman, Troy Husvolume and F. James Billings (1995), *False Memories of Childhood Experiences. In: Applied Cognitive Psychology*, Volume 9, Number 3, page 181–197

Isaac Frost (1938). *Homesickness and Immigrant Psychoses. Austrian and German Domestic Servants the Basis of Study. In: The British Journal of Psychiatry*, volume 84, page 801–847

Isabelle Peretz, Lisa Gagnon and Bernard Bouchard (1998), *Music and Emotion: Perceptual Determinants, Immediacy, and Isolation after Brain Damage. In: Cognition*, Volume 68, Number 2, page 111–141

Jaak Panksepp (1995). *The Emotional Sources of ≫Chills≪ Induced by Music. In: Music Perception*, Volume 13, Number 2, page 171–207

James Coan (1997), *Lost in a Shopping Mall: An Experience with Controversial Research. In: Ethics and Behavior*, Volume 7, Number 3, page 271–284

James McGaugh (2006), *Make Mild Moments Memorable: Add a little Arousal. In: Trends in Cognitive Sciences*, Volume 10, Number 8, page 345–347

James McGaugh, *Memory and Emotion*, Columbia University Press 2006

James Smith (1962), *The Inventum Novum of Joseph Leopold Auenbrugger. In: Bulletin of the New York Academy of Medicine*, Volume 38, Number 10, page 691–701

Jannine Lasaleta, Kathleen Vohs and Constantine Sedikides (2012), *Nostalgia Weakens the Desire for Money. In: Journal of Consumer Research*

Jean Starobinski and William Kemp (1966), *The Idea of Nostalgia. Diogenes*, Volume 14, Number 54, Page 81–103

Jean–Yves Tadie, *Marcel Proust. Biography*, Suhrkamp 2008

Jeff Greenberg et al. (1992), *Why Do People Need Self-Esteem? Converging Evidence that Self-Esteem Serves an Anxiety-Buffering Function. In: Journal of Personality and Social Psychology*, Volume 63, Number 6, page 913–922

Jeff Greenberg, Tom Pyszczynski and Sheldon Solomon, *The Causes and*

Consequences of a Need for Self-esteem: A Terror Management Theory. Springer—publisher 1986

Jennifer Cernoch and Richard Porter (1985), *Recognition of Maternal Axillary Odors by Infants. In: Child Development,* Volume 56, Number 6, page 1593—1598

Joel Best and Edward Nelson (1985), *Nostalgia and Discontinuity: A Test of the Davis Hypothesis. In: Sociology and Social Research,* Volume 69, Number 2, page 221—233

Johann Jakob Scheuchzer, 스위스의 자연사, 취리히 1716

Johannes Willms, 과대 망상은 오래가지 못한다, In: 2012년 6월 23일의 *Süddeutsche Zeitung*

John Darley and Dan Batson (1973), *From Jerusalem to Jericho: A Study of Situational and Dispositional Psychology,* Volume 27, Number 1, page 100—108

John Forbes (1936), *On Percussion of the Chest: A Translation of Auenbrugger's Original Treatise. In: Bulletin of the Institute of the history of Medicine,* Number 4, page 373—403

John Pinel, 생물 심리학, Addison—Wesley 2007

John Sloboda (1991), *Music Structure and Emotional Response: Some Empirical Findings. In: Psychology of Music,* Volume 19, Number 2, page 110—120

Joseph Barnes, *The Medical and Surgical History of the War of Rebellion, 1861-1865, Teil 1,* Volume 1, Government Printing Office 1888

Joseph Gusfield, Melford Spiro와 Carlos Waisman, Fred Davis에 대한 추도사, http://bit.ly/OIAFoW

Julie Mennella, Anthony Johnson and Gary Beauchamp (1995), *Garlic Ingestion be Pregnant Women Alters the Odor of Amniotic Fluid. In: Chemical Senses,* Volume 20, Number 2, page 207—209

Julien Bogousslavsky and Olivier Walusinski (2009), *Marcel Proust and Paul Sollier: The Involuntary Memory Connection.* In: 신경학과 정신 의학을 위한 스위스 아카이브, Volume 160, page 130—136

June S. Lowenberg (1993), *In Memoriam: Fred Davis (1925-1993). In: Journal of Contemporary Ethnography*, Volume 22, page 113–116

K. Jongenelis et al. (2004), *Prevalence and Risk Indicators of Depression in Elderly Nursing Home Patients: The AGED Study. In: Journal of Affective Disorders*, Volume 83, Number 2–3, page 135–142

Karim Nader, Glenn Schafe and Joseph Le Doux (2000), *Fear Memories Require Protein Synthesis in the Amygdala for Reconsolidation after Retrieval. In: Nature*, Volume 406, page 722–726

Karl Jaspers, 고향병과 범죄, Heidelberg 1909

Karl Lashley, *Brain Mechanisms and Intelligence: A Quantitative Study of Injuries to the Brain*, University of Chicago Press 1929

Karl Szpunar, Jason Watson and Kathleen McDermott (2007), *Neural Substrates of Envisioning the Future. In: Proceedings of the National Academy of Sciences*, Volume 104, Number 2, page 642–647

Karlene Lukovitz, *More Retro Action: Heinz, Hostess Follow Pepsi*. 2011년 3월 22 일자

Karlheinz Geißler, 모든 것에는 때가 있지만 나에게만 없다, Oekom 2011

Katherine Loveland, Dirk Smeesters and Naomi Mandel (2010), *Still Preoccupied with 1995: The Need to Belong and Preference for Nostalgic Products. In: Journal of Consumer Research*, Volume 37, Number 3, page 393–408

Kathryn Braun, Rhiannon Ellis and Elizabeth Loftus (2002), *Make My Memory: How Advertising Can Change Our Memories of the Past. In: Psychology and Marketing*, Volume 19, Number 1, page 1–23

Katie Liljenquist, Chen–Bo Zhong and Adam Galinsku (2010), *The Smell of Virtue: Clean Scents Promote Reciprocity and Charity. In: Psychological Science*, volume 21, Number 3, page 381–383

Kipling Williams, Christopher Cheung and Wilma Choi (2000) *Cyberostracism: Effects of Being Ignored over the Internet. In: Journal of Personality and Social Psychology*, Volume 79, Number 5, page 748–762

Klaus–Jürgen Philipp과의 인터뷰, in January 2013

Krystine Batcho (1995), *Nostalgia: A Psychological Perspective. In: Perceptual and Motor Skills*, Volume 80, Number 1, page 131-143

Larry Cahill et al. (1996), *Amygdala Activity at Encoding Correlated with Long-Term, Free Recall of Emotional information. In: Proceedings of the National Academy of Sciences*, Volume 93, Number 15, page 8016-8021

Larry Cahill et al. (2006), *Sex-related Differences in Amygdala Functional Connectivity During Resting Conditions. In: Neuro-Image*, Volume 30, Number 2, page 452-461

Larry Squire (2009), *The Legacy of Patient H.M. for Neuroscience. In: Neuron*, Volume 61, Number 1, page 6-9

Leon Festinger, Henry Riecken and Stanley Schachter, *When Prophecy Fails*, Harper-Torchbooks 1956

Linda Buck and Richard Axel (1991), *A Novel Multigene Family May Encode Odorant Receptors: A Molecular Basis for Odor Recognition. In: Cell*, Volume 65, Number 1, page 175-187

Madorah Smith (1952), *Childhood Memories Compared with those of Adult Life. In: Journal of Genetic Psychology*, Volume 80, Number 2, page 151-182

Malcolm Chase and Christopher Shaw, *The Imagined Past: History and Nostalgia*. Manchester University Press 1989; E-Mail-Interview with Malcolm Chase

Marcel Proust, 잃어버린 시간을 찾아서, Suhrkamp 1997

Marianna Karamanou et al.(2001), 도미니크 장 래리 남작, *In: Chirurgia*, Volume 106, page 7-10

Marieke Toffolo et al. (2012), *Proust Revisited: Odours as Triggers of Aversive Memories. In: Cognition & Emotion*, Volume 26, Number 1, page 83-92

Mark Bear, Barry Connors and Michael Paradiso, 신경과학, Spektrum Akademischer Verlag 2008

Martial, *Epigram X*, 23, 7

Martijn de Lange et al. (2012), *Making Less of a Mess: Scent Exposure as a Tool for Behavioral Change. In: Social Influence*, Volume 7, Number 2, page 90-97

Matthew Stewart, *The Management Myt,*. W.W. Norton & Company 2010

Mediapost.com, http://bit.ly/12s53xf

Meedia-Analyzer, http://bit.ly/ZmANgT

Michael Kempe(2005), 요한 야콥 쇼이흐처. *In*: 신 독일 전기 Volume 22, page 711-712

Michael Murphy and Gerald Schneider (1970), *Olfactory Bulb Removal Eliminates Mating Behavior in the Male Golden Hamster. In: Science*, Volume 167, Number 3916, page 302-304

Michaela Siebert et al.(2003), *Amygdala, Affect, and Cognition: Evidence from ten Patients with Urbach-Wiethe Disease. In: Brain*, volume 126, Number 12, page 2627-2637

Mihaly Csikszentmihalyi and Eugene Halton, *The Meaning of Things*, Cambridge University Press 1981

Morris Holbrook (1989), *Aftermath of the Task Force: Dogmatism and Catastrophe in the Development of Marketing Thought'. In: ACR Newsletter*; E-Mail-Interview with Morris Holbrook

Morris Holbrook (1993), *On the New Nostalgia: These Foolish Things and Echoes of the Dear Departed Past. In: Continuities in Popular Culture*, Bowling Green State University Popular Press, page 74-110

Morris Holbrook and Robert Schindler (1989), *Some Exploratory Findings on the Development of Musical Tastes. In: Journal of Consumer Research*, Volume 16, Number 1, page 119-124

Morris Holbrook and Robert Schindler (1991), *Echoes of the Dear Departed Past: Some Work in Progress on Nostalgia. In: Advances in Consumer Research*, Volume 18, page 330-333

Morris Holbrook and Robert Schindler (1994), *Age, Sex, and Attitude toward the Past as Predictors of Consumers' Aesthetic Tastes for Cultural Products. In: Journal of Marketing Research*, Volume 31, Number 3, page 412-422

Morris Holbrook and Robert Schindler (2003), *Nostalgic Bonding: Exploring the Role of Nostalgia in the Consumption Experience. In: Journal of Consumer Behaviour*, Volume 3, Number 2, page 107-127

Morris Holbrook et al. (1996), *Market Segmentation Based on Age and Attitude toward the Past. In: Journal of Business Research*, Volume 37, Number 1, page 27–39

Nicoline Marie Hall, Albert Gjedde and Ron Kupers (2008), *Neural Mechanisms of Voluntary and Involuntary Recall: A PET Study. In: Behavioural Brain Research*, Volume 186, Number 2, page 261–272

Paul Watzlawick, *불행에 대한 입문서*, Piper 2009

Peter Ustinov의 인용문: http://www.zitate-online.de

Peter von Matt, *미개함과 질서*, Carl Hanser Verlag 2007

Petr Janata (2009), *The Neural Architecture of Music-Evoked Autobiographical Memories. In: Cerebral Cortex*, Volume 19, page 2579–2594; E-Mail-Interview with Janata

Petr Janata, Stefan Tomica and Sonja Rakowski (2007, *Characterisation of Music-Evoked Autobiographical Memories. In: Memory*, Volume 15, Number 8, page 845–860

Philip Haythornthwaite, *Napoleon's Commanders Bd. 2*, Osprey Publishing 2002

Philip Kotler, *마케팅의 기초*, Person Studium 2010

Philip Zimbardo와 John Boyd, *시간의 새로운 심리학*, Spektrum 2011

Pierre-Francois Percy, *향수*. In: Dictionnaire des Sciences Médicales, Panckoucke 1819, page 265–281

Rachel Herz et al. (2004), *Neuroimaging Evidence for the Emotional Potency of Odor-Evoked Memory. In: Neuropsychologia*, Volume 42, Number 3, page 371–378

Rachel Herz, *The Scent of Desire: Discovering Our Enigmatic Sense of Smell*, Harper Perennial 2008

Rafael Nunez and Eve Sweetser (2006), *With the Future Behind Them: Convergent Evidence from Aymara Language and Gesture in the Crosslinguistic Comparison of Spatial Construals of Time. In: Cognitive Science*, Volume 30, page 1–49

Rafael Nunez et al. (2012), *Contours of Time: Topographic Construals of*

Past, Present, and Future in the Yupno Valley of Papua New Guinea. In: Cognition, Volume 124, Number 1, page 25-35

Renate Meinhof, 2010년 5월 17일의 sz.de

Richard Gerrig and Philip Zimbardo, 심리학, Addison-Wesley 2008

Richard Gerrig and Philip Zimbardo, 심리학, Addison-Wesley 2008

Richard Walker, John Skowronski and Charles Thompson (2003), Life Is Pleasant-and Memory Helps to Keep it that Way! In: Review of General Psychology, Volume 7, Number 2, page 203-210

Robert Emmons and Michael McCullough (2003), Counting Blessings Versus Burdens: An Experimental Investigation of Gratitude and Subjective Well-Being in Daily Life. In: Journal of Personality and Social Psychology, Volume 84, Number 2, page 377-389

Robert Levine and Ara Norenzayan (1999), The Pace of Life in 31 Countries. In: Journal of Cross-Cultural Psychology, Volume 30, Number 2, page 178-205

Robert Levine, 시간의 지도, Piper 1999

Robert Livingston (1967), Reinforcement. In: The Neurosciences, G. Quarton, T. Melnechuk and F. Schmitt 발행, page 568-577

Robert Schneider, Editorial. In: SuperIllu 52/2012

Robert Scott (1880), The War of the Rebellion: A Compliation of the Official Records of the Union and Confederate Armies, U.S. Government Printing Office

Roberto Cabeza and Lars Nyberg(2000), Imaging Cognition II: An Empirical Review of 275 PET and fMRI Studies. In: Journal of Cognitive Neuroscience, volume 12, Number 1, page 1-47

Roger Brown and James Kulik (1977), Flashbulb Memories. In: Cognition, Volume 5, Number 1, page 73-99

Russell Belk (1988), Possessions and the Extended Self. In: Journal of Consumer Research, Volume 15, Number 2, page 139-168

Russell Belk (1991), Possessions and the Sense of Past. In: Highways and Buyways: Naturalistic Research from the Consumer Behavior Odyssey, Russel Belk, page 114-130

Samuel Waldfogel (1948), *The Frequency and Affective Character of Childhood Memories. In: Psychological Monographs: General and Applied*, Volume 62, Number 4, page 1-39

Sanford DeVoe and Julian house (2012), *Time, Money, and Happiness: How Does Putting a Price on Time Affect our Ability to Smell the Roses? In: Journal of Experimental Social Psychology*, Volume 48, Number 2, page 466-474

Sarah Nassauer, *New! Improved! (and Very Old)*. 2011년 5월 25일자 *Wall Street Journal*, http://on.wsj.com/iOxehv

Shalom Schwartz (1992), *Universals in the Content and Structure of Values: Theoretical Advances and Empirical Tests in 20 Countries. In: Advances in Experimental Social Psychology*, Volume 25, page 1-65

Shayna Rosenbaum et al. (2005), *The Case of K. C.: Contributions of a Memory-Impaired Person to Memory Theory. In: Neuropsychologia*, Volume 43, page 989-1021

Silke Bambauer-Sachse and Heribert Gierl (2009), *Effects of Nostalgic Advertising through Emotions and the Intensity of the Evoked Mental Images. In: Advances in Consumer Research*, Volume 36, page 391-398

Simon Chu and John Joseph Downes (2000), *Long Live Proust: The Odour-Cued Autobiographical Memory Bump. In: Cognition*, Volume 75, Number 2, page 41-50

Simon Chu and John Joseph Downes (2000), *Odour-Evoked Autobiographical Memories: Psychological Investigations of Proustian Phenomena. In: Chemical Senses*, Volume 25, Number 1, page 111-116

Simonetta Pattuglia (2011), *Integrated Marketing Communication and Brand Management: The Case Study of Fiat 500. In: DSI Essays Series*, Number 18, page 1-45

Sina Kühnel and Hans J. Markowitsch., *잘못된 기억: 기억의 죄악*, Spektrum Akademischer Verlag 2009

Søren Kierkegaard, 삶의 단계, Eugen Diedrichs 1958.

Stephen Brown, Robert Kozinets and John Sherry Jr. (2003), *Sell Me the Old, Old Story: Retromarketing Management and the Art of Brand Revival. In: Journal of Customer Behaviou*, Volume 2, page 85-98

Stephen Strauss, *The American City: A Sourcebook of Urban Imagery*, Aldine Pub 2007

Stuart Elliott, *Warm and Fuzzy Makes a Comeback*. 2009년 4월 7일자 *New York Times*

Susanna Burghartz(2000), 앙시앙 레짐. *In:* 바젤 - 도시 사회의 역사, Goerg Kreis & Beat von Wartburg, page 115-147.

TEDx-회의에서의 강연, http://www.youtube.com/watch?v=vnhpKZPV_zA

Telephone interview with Paolo Tumminelli in December 2012

Telephone-Interview in December 2012

Telephone-Interview with Manfred Timm

Telephone-Interview with Ulrich Orth

Terence Mitchell et al. (1997), *Temporal Adjustments in the Evaluation of Events · Rosy View*. In: *Journal of Experimental Social Psychology*, Volume 33, edition 4, page 421-448

The Wisconsin Magazine of History (1920), Volume 4, Number 1

Theodor Zwinger, 목동의 선율*(ranz des vaches)*, Dissertation 1708

Theodore Calhoun (1864), *Nostalgia, as a Disease of Field Service. In: Medical and Surgical Reporter*, Volume 11, page 130-132

Thorsten Firlus, 복고 브랜드: 지불 불능 이후의 시대를 위한 시나리오, 2009년 2월 15일자 wiwo.de

Thorsten Schröder, 세계의 멸망에 대한 광고, 2011년 5월 18일자 ftd.de

Tilmann Habermas, 좋아하는 물건, Suhrkamp 1999

Tim Wildschut et al. (2006), *Nostalgia: Content, Triggers, Functions. In: Journal of Personality and Social Psychology*, Volume 91, Number 5, page 975-993

Tobias Greitenmeyer et al.(2002), 유로화 도입 시 예상을 기반으로 한 지각: 유로 가 항상 토이로(teuer(비싼)+euro(유로)가 아니다. In: 경제 심리학, Volume 4, number 2, page 22−28

Tobias Haberl and Dominik Wichmann. 동독의 영혼을 가진 신사. In: *SZ Magazine* 30/2010

Tom Panelas (1982), *Review of Yearning for Yesterday: A sociology of Nostalgia. In: American Journal of Sociology*, Volume 87, Number 6, page 1425−1427

Ulf Lippitz, 나에게는 꿈이 있다(Daniel Brühl). 2011년 2월 24일자 *Zeit-magazine*

Ulrich Orth and Steffi Gal (2012), *Nostalgic Brands as Mood Boosters. In: Journal of Brand Management*, Volume 19, Number 8, page 666−679

Victor and Catherine Henri (1898), *Earliest Recollections. In: Popular Science Monthly*, Volume 53, page 108−115

Vittorio Putti (1940), *The Portrait of Leopold Auenbrugger. In: Bulletin of the History of Medicine*, Number 8, page 417

Vladimir Jankélévitch와 Béatrice Berlowitz, *완성되지 않은 어딘가에서*. Turia & Kant 2008

Volker Ullrich, *대육군(Grande Armée)의 죽음*. In: 2012년 5월 31일자 *Die Zeit*

Wien, *도시의 역사, 제 2권: 근대 초기의 수도*, Böhlau 2003

William Alexander Hammond, *A Treatise on Insanity in its Medical Relations*, Cambridge Scholars Publishing 2009

William Beecher Scoville and Brenda Milner (1957), *Loss of Recent Memory After Bilateral Hippocampal Lesions. In: Journal of Neurology, Neurosurgery and Psychiatry*, Volume 20, Number 1, Page 11−21

William James, *The Principles of Psychology*, Volume 1, Henry Holt 1890

William James, *The Principles of Psychology*, Volume 1, Henry Holt 1890

William Mulligan, *The Civil War Letters of Chauncey H. Cooke*, Wayne State University Press 2007

Willis McCann (1941), *Nostalgia: A Review of the Literature. In: Psychological Bulletin*, Volume 38, Number 3, Page 165−182

Zhang Qian. Famous Brands of Yesteryear Make a Comeback. 2010년 9월 7일자 Xinhuanet.com

옮긴이 **김종인**

한국외국어대학교 독일어과를 졸업하고 20여 년간 프리랜서 번역가로 활동해왔다.

추억에 관한 모든 것

첫판 1쇄 펴낸날 2016년 5월 30일

지은이 | 다니엘 레티히
옮긴이 | 김종인
펴낸이 | 지평님
본문 조판 | 성인기획 (010)2569-9616
종이 공급 | 화인페이퍼 (02)338-2074
인쇄 | 중앙P&L (031)904-3600
제본 | 서정바인텍 (031)942-6006

펴낸곳 | 황소자리 출판사
출판등록 | 2003년 7월 4일 제2003-123호
주소 | 서울시 영등포구 양평로 21길 26 선유도역 1차 IS비즈타워 706호 (150-105)
대표전화 | (02)720-7542 팩시밀리 | (02)723-5467
E-mail | candide1968@hanmail.net

ⓒ 황소자리, 2016

ISBN 979-11-85093-42-0 03180